中国歴史知識ハンディブック

「簡明中国歴史知識手冊」編纂グループ 編
谷口建速 訳

科学出版社 東京

> 中国社会科学院歴史研究所
> 『簡明中国歴史知識手冊』編纂グループ

執筆（執筆順）

卜憲群	王震中	曲英傑	楊振紅
梁満倉	黄正建	梁建国	関樹東
陳時龍	呉伯婭	朱昌栄	王芸

編集

卜憲群　　童超

はじめに

一、本書は、中国社会科学院歴史研究所の『簡明中国歴史知識手冊』編纂グループが編集したものです。本研究所編纂の『簡明中国歴史読本』の知識体系を枠組みとし、関連する基本的な歴史知識を収録したもので、中級以上の文化水準の読者のための、簡明で要を得た中国歴史知識の手引きとなっています。

二、本書は、中国歴史名詞・中国歴史大事記・夏商周紀年表・歴代年号紀元表の4つの部分からできています。これらの歴史知識がカバーする範囲は、基本的な歴史理論の分野と人類の起源から清朝の滅亡までの中国史です。

三、本書の特徴は、通俗的かつ分かりやすい言葉で中国史の基本知識を概述したところにあり、簡明であり、要を得ている点が際立っています。

　　中国歴史名詞の部分は基本的に、王朝名、国名、政治事件、政治制度、経済制度、法律制度、軍事制度、民族関係と対外関係、歴史地理、科学技術と思想文化、書名、人名の順に配列しています。このうち、王朝名と国名、政治事件は時代順に、書名は経、史、子、集の順に、人名は生年順に配列し、生年が不詳の場合は没年順としています。生没年が共に不詳の場合は、主な活動期間や活動分野に応じて関連人物と共に配列しています。

　　巻末には中国歴史名詞の五十音順索引を附し、読者が調べるための便としました。

四、本書は、編集上の組み立て等の制限により、収録される内容の体系はなお完全ではなく、項目の取捨や詳しさも妥当ではないところがあります。読まれる方々には、ご諒恕を願い、また、ご叱正を賜りたく存じます。

目　次

一　中国歴史名詞 ………………………… 1
　（一）歴史理論の分野 ………………… 1
　（二）考古学文化と古史伝説の時代 ……… 9
　（三）夏商周 …………………………… 25
　（四）秦漢 ……………………………… 52
　（五）魏晋南北朝 ……………………… 76
　（六）隋唐 ……………………………… 94
　（七）五代十国・遼・宋・西夏・金 …… 109
　（八）元 ………………………………… 123
　（九）明 ………………………………… 134
　（十）清 ………………………………… 148

二　中国歴史大事記 …………………… 166

三　夏商周紀年表 …………………… 211
　（一）夏王朝年表 …………………… 211
　（二）商王朝年表 …………………… 211
　（三）西周王室と諸侯紀年表 …………… 212
　（四）東周王室と諸侯紀年表 …………… 213

四　歴代年号紀元表 …………………… 217

　参考書目 …………………………… 223

　中国歴史名詞の索引 ………………… 224

　訳者あとがき ………………………… 228

— 一 —

中国歴史名詞

（一）歴史理論の分野

1. 原始社会

　人類の最初の社会形態であり、また原始共産主義社会とも呼ばれる。中国の原始社会は、今から約200万年前に始まった。この期間に、社会組織は原始群から氏族共同体（母系氏族共同体と父系氏族共同体がある）へと進化した。考古学文化の時代区分では、旧石器時代から新石器時代へと進展した。中国の原始社会が終了した時期については、夏代とする説、商（殷）代とする説、竜山文化時代とする説など様々な見解がある。原始社会では、人々は平等で、労働の成果は共有されたが、生産力は極めて低かった。

2. 奴隷制社会

　原始社会が瓦解した後に出現した社会形態。奴隷主階級が生産手段を占有し、また社会生産の主要な負担者である奴隷を完全に占有することを基礎とする。奴隷は、奴隷主の監督下で生産労働を行い、人身の自由はなかった。奴隷主階級は、統治を維持するために、相応の上部構造とイデオロギーを作り上げた。奴隷主と奴隷は、奴隷制社会において根本的に対立する二大階級である。奴隷制社会は、原始社会に比べて大きく進歩したが、生産力はなお立ち遅れていた。人類史上における多くの国家は、みな奴隷制社会の段階を経ている。ただし、その具体的な形態は、各国や各地域でそれぞれ異なっていた。夏・商・西周は、中国の奴隷制社会が形成され、発展し、最盛へと向かってゆく時代であり、その形態は古代アジア型に属する。奴隷制社会の中には、貴族と相対する自由民も存在した。

3. 封建社会

　奴隷制に続いて出現した社会形態。封建地主階級が土地などの基本的生産手段の大部分を占有し、また占有する農民（或いは農奴）の剰余労働価値を搾取することを基礎とする。地主と農民は、封建社会において対立する基本的な二大階級である。封建社会の各時代で

は、人身的従属と経済外的強制が広範に存在した。一般的には、中国の封建社会は戦国時代に始まり、2000年以上続いたと考えられているが、中国封建社会の開始時期については多くの見解がある。専制主義と統一的中央政権、等級制、官僚制、地主的土地私有制、租佃制、男耕女織の小農経済、自然経済、儒家イデオロギー、大規模な農民蜂起は、いずれも中国封建社会の顕著な特徴である。封建社会の具体的形態は、各国や各地域で異なっていた。

4. 半植民地・半封建社会

1840年のアヘン戦争後から1949年の新中国成立前における、中国社会の性質を概括した言葉。この時代、国家は表面上は独立していたが、列強の侵入と支配のもと、政治・経済・軍事の面で多くの主権が失われ、列強に従属する半植民地の状態に陥った。また、外来の資本主義が従来の封建的自然経済の構造を破壊したため、近代社会への転換が始まった。ただし、封建的な搾取の制度は依然として存在した。この社会形態のもと、中国の政治と経済、社会はいびつな形となり、それらの発展は極めて不均衡なものとなった。帝国主義と中華民族の対立、封建主義と人民大衆の対立がこの時代の主な対立であり、前者が最も主要な対立であった。

5. 母系氏族共同体

人類最古の社会組織形態であり、おおよそ旧石器時代晩期に出現した。母系の血縁関係によって結び付いた社会の基本単位であり、族外婚を実施した。古文献中に「其の母を知るも、其の父を知らず」という記載があるが、これは中国の母系氏族共同体の状況を反映したものである。女性が共同体の生産と生活の中で支配的な地位を占め、氏族の成員たちによって推挙された、年長で能力が高く、威信や経験に富んだ者が首領を担った。共同体内では、人々は共同で労働し、平等で、原始共産制の生活を営んだ。

6. 父系氏族共同体

母系氏族共同体に続く人類の社会組織形態であり、おおよそ新石器時代晩期に出現した。父系氏族共同体の段階では、社会経済の発展により、家族内における男性の地位が上昇し、生産と生活の中で支配的な地位を占めるようになった。婚姻形態は、男性が女性方の家に入居する形から、女性が夫に従って居住する形へと変化した。また父権が母権に取って代わり、財産も父系によって継承されるようになった。私有制と私有の観念が萌芽し、貧富の分化が共同体内の各家族の不平等をもたらした。こうして、人類は文明社会への前夜に入ったのである。

7. 家族共同体
　同一の祖先に由来する血縁的親族関係によって結び付いた社会組織であり、経済生産の共同体。その特徴は、「一つは、家庭内に非自由人を含んでいること、もう一つは、父権である」。家族共同体については、学術界で異なる見解がある。一つは、氏族社会から階級社会への過渡期の段階で生まれたとする考えであり、もう一つは、母系氏族社会と父系氏族社会に広範に存在したとする考えである。中国の古代国家が誕生する過程では、血縁組織が徹底的に打破されることはなく、宗法制のもと、家族共同体は家族と宗族の形で商・周の社会においても長期にわたって維持され、封建社会に至るまで影響をもたらした。

8. 農村共同体
　原始社会が解体した後、地域的関係に基づいて形成された社会組織であり、経済生産の共同体。農村共同体は、地域ごとに居住民を画分する。中国の商周時代における邑・里・書社は、いずれも地域共同体であり、その居住民は全てが血縁関係にあるわけではなかった。農村共同体は、家族共同体と似ているが、その土地所有制は公・私の二重性を備えていた。いわゆる「公」は、奴隷主国家所有制であり、奴隷主が世襲的に占有するという形で表現される。また、いわゆる「私」は、共同体の農民が使用する土地であり、共同体内で定期的に再分配されるという形で見られ、不完全な私有制であった。家族共同体と農村共同体は、商周時代に長期にわたって並存したが、次第に後者が前者に取って代わっていった。

9. 階級
　社会関係の体系の中で、生産手段の占有関係の違いや、それによって形成される社会的地位と経済的地位及び利益訴求の違いに基づいて区分された集団を指す。例えば、奴隷制社会における奴隷主階級と奴隷階級、封建社会における地主階級と農民階級、資本主義社会における資産階級（ブルジョワジー）と労働者階級などである。奴隷主階級・地主階級・資産階級は、搾取階級・統治階級に属し、奴隷階級・農民階級・労働者階級は、被搾取階級・被統治階級に属する。

10. 階層
　同一階級の中で、経済的地位や社会的地位の違いに基づき区分された人々の層を指す。例えば、秦漢時代の地主階級における軍功地主階層や豪強地主階層、魏晋南北朝時代の地主階級における士族地主階層や庶族地主階層、明清時代の地主階級における縉紳地主階層や庶民地主階層などである。

11. 等級

古代の階級社会の中で、統治階級が行政或いは法的手段によって人々を画分した、社会的地位と享有する権利が不平等な群体を指す。例えば、西周は社会的地位の差によって人々を10の等級に分け、「王は公を臣とし、公は大夫を臣とし、大夫は士を臣とし、士は皂を臣とし、皂は輿を臣とし、輿は隷を臣とし、隷は僚を臣とし、僚は僕を臣とし、僕は台を臣とす」(『左伝』昭公七年)と、上下の等級間の統属関係を規定した。また、居住する地域によって人々を「国人」と「野人」とに分けたが、両者は享有する権利が極めて不平等であった。魏晋南北朝時代では、「貴を以て賤を役す。士庶の科、較然として弁有り」(『宋書』恩倖伝)と強調された。士族は、庶族に対して厳しい等級差別を行い、庶族は、清官や要職及び品秩の高い官を担うことができず、士族と通婚できず、交流することさえもできなかった。ある研究者は、中国古代における地主を身分的地主と非身分的地主とに分けているが、この「身分」はすなわち等級の基本的な指標である。

12. 階級闘争

階級社会における、搾取階級と被搾取階級、統治階級と被統治階級の間の対立と闘争を指す。階級闘争には、経済闘争と政治闘争及び思想文化闘争などの様々な形式と発展段階が含まれる。中国古代の階級闘争は、主に農民階級の地主階級に対する反抗として現れ、その最たるものは封建国家の武装闘争、すなわち農民起義・農民戦争である。その回数の多さ、規模の大きさは世界史上でも稀にみるものであり、中国の歴史を前進させる積極的な効果をもたらした。

13. 複合制国家構造

国家構造とは、国家の全体と一部、中央と地方の構成関係を指し、国家の政治制度の一部分である。複合制国家構造の本義は、いくつかの独立した主権国家によって、ある種の需要や客観的状況のために構成された、緩やかな国家連盟である。夏商西周時代の複合制国家の構造は、古代アジア社会の歴史的特徴を備えている。臣服する属邦や受封された諸侯国は、みな方国として相対的に独立した政治権力を享有する一方、中央王朝の権威を尊重し、その礼制を遵守し、また朝覲や貢納及び辺境防衛や征伐の際に兵を出す義務を負い、中央王朝を「天下共主」とする構造を呈した。

14. 単一制国家構造

国家が一つの統一的な総体であることを指す。地方権力は中央に由来し、地方には独立した主権がなく、ただ中央から授けられ、規定された統治権を行使するだけであった。秦

漢以降、「海内は郡県と為り、法令は一統に由り」、主に郡県制の管理を実施したことにより、その国家構造は単一制となった。

15. 分封制(ぶんぽうせい)

古代国家が実施した、土地を割いて分封することで管理する政治モデル。中国古代の分封制は西周より始まり、宗法制(そうほう)と表裏の関係にあった。封建された諸侯は、封地内の経済権と治民権を享有し、周の天子は通常干渉できなかった。各級の官吏の職務は、完全には世襲ではなかったが、基本的に貴族の血縁関係の範囲内で登用され、特別な功労や技能は必要なく、職位もまた基本的には終身的であった。この種の政体では、君主権には限りがあり、各諸侯国と中央との関係は、一種の緩やかな政治連盟であった。分封制は、春秋戦国時代に瓦解した。秦漢以降の歴代でも分封制は存在したが、個別の時代を除き、受封者は主に封地内の「租税に衣食す」ることを享有するのみとなり、民を治める権限は持たなかった。

16. 専制主義(せんせいしゅぎ)

政体の一種であり、民主政体と相対する政権組織の様式を指す。専制主義の政体では、国家の最高権力は1人或いは少人数の手中に集中し、独裁政治が実施された。中国の古代専制主義は先秦時代に萌芽し、秦漢時代に形成され、封建社会全体を通じて存在した。その特徴として、皇帝権力の世襲と、その権力が制限を受けないこと、君権神授の宣揚、皇帝権力が官吏の任免権と事務処理における最高の独断権を擁すること、思想文化の専制の実施が挙げられる。政体の一種としての専制主義は、東洋・西洋のいずれの歴史上にも見られた。

17. 中央集権(ちゅうおうしゅうけん)

中央と地方の関係を指す語であり、地方分権と相対する。中央集権制度のもと、地方の政治・経済・軍事などの権限は、中央の厳格な管理と制約を受け、自治の範囲は極めて限られていた。中央から派遣された官吏や主要官吏たちは、中央を代表して管理を実施した。中国古代の中央集権は先秦時代に萌芽し、秦漢時代に形成され、その後の各時代でその度合いは異なるが、基本的には封建社会全体を通じて行われた。中国の歴史においては、中央集権は、統一的多民族国家の形成と発展に積極的な効果をもたらした。

18. 官僚制(かんりょうせい)

職位・職能によって分化され、権力を配分された行政組織と管理の方式を指す語で、科

層制とも呼ばれる。ドイツの社会学者マックス・ウェーヴァーが定義した概念である。この行政管理方式は、古代史上の多くの国家で見られ、中でも中国古代の官僚制は、最も実施期間が長く、戦国時代から清代まで続いた。古代官僚制は、貴族分封制と相対立し、集権式の政治統治を実施するもので、主要官吏は直接君主より権限を授けられたが、君主から独立した権威は持たなかった。また、統治機構全体は、階層秩序、明確な職責、細密な分業化、法治化という基本的特徴を備えていた。官吏の登用は、身分や血統にはよらず、主に技能や才幹に基づき、職務も世襲ではなかった。官吏は、功次・年次などの客観的な根拠に基づいて昇進し、俸禄を受け取った。官僚システム内には、審査・制御・監督に関する一連の機構が形成された。官僚による行政管理は、社会全体を統制した。各種の詔書・律・令・条の発布と行政文書の運用により、官僚制度は機能を発揮した。

19. 封建的国家土地所有制

　封建的土地所有制の形態の一つ。封建国家が生産手段と土地を直接占有し、生産者から搾取する土地所有制の形態を指す。中国の封建的国家土地所有制は、商周時代の奴隷制的国家土地所有制を継承したもので、規模や数の面から見ると、それぞれの歴史時代で異なる形で表れた。大乱後或いは王朝が交替すると、国有地が急増した。現在の資料によると、少なくとも秦漢時代では、国家は大量の国有地を掌握し、土地の分配に干渉した。また或いは、屯田や假民公田、賦民公田などの経営方法が採用された。しかし通常は、封建国家はただの主権者であり、土地所有者の身分と同様に直接生産者と対立することはなかった。私有制が日に日に発展してゆく状況のもと、中国の封建的国家土地所有制は、社会的経済的生活の中で主要な地位を占めてはいなかった。また、封建的土地国有制は、中国封建社会の全過程もしくは前期において主要な地位を占めていたとする研究者もいる。

20. 封建的地主土地所有制

　封建的土地所有制の形態の一つ。封建地主が私的に土地を占有し、農民に対して搾取を行う土地制度を指す。おおよそ戦国時代を起源とし、秦漢時代に形成された。その特徴として、自由な土地売買の合法化、租佃制の経営方式と、分成制或いは定額制の地租搾取方法の採用、土地や財産が長子による継承ではなく諸子の均分であること、地主は農民に対して経済外的強制を有するが、司法と行政の権限は持たないことなどがある。封建的地主土地所有制は、搾取者の私有制であり、中国封建社会の性質と上部構造の経済的基礎を決定付けた。

21. 自作農的小土地所有制

一家一戸の自作農が土地を占有し、経営する所有制の形式の一つである。これは、労働者の私有制である。中国の自作農的小土地所有制の起源は戦国時代にあり、封建社会全体において広範に存在した。自作農的小土地所有制は、いくつかの歴史時代においては数の面で優勢を占め、また封建国家の重要な経済的来源であったが、中国封建社会の経済形態の性質を決定付けるものではなかった。封建国家の賦税徭役の負担、土地の兼併、天災人災及び政治的圧迫は、いずれも自作農経済を頻繁に破産させ、農民蜂起を引き起こす導火線となった。

22. 租佃制

封建的地主土地所有制或いは封建的国家土地所有制における経営方式の一種である。地主或いは国家が土地を農民に貸与して耕作させ、剰余価値を搾取して生産物の地租を獲得する、一種の封建的搾取の生産関係を指す。租佃制は、戦国時代から明清時代まで継続し、各歴史時代でその形態は異なった。租佃制の広汎性は通常、中国封建社会における土地不動産の売買と大きな関係がある。租佃制のもと、地主は分成制・定額制などの形で地租を搾取した。唐宋以降は、契約型の租佃制が出現して発展し、また永佃制も出現した。その経済外的強制と人身従属関係は、蔭附型の佃農と比べると緩和されていたが、依然として存在した。

23. 永佃制

中国封建社会後期の一部の地域で見られた土地経営方式の一種で、租佃制から発展したものである。佃農が恒久的に地主の土地を租佃することを指す。永佃制の出現は、土地所有権（または田底権と呼ばれる）と耕作権（または田面権と呼ばれる）が分離したことによる産物である。典型的な永佃制のもとでは、地主はただ地租を収取するのみで、意のままに増租奪佃することはできなかった。また永佃権を擁した佃農は、長期にわたって「田面」を経営することができるのみならず、他の佃農に転租することも可能で、他の佃農と比べてさらに多くの人身自由と生活面の保障を有していた。しかしこれもまた、封建的地主土地所有制の性質を改めるものではなかった。

24. 自然経済

自給自足経済のこと。自然経済は、社会の生産力の水準が低く、社会分業が未発達であることによる産物である。商品交換は未発達で、その生産はただ生産者個人或いは経済単位の需要を直接満たすのみであった。

25. 商品経済
　商品の生産・交換・販売の全体を指す。交換を直接の目的とする商品経済は、第二次社会分業すなわち手工業が農業から分離した際に早くも誕生し、第三次社会大分業の時代に商品経済の重要な仲介者「商人」が出現した。商品経済が絶えず発展してゆくにつれ、商品の交換は主に市場で調整されるようになった。市場が資源の調整を行うこの種の商品経済が市場経済である。市場経済は、商品経済が発展したより高度な段階である。

26. 資本主義の萌芽
　封建社会の内部に若干の資本主義的生産関係の要素が生まれたことを指す。一般的には、明代後期に農業の商品作物の分野において、一部の地域の一部の業種の中で、封建的人身束縛関係が緩和され、資本主義の雇用生産関係がまばらに出現し始めたと考えられている。それは微弱なものであり、社会全体の性質を変えるようなものではなかったが、社会の転換の兆候が芽生えるという意義を備えていた。19世紀中期以降、欧米列強の侵入により、封建的自然経済の解体が加速したが、中国内部における資本主義の萌芽の発展も破壊された。もしも外来の侵略がなかったならば、中国もまた緩やかに発展し、資本主義まで到達したであろう。

（二）考古学文化と古史伝説の時代

1．考古学文化

　考古学上の発見の中には、同一の時代に属し、共通の地域に分布し、また共通の特徴を備えていると観察される、一群の物質文化の遺存がある。それは、特定の組み合わせの関係によって互いに区分され、多くの場合、仰韶（ぎょうしょう）文化や竜山（りゅうざん）文化のように、最初に発見された典型遺跡の所在地によって命名される。また、細石器（さいせっき）文化や彩陶（さいとう）文化、黒陶（こくとう）文化などのように、特徴的な遺物から命名されるものもある。或いは、巴蜀（はしょく）文化などのように、民族から命名されるものもある。歴史時代に基づく商周（しょうしゅう）文化や秦漢（しんかん）文化などは、特定の時代における科学技術・芸術・教育・精神生活及びその他の分野が到達した成果の総体を指すもので、特定の意味を備えた考古学文化と同列に扱うことはできない。

2．旧石器時代

　古人類の物質文化の発展段階の一つ。考古学者たちは、人類が出現し始め、人類の形質が原始的な特徴を備えたことを指標とする時代をこう呼んでいる。おおよそ200～300万年前から1万年前までとされる。生産道具は、打製石器を指標とし、その遺存は若干の絶滅動物と共に見つかっている。旧石器時代は通常、早期・中期・晩期に分けられ、人類の形質的発展におけるホモ・エレクトス（直立人）、早朝ホモ・サピエンス（早期智人）、ホモ・サピエンス・サピエンス（晩期智人）の3つの段階と対応する。旧石器時代は、全世界に広範に分布した。我が国の旧石器時代は、早期の遺存として藍田人（らんでんじん）文化・北京人（ぺキンじん）文化・観音洞（かんのんどう）文化などがある。また中期の遺存には、丁村（ていそん）文化などがあり、晩期の遺存には、峙峪（じよく）文化・山頂洞（さんちょうどう）文化・小南海（しょうなんかい）文化などがある。

3．ラマ古猿（こえん）（ラマピテクス）禄豊種（ろくほうしゅ）

　中国の雲南省禄豊県で発見された、今から800万年前に生きていたラマピテクスの一種。1931年、アメリカ人研究者がインドとパキスタンが境界を接するシワリク丘陵でラマピテクスの化石を発見した。その後、ケニア・ハンガリー・ギリシャと、我が国の雲南省開遠市小龍潭鎮及び禄豊県などでこの種の化石が発見された。ラマピテクスは、ヒトに近い類人猿の一種であり、今から1500万年前から800万年前にかけて生きていた。ある研究者たちは、これが最古の人類の祖先であると考えている。我が国の雲南省禄豊県で発見されたこの古猿の化石資料は、最も豊富かつ最も重要なものであり、1980年代以来、学術界で新たに「ラマピテクス禄豊種」或いは「禄豊古猿禄豊種」と名付けられた。

4．ホモ・ハビリス（能人）

　形質的特徴の面で、アウストラロピテクスとホモ・エレクトスの間に位置するヒト科の一種であり、現在までに知られている中で石器を製造した最古のヒト属である。ホモ・ハビリスの化石は、1960年に東部アフリカのタンザニアのオルドバイ峡谷で初めて発見された。ホモ・ハビリスが生存していたのは、およそ250万年前である。1964年、ケニアの考古学・古人類学者のL.S.B.リーキーは、これをヒト属とし、「能力がある、手先が器用である」という意味のホモ・ハビリスと命名した。1970年代初期にケニアのトゥルカナ湖畔で発見された1470号のホモ・ハビリスの化石は、約200万年前のものである。ホモ・ハビリスの形質的特徴は、アウストラロピテクスと比べると進歩しているが、その後のホモ・エレクトスよりも原始的である。主な特徴として、頭骨が薄く半球形を呈し、後眼窩狭窄の度合いが小さく、前部の歯がやや大きく、下顎骨の外側が増強されていることが挙げられる。体骨の形態的特徴は、現代人とよく似ており、直立二足歩行をしていたことが明らかである。脳容量の平均値は646ccであり、アウストラロピテクスよりも大きく、ホモ・エレクトスよりも小さい。オルドバイ峡谷のホモ・ハビリスの遺跡では、ホモ・ハビリスの化石が石器や動物の遺体と共存していることから、ホモ・ハビリスが石器を製作する能力を備え、また羚羊（レイヨウ）などの大小の動物を狩猟していたことが明らかとなっている。

5．ホモ・エレクトス（直立人）

　旧石器時代早期の人類で、猿人とも呼ばれる。ホモ・エレクトスが生きていたのは、おおよそ今から200万年前より20万年前の間である。ホモ・エレクトスは、直立歩行し、道具を製作した。我が国では多くのホモ・エレクトスの化石が発見されているが、このうち重要なものとして、重慶市巫山県龍坪村の龍骨坡で発見された巫山人（約204万年から201万年前）、雲南省元謀県上那蚌村で発見された元謀人（約170万年前）、陝西省藍田県の公王嶺と陳家窩で発見された藍田人（公王嶺藍田人は約100万年前、陳家窩藍田人は50万年余り前）、北京市周口店で発見された北京原人（約70万年前）、河南省南召県杏花山で発見された南召人（約50万年前）、山東省沂源県土門鎮九会村の騎子鞍山で発見された沂源人（約40万年前）、安徽省和県の龍潭洞で発見された和県人（28万年前から24万年前）、遼寧省営口市の金牛山の洞窟で発見された金牛山人（28万年前）などがある。

6．巫山人

　我が国で発見された最古のホモ・エレクトス。1985年に重慶市巫山県龍坪村の龍骨坡で発見された古人類の化石から命名された。当時、ホモ・エレクトスの下顎骨と上門歯1

枚が発掘され、また同時に2点の打製石器も出土した。その後、幾度か発掘が行われ、遺跡内からさらにギガントピテクス・ブラッキー、中国マストドン、サーベルタイガーなどを含む116種の前期更新世の初期に相当する哺乳動物の化石が出土した。研究の結果、龍骨坡遺跡で出土した「巫山人」は、ホモ・エレクトスの新亜種を代表するものとされ、後に「ホモ・エレクトス巫山亜種」（Home erectus wushanensis）と名付けられた。一般的には、「巫山人」と呼ばれている。巫山人が生きていたのは、おおよそ200万年前であり、旧石器時代早期に属する。

7. 元謀人(げんぼうじん)

1965年5月に、中国地質科学院が雲南省元謀県上那蚌村付近で発見した古人類の化石から命名されたホモ・エレクトス。この遺跡からは、人類の歯の化石2枚と粗雑な石器数点、及び大量の炭屑、焼けた骨、哺乳類の化石などが発見された。元謀人と共生していた哺乳類動物の化石には、泥河湾サーベルタイガー、パキクロクタ、雲南馬、カリコテリウム、中国犀、山西アクシスジカなど29種があり、絶滅種がほぼ100％を占めている。古地磁気などの測定によると、元謀人が生きていたのは170万年前である。元謀人の遺跡から炭屑と焼けた骨が出土していることから、元謀人は火の使用を身に付けていたと考えられている。

8. 北京原人(ペキンげんじん)

中国華北地域における旧石器時代早期の人類の化石であり、ホモ・エレクトスに属する。1921年、スウェーデンの地質学・考古学者のアンダーソンと、オーストリアの古生物学者ツダンスキーが、北京の周口店龍骨山で北京原人の遺跡「周口店第1地点」を発見した。1921年と23年には、2点のヒトの歯が相次いで発掘された。1927年、スウェーデンの古脊椎動物学者B.ボーリンと中国の地質学者李捷を責任者として、大規模な発掘が開始され、その年にヒトの左下永久歯1点が発見された。1929年には、我が国の青年研究者裴文中(はいぶんちゅう)の責任のもと、完全な北京原人の頭蓋骨が発見された。その後、考古作業員たちは、周口店で比較的完全な北京原人の頭蓋骨の化石5点とその他の部位の骨格の化石を相次いで発見した。しかし、1941年12月、太平洋戦争が勃発する前後、北京原人の5点の頭蓋骨など貴重な標本は、全て数名のアメリカ人の手に渡り、所在不明となってしまった。中華人民共和国成立後も、周口店の北京原人遺跡では幾度も発掘が実施され、北京原人の歯5点と下顎骨一式が発見された。また1966年には、破損した頭蓋骨1点が発見された。このように、北京原人の遺跡が幾度も発掘される中で、合計40以上の北京原人の男女の化石と、10万点以上の石器と石片、100種以上の動物の骨格が発見された。北京原人遺跡

は、古人類の遺骨と遺物が世界で最も豊富に出土した遺跡である。北京原人遺跡の堆積物は、厚さ 40m 以上あり、その中には北京原人が火を用いたために残された灰燼が含まれている。比較的大きな灰燼層は 4 つあり、うち第 4 層の最も厚い部分は 6m を超える。北京原人の頭蓋骨は、低平で、頭骨自体はやや厚みがあり、額は後方に向かって傾き、多くの原始的な形状を備えている。脳容量の平均は約 1075cc、男性の平均身長は 1.62m、女性は 1.52m であり、現代の中国人と比べるとやや低い。北京原人の門歯は鏟状（スコップ状）を呈し、広い鼻と低く扁平な面立ちで、下顎骨の内側の前部には下顎円枕がある。これらは、北京原人が明らかに現代のモンゴロイドの特徴を備えていたことを示している。様々な方法の測定によると、北京原人が生きていた年代は、およそ 70 万年前から 20 万年前である。

9．早期ホモ・サピエンス（早期智人）

「古人」とも呼ばれ、ホモ・エレクトスとホモ・サピエンス・サピエンスの間に位置する。中期更新世後期と晩期更新世前期の人類を含む。考古学上は、旧石器時代中期に相当し、およそ 20 万年前から 5 万年前に生きていた。我が国の早期ホモ・サピエンスの化石としては、遼寧省営口市永安郷の金牛山洞窟で発見された「金牛山人」、陝西省大荔県の甜水溝で発見された「大荔人」、山西省陽高県の許家窰で発見された「許家窰人」、広東省曲江区馬壩鎮の獅子山の洞窟で発見された「馬壩人」、湖北省長陽県の龍洞で発見された「長陽人」などがある。早期ホモ・サピエンスは、ホモ・エレクトスと比べて脳蓋骨が薄く、脳容量が大きく、脳の動脈も複雑である。このことは、知力が明らかに発達していたことを示している。我が国の早期ホモ・サピエンスは、通常は頬骨がやや前方に突出し、眉弓は平直で弧状に突出してはおらず、ヨーロッパやアフリカないし西アジアの早期ホモ・サピエンスとは明らかに異なっている。この時代、人種は未だ最終的には形成されていなかったとはいえ、頭骨上はすでにモンゴロイドの特色を示している。

10．ホモ・サピエンス・サピエンス（晩期智人）

新人とも呼ばれ、晩期更新世から現代の人類までを含む。考古学上は旧石器時代晩期に相当し、およそ 5 万年前から 1 万年前に生きていた。中国の国土で発見されたホモ・サピエンス・サピエンスの化石としては、山頂洞人（北京市周口店の龍骨山山頂で発見）、柳江人（広西チワン族自治区柳江県の通天岩洞窟で発見）、資陽人（四川省資陽市黄鱔渓で発見）、河套人（内モンゴル自治区伊克昭盟烏審旗の薩拉烏蘇河岸辺で発見）、新泰人（山東省新泰市の烏珠台付近で発見）、左鎮人（台湾台南市左鎮区の菜寮渓で発見）などがある。ホモ・サピエンス・サピエンスの脳容量は 1300～1500cc であり、現代人の脳容量とは変

異の範囲内にある。脳内の動脈もまた現代人に近く、知力の発達の程度が現代人と近かったことを示している。ホモ・サピエンス・サピエンスの頭骨は高く、厚みも薄く、現代人と非常に近い。ただし、各地のホモ・サピエンス・サピエンスにはそれぞれ多少の原始的特徴もみられる。我が国の国土で発見されたホモ・サピエンス・サピエンスは、多くがモンゴロイドの基本的特徴を備えており、原始モンゴロイドと呼ばれている。これが、現代の中国人の直接の祖先であろう。

11. 山頂洞人（周口店上洞人）

　北京市周口店龍骨山の北京原人遺跡の山頂部にある山洞で発見された、旧石器時代晩期の古人類化石から命名された、ホモ・サピエンス・サピエンス。1930年に発見され、1933～34年に裴文中を責任者として発掘が行われ、豊富な人類の化石や文化遺物及び大量の動物化石が発見された。文化遺物には、石製品や骨角器、装飾品が含まれる。

　上洞人の地質年代は晩期更新世末であり、放射性炭素の測定によると、その年代は1万8000年以上前である。山頂洞遺跡からは、3点の完全な頭骨、頭骨の破片数点、下顎骨と歯及び一部の体幹骨を含む人類の化石が発見された。これらの資料は、年齢や性別が異なる8つの個体を含んでいる。研究の結果、上洞人は原始モンゴロイドに属し、その数値データは、ホモ・サピエンス・サピエンスに共通する原始的特徴の他、主なものはいずれも現代のモンゴロイドと近く、まさに形成期のモンゴロイドの特徴を反映している。

　山頂洞人の文化遺物の中には、25点の石器と骨針、及び豊富な装飾品がある。骨針は長さ82mm、なめらかによく磨かれており、針の孔は小さく細く、尖頭器で開けられている。これは、中国で発見された中で最古の旧石器時代の裁縫道具である。山頂洞人の装飾品は非常に豊富で、孔のある獣牙・海蚶・小石珠・鯇魚の眼上骨などがある。山頂洞人の洞穴は、上室と下室に分かれている。上室は洞穴の東半部にあり、南北の幅は8m、東西の長さは約14mである。地面の中心からは灰燼の堆積が発見され、また嬰児の頭骨の破片・骨針・装飾品と少量の石器も発見されていることから、上室は居住空間と考えられている。下室からは、ヒトの完全な頭骨3点と数点の体幹骨が発見され、人骨の周囲には赤鉄鉱の粉末が撒かれ、いくつかの副葬品が置かれていた。このことは、下室が埋葬地であったことを示している。山頂洞人が死者を下室に埋葬していたことは、彼らが原始的な宗教信仰を持っていたことを意味している。ある人は、遺体の上や周囲に撒かれた赤鉄鉱の粉末は血液の象徴であり、人が死ぬと血が枯れるため、同じ色の物質を加えることで、死者が別の世界で復活することを望んだと考えている。

12. 新石器時代

　　人類の物質文化の発展段階の一つ。考古学者たちは、農業・牧畜業の誕生と磨製石器・陶器・紡績の出現を基本的特徴とする原始時代を指してこう呼んでいる。中国の新石器時代は、一般的には12000年前より始まったと考えられており、早期・中期・晩期の3つの時期に分けられる。早期は12000～9000年前、中期は9000～7000年前、晩期は7000～4000年前である。中国の新石器時代早期の遺跡として、南方では、今から1万年以上前の湖南省道県寿雁鎮白石寨村の玉蟾岩（ぎょくせんがん）遺跡、江西省万年県の仙人洞（せんにんどう）遺跡と吊桶環（ちょうとうかん）遺跡、及び10000～8500年前の浙江省浦江県黄宅鎮の上山（じょうざん）遺跡などがある。また北方では、11000～9000年前の河北省徐水県の南荘頭（なんそうとう）遺跡、河北省陽原県の于家溝（うかこう）遺跡、北京市門頭溝区の東胡林（とうこりん）遺跡、北京市懐柔県の転年（てんねん）遺跡などがある。新石器時代中期の遺跡として、南方では、湖南省澧県の彭頭山（ほうとうざん）遺跡、浙江省蕭山区の跨湖橋（ここきょう）遺跡、浙江省余姚市の河姆渡（かぼと）遺跡などがあり、南北の境界では河南省舞陽県の賈湖（かこ）遺跡がある。また北方では、河北省武安県の磁山（じざん）遺跡、河南省新鄭市の裴李崗（はいりこう）遺跡、陝西省宝鶏市の北首嶺下層（ほくしゅれいかそう）遺跡、陝西省臨潼区の白家村遺跡、山東省滕県の北辛（ほくしん）遺跡、内モンゴル自治区東部の敖漢旗の興隆窪（こうりゅうわ）遺跡などがある。中国新石器時代晩期の遺存としては、黄河流域の仰韶文化、中原の竜山文化、陶寺（とうじ）文化、馬家窰（ばかよう）文化、斉家（さいか）文化、大汶口（だいぶんこう）文化、山東竜山文化、遼河流域の紅山（こうざん）文化、長江流域の大渓（だいけい）文化、屈家嶺（くっかれい）文化、石家河（せっかが）文化、薛家崗（せっかこう）文化、馬家浜（ばかひん）文化、崧沢（すうたく）文化、良渚（りょうしょ）文化などがある。

13. 河姆渡（かぼと）文化

　　1970年代に浙江省余姚市の河姆渡遺跡で最初に発見されことから名付けられた、新石器時代中期の文化。年代は7000年前。主に、杭州湾南岸の寧（波）紹（興）平原から海を越えた東の舟山島まで分布している。河姆渡遺跡では、杭・丸木・木板から構成される一連の干欄式建築群と大量の稲籾の痕跡、陶器、石器、木耜・骨耜などの農耕道具が発見され、またブタ・イヌ・ウシなどの家畜やサイ・ゾウ・シカ・トラ・サル・ノロジカなどの獣骨、大量の鳥類、魚類、及び船の櫂などの水上交通道具も発見された。これらのことは、我が国が水稲を栽培した世界最古の国家の一つであることを証明するものであり、また7000年前の江南における「魚米の郷（ぎょべいきょう）」の田園生活を反映するものである。

14. 裴李崗（はいりこう）文化

　　1977年に河南省新鄭市の裴李崗で最初に発見された新石器時代中期の文化。主に豫中一帯に分布し、豫北と豫南でも発見されている。放射線炭素年代測定法によると、この文化の年代は8200～7500年前である。裴李崗文化の経済は、農業を主とし、作物としては

粟がある。農業生産道具には、鋸歯を帯びた磨製の石鎌、短冊形で両刃或いは舌形で片刃の扁平な石鏟、石磨盤と石磨棒がある。家畜としてブタ・イヌなどを飼育した。陶器には、杯・碗・盤・鉢・三足鉢・鼎・深腹罐・三足壺・双耳壺などがある。副葬品は、石磨盤・磨棒の場合と、石斧・鎌・鏟の場合があり、2種の道具類はそれぞれ別々に副葬されている。このことは、男女が分業していたことと関係があると考えられている。

15. 仰韶文化（ぎょうしょうぶんか）

スウェーデン人のアンダーソンが1921年に河南省澠池県仰韶村で発見したことから名付けられた、新石器時代晩期の文化。以後の数十年間に、河南省・陝西省・河北省・山西省・甘粛省東部などの地域で類型の近い多くの文化遺跡が発見され、みな仰韶文化と命名された。その年代範囲は、おおよそ7000～5000年前であり、早期・中期・晩期の3つの時期に分けられる。仰韶文化の時代に、農業・牧畜業・製陶業はいずれもかなり発展した。農業は粟を主とし、牧畜業では主にブタとイヌが飼育され、製陶業では彩陶が最も有名である。西安市東郊の半坡（はんぱ）遺跡と臨潼区の姜寨（きょうさい）集落遺跡は、共に保存状態が最も完全に近い仰韶文化早期の集落である。また、河南省陝県の廟底溝（びょうていこう）遺跡などは、仰韶文化中期の集落遺跡であり、山西省芮城県の西王村（せいおうそん）は仰韶文化晩期の遺跡である。

16. 紅山文化（こうざんぶんか）

1935年に内モンゴル自治区赤峰市の紅山後（こうざんこう）遺跡で発掘されたことから命名された、新石器時代晩期の文化。紅山文化は、早期・中期・晩期の3期に分けられる。早期は、内モンゴル自治区敖漢旗の興隆窪遺跡のF133を代表とし、その年代はおおよそ黄河流域の老官台（かんだい）文化や仰韶文化早期の半坡類型期に相当する。中期の遺存は、おおよそ黄河流域の仰韶文化中期の廟底溝類型期に相当する。晩期の代表的な遺跡には胡頭溝（ことうこう）・東山嘴（とうざんし）・牛河梁（ぎゅうがりょう）の遺跡群があり、年代は仰韶文化晩期に相当する。紅山文化晩期は、女神廟・積石塚・大型祭壇と精美な玉器により、学術界から文明の曙として讃えられている。紅山文化の玉器は、材質に優れ、色が清潤であり、オンニュド（翁牛特）旗三星他拉の「C」字形玉龍が最も有名である。建平・凌源両県の境界にある牛河梁遺跡の女神廟からは、多くの陶製の女性像が、喀左県の東山嘴遺跡では、方形祭壇の祭社遺跡と円形祭壇の祭天遺跡が発見された。女神廟遺跡の周囲には多くの積石塚が分布し、また祭壇もある。積石塚は、石を積み上げて墓壙が作られ、中心には大きな石槨が置かれている。墓主の副葬品は玉器が主で、玉龍・玉箍（ぎょくこ）（たが状の玉）・玉環・玉璧などがある。

17. 大汶口文化
だいぶんこうぶんか

　黄河下流域の新石器時代晩期の文化であり、1959年に山東省泰安市で発掘された大汶口遺跡から命名された。主に山東省の泰山周辺地域に分布し、東は黄河之浜、北は渤海南岸、西は魯西平原の東部辺縁、南は江蘇省淮北市に至る一帯に及ぶ。大汶口文化は3期に分けられ、前4200～前3600年が早期、前3600～前3100年が中期、前3100～前2600年が晩期である。大汶口文化の中期と晩期の墓葬には、厳格な貧富の分化が見られる。富裕な大型墓は、墓穴の規模が大きく、木槨葬具が用いられ、大量の精美な陶器や石器・骨角器が副葬され、多いものは100点以上に達し、また精美な玉器や象牙製品なども置かれていた。一方、質素な小型墓は、墓穴はわずかに遺体を入れることができるのみの大きさで、副葬品は1、2点の豆・罐の類の陶器があるのみで、何も副葬されていないものもある。大汶口の墓地における大墓と小墓の差は、大汶口の住民たちの内部に財産や社会的地位の分化が出現していたことを示している。また、大汶口文化の中期や晩期では、「炅」・「鉞」・「斤」などの陶文符号が発見されている。

18. 竜山文化
りゅうざんぶんか

　1928年に山東省章丘市竜山鎮の城子崖遺跡で発掘されたことから命名された、新石器時代晩期の文化。初めは、黄河中・下流域の新石器時代晩期の文化遺存を指していた。1949年以降、大量の発掘成果と研究により、元来のいわゆる竜山文化は、その文化系統と来源が単一ではなく、それらを一つの考古学文化とは見なせないことが明らかとなった。このため、後に各地域の文化的様相に基づき、それぞれ文化の名称が与えられた。一般的には、次のように分けられている。（1）山東竜山文化或いは典型竜山文化は、主に山東地域に分布している。この文化は、大汶口文化を継承したもので、岳石文化へと続く。その年代は、前2600～前2000年である。（2）廟底溝二期文化は、主に豫西地域に分布する。仰韶文化から発展したもので、中原地域における早期の段階の竜山文化に属する。その年代は、前2900～前2800年である。（3）河南竜山文化は、主に豫西と豫北、豫東一帯に分布している。廟底溝二期文化を継承し、或いはこの時代に相当する遺存であり、二里頭文化へと発展した。年代は、おおよそ前2600～前2000年である。一般的に、王湾三期・後崗二期、造律台の3つの類型に分けられる。（4）陝西竜山文化は、客省荘二期文化とも呼ばれる。主に陝西省の涇水・渭水流域に分布している。（5）陶寺文化は、以前は竜山文化陶寺類型或いは中原竜山文化陶寺類型と呼ばれていた。主に晋南地域に分布し、年代は前2400～前1900年である。

19. 竜山時代

　広義の竜山時代と、狭義の竜山時代の2つの概念がある。広義の竜山時代は、前3000～前2000年を指し、中原地域では廟底溝二期文化の時代を含む。廟底溝二期は竜山時代の早期であり、その年代は前2900～前2800年である。河南省永城市の王油坊の竜山文化は、やや年代が早く、前3094年（ZK-0539）まで遡る可能性がある。また鄭州市の大河村第五期は、竜山時代早期に属し、その年代はやや早く、前3000年前後である。狭義の竜山時代は、山東竜山文化（いわゆる「典型竜山文化」）の出現から始まる時代であり、前2600～前2000年を指す。

20. 良渚文化

　長江下流域の新石器時代晩期の文化であり、浙江省余杭県の良渚遺跡から命名された。主に太湖地域に分布し、主要な中心的遺跡として、浙江省余杭県の良渚遺跡群、江蘇省崑山市の趙陵山、呉県の草鞋山・張陵山、武進区の寺墩、上海市青浦区の福泉山など数十カ所がある。年代は、前3300～前2000年である。良渚文化の陶器は、細砂を含む灰黒陶と泥質の灰胎黒皮陶を主とし、圏足器・三足器が盛行した。良渚文化の墓葬では、特に玉器を副葬することが流行した。良渚文化の玉器は、先史時代における発展のピークに達しており、種類が豊富で数が非常に多いだけでなく、製作はひときわ優れており、表面には神人獣面紋やその他各種の変体・鳥紋・巻雲紋などの良渚文化特有の図案が数多く刻まれている。

21. 氏族

　原始群中から分化し、血縁関係で結ばれた社会組織。原始社会における基本的な生産単位であり、消費単位である。その成員は、ある共通の祖先に由来し、自身が崇拝するトーテムを持ち、族外婚制を実施した。氏族の成員は共同で労働し、人々は平等で、財産を共有した。氏族の首領は公共の事務を管理し、重大な案件は氏族の議事会において協議された。氏族社会は、母系と父系の2つの発展段階に分けられる。国家は、氏族社会組織の解体を基礎として誕生した。

22. 部落

　原始時代における社会組織の一種。アメリカの人類学者L.H.モルガンは、ネイティブアメリカンのイロコイ部落を以下のように描述している。ネイティブアメリカンの部落は、いくつかの氏族から構成され、それらは各々の領土と名称を持ち、同一の方言を話す。部落内の各氏族の成員は相互に通婚し、部落は各氏族が選出した首長と軍事指導者に対して

授職と罷免の権限を持った。部落は、共通の宗教観念及び祭祀の儀式を備え、公共の事務を討議する部落会議があり、首長が1人いた。

23. 部落連盟（ぶらくれんめい）

　原始社会後期に形成された、部落連合組織。多くは血縁関係があり、或いは近隣で利害の一致する部落から構成される。ネイティブアメリカンのイロコイ部落連盟は、領土が隣り合い、方言が近しく、及び各部落内に血縁の近しい氏族が分散するなどの条件を備えた、5つの独立した部落から構成されていた。部落連盟の主要な機能は、例えば敵対する部族を襲撃し、外来の侵略者に対して一致した行動を取るなど、共同で軍事行動に従事することが挙げられる。イロコイ部落連盟内には、50名の世襲の首長で構成される連盟会議が設けられた。これらの世襲の首長たちは、5つの部落内のいくつかの氏族から選出され、その地位と権限は完全に平等であり、連盟内の諸々の事項に対して最高の決定権を有していた。連盟内の世襲の首長たちは、同時にまた自身の部落の世襲の首長であり、部落の議事会に参加し表決する権利を享有した。連盟の議事会では、人民の自由な発言が許されたが、決議の権限は連盟議事会にあった。連盟では、2名の主要な軍事指導者が設けられ、その権限は等しく、最上級の行政官は設けられなかった。

24. トーテム（図騰）

　原始氏族部落の崇拝物であり守護神、及び名称・徽号・標識である。「図騰（Totem）」の語は、北米のオジブワ族（Ojibways）に由来し、「我が一族のもの」を意味する。トーテム崇拝の中心的内容は以下の通り。自然界の動物や植物、或いはその他の自然物、自然現象を自身の血縁の「親族」として引き込み、その崇拝の対象が本族の祖先である、或いは本族の祖先と血縁上の交流がある、或いは本族の成員の出産と生命の根源であると深く信じた。多くの原始氏族部落は、トーテムの崇拝物を当該の族及び個人の名称、徽号或いは標識とし、同時にまた本族の守護神とした。このように、人々が村落の前にトーテム柱を立て、家屋や生活道具にトーテムを描き、ひいては入れ墨をして標識としたことは、いずれもトーテムの神霊が常に本族と共にあり、皆を守護していることを表現するものであり、これより発達したトーテム芸術へと発展した。

25. 対偶婚（たいぐうこん）

　対偶家庭とも呼ばれる。原始社会時代において、異なる氏族の成年男女の双方が、長期間或いは短期間に1男1女から成る配偶関係となり、女子を中心とするが、婚姻関係が不安定な婚姻形式の一種。対偶婚は、双方が互いに望み合い、また束縛をうけない、やや固

定された同居形式である。モルガンの『古代社会』では、「偶婚制と専偶婚制を区別する主な特徴は、前者には独占的な同居が欠けているところにある」という指摘がある。対偶婚と対偶家庭は絶えず発展した。初めは、男女の双方が自身の母方の氏族内に居住し、通常は男子が女子の家に妻を訪ねる、或いは双方が彼らのために建てられた公房内で夫婦の生活を営むという、いわゆる分離居住婚であった。母系氏族共同体が発展し、繁栄期に到達してゆくにつれ、氏族は母系大家庭或いは母系大家族に分裂し、男子は妻の家に移り住むという、いわゆる妻方居住婚となった。父系氏族の初期に至ると、妻方に居住する形式から夫方に居住する形式へと変わった。対偶婚と対偶家庭の発展は、人類が原始社会時代における「其の母を知るも其の父を知らず」という状況から、「母を知りまた父を知る」というものへと発展し、後に父系氏族と一夫一妻制の家庭が誕生するための条件を準備した。これは、人類の婚姻家庭史上における一つの進歩である。

26. 専偶婚（せんぐうこん）

一夫一妻制の婚姻のこと。専偶制家庭の誕生については、学術界で異なる見解がある。多くの研究者たちは、専偶制家庭は対偶家庭から発展したものと考えている。一方、西洋の何人かの研究者は、人類の家庭は父系制の家庭より始まると考えている。専偶制家庭は、父系社会と関連するものであり、誕生以来、実際には専偶制を行うことが求められたのは女子のみであり、男子は公にもしくは秘密裏に2人以上の妻を持つことができた。真の専偶制は、男女平等の基礎の上に建立されるものである。

27. 集落（聚落）

人類が集住し、生活する場所であり、人類が各種の形式で集住する地の総称。「集落」の語は、古代では村落を指した。例えば『漢書』溝洫志（かんじょこうきょくし）に、「或いは久しく害無く、稍（ようや）く室宅を築き、遂に聚落を成す」とある。近代では、全ての居住区を指す。その形態から、城市集落と郷村集落の2つの形式に分けることができる。城市集落は、通常は郷村集落が発展したものである。集落は、集落地理学の研究対象である。また考古学における基本の分析単位であり研究対象であることから、「集落考古学」が生まれた。非常に高い研究価値を備える多くの有名な集落遺跡は、人類にとって極めて貴重な歴史文化遺産である。

28. 首長制（しゅちょうせい）

欧米の人類学者たちが、原始社会における血縁身分と政治上の等級が結合した一種の不平等な社会の類型を指した言葉。首長制（chiefdom）の概念は、アメリカの人類学者オバーグ（Kalervo Oberg）が1955年に書いた論文の中で初めて提起された。この中でオバー

グは、コロンブス以前のメキシコ南部の低地におけるネイティブアメリカンの部落社会の社会構造の特徴から、6類型の社会形態を総括し、その第3種を政治機構としての首長制 (Politically organized chiefdoms) とした。オバーグによると、これは1つの地域内の多くの村落から構成された部落単位であり、1名の最上位の首長によって統轄され、その下には次級の首長によって掌管される区域と村落がある。その政治構造の特徴として、首長が争端を解決し、紀律に違反した者に懲罰を加える法定権力を持つことが挙げられる。その後、エルマン・サーヴィスの「バンド―部落（トライブ）―首長制―国家」という進化モデルの中で、首長制は国家が誕生する以前の原始社会に出現した不平等な発展段階であると見なされた。欧米の人類学者の中でも、首長制の多様性と複雑性、及び学者たちの認識面での違いのため、首長制の定義は異なっている。首長制には、原始部落から離脱して間もなくの平等な状態の社会から、国家に極めて近い複雑な社会に至るまでの各種の様々な類型の社会形態が含まれ、「単純首長制」と「複雑首長制」の語を用いて首長制社会における不平等の発展の度合いと首長制の進化の前後2つの段階が示される。

29. 邦国（ほうこく）

構造の形態が単純な早期国家を指す。「邦国」の語は、例えば蔡侯鐘に「我が邦国を建つ」とあるなど、すでに青銅器の銘文中に見える。また『詩経（しきょう）』や『周礼（しゅらい）』などの文献にも見える。「邦」或いは「邦国」の語が示すのは、その大多数が古代国家の類の政治実体である。例えば『尚書（しょうしょ）』召誥・大誥などの文献では、周人は殷商王国を「大邦殷」と呼び、自身の国家を「小邦周」と呼んでいる。『尚書』などの先秦文献における「邦」や「邦人」は、『史記（しき）』などの文献ではそれぞれ「国」・「国人」に置換されている。青銅器銘文や先秦文献中には「邦君」のような呼称があり、これは邦国の君主を指す。現代の史学の著作では、「邦国」・「王国」・「帝国」の語を用いて中国古代における国家形態の発展の3段階を表す研究者がいるが、このような体系の中では、邦国は単純な早期国家を指す。

30. 族邦（ぞくほう）

邦国を指し、これもまた早期国家の一種である。このような国家の中では、血縁・姓族・宗族などの要素が重要な機能を発揮するため、「邦」（国家）の前に「族」を冠して「族邦」と呼ばれる。「族邦」の語で国家を指すことを初めて提起したのは、田昌五氏である。彼は五帝時代の「万邦」から夏商周時代を経て、戦国時代に至るまでを全て「族邦時代」と呼んだ。また他の研究者たちは、主に邦国の意味で族邦の概念を使用している。

31. 三皇五帝

中国の古史伝説時代における帝王たちを指す。一つの専称としての三皇五帝は、戦国時代に出現した。『周礼』・『荘子』・『呂氏春秋』など古代の文献における「三皇五帝」の概念は、様々である。「三皇」については、おおよそ次の6説がある。（1）伏羲・女媧・神農（『春秋元命苞』）。（2）遂皇・伏羲・女媧（『春秋命歴序』）。（3）伏羲・神農・燧人（『白虎通』徳論。『礼含文嘉』では「宓戯・燧人・神農」の順に配列される）。（4）伏羲・神農・共工（『通鑑外記』）。（5）伏羲・神農・黄帝（『玉函山房輯佚書』に引く『礼稽命徴』・孔安国『尚書伝序』・皇甫謐『帝王世紀』）。（6）伏羲・神農・祝融（『白虎通』徳論）。

「五帝」については、さらに様々な組み合わせがある。現在、一般的に多く採用されているのは、『易』伝・『大戴礼記』五帝徳・『国語』・『史記』五帝本紀に記される、黄帝・顓頊・帝嚳・帝堯・帝舜である。

32. 伏羲

三皇五帝伝説における三皇の1人。伝説中の伏羲の時代における文化的特徴として、主に次の3つが挙げられる。（1）「民に教うるに猟を以てし」（『尸子』）、網を結びて魚を捕らえた。（2）「嫁娶」の制を定めた（『古史考』）。（3）「仰ぎて則ち象を天に観、俯きて則ち法を地に観、鳥獣の文と地の宜を観、近きは諸身を取り、遠きは諸物を取り、是において始めて八卦を作」った（『易』繋辞伝下）。「始めて八卦を作る」ということは、原始的かつ素朴な論理的思考と弁証的思索が出現したことを意味している。「嫁娶を制する」ということは、血縁を紐帯とする社会組織が出現したことを意味している。伏羲氏の時代の狩猟・漁労経済もまた旧石器時代早期や中期の低級の狩猟・漁労経済ではなく、旧石器時代晩期の高度な狩猟・漁労経済に対応していたと考えられることから、伏羲時代は旧石器時代晩期に相当しよう。

33. 女媧

神話伝説中の人物。『太平御覧』巻七に引く『風俗通』には、「俗に説う、天地開闢して未だ人民有らざるに、女媧黄土を搏して（まるめて）人を作る」とあり、女媧が土を捏ねて人を作ったという神話伝説がある。これは、古えの人々の人類の起源に対する神話的解釈である。この他、女媧が天を補修したという伝説もある。『淮南子』覧冥訓には「往古の時、四極廃れ、九州裂く。天、兼覆せず、地、周載せず……是において女媧、五色の石を煉り、以て蒼天を補い、鼇（大亀）の足を断ち、以て四極を立ち、黒龍を殺し、以て冀州を済い、蘆灰を積み、以て淫水を止む」とある。これはおおよそ、太古の時代に人々が「天崩れ地裂く」と呼んだ地震や暴風が絶えないなどの自然災害が発生したことについて、

古えの人々は天が崩れて大穴が空いたと言い、女媧が天を補修したという神話故事によってこの種の重大な自然災害の発生及び自然界の回復と天気の好転を解釈したのである。

34. 神農(しんのう)

神話伝説中の三皇の1人。古えの人々が我が国の上古における農業の起源及びその早期の発展を解釈した伝説上の人物である。『逸周書(いっしゅうしょ)』佚文には、「神農の時、天粟を雨(ふ)らし、神農耕して之を種(う)う。陶を作りて斤斧(きんぷ)を冶し、木を破りて耜・鉏・耨と為し、以て草莽を墾(たがや)し、然る後に五穀興り、以て果蓏(から)の実を助す」。とある。『易』繋辞伝下には、「神農氏作り、木を斲(き)りて耜を為り、木を揉めて耒を為り、耒耨(らいどう)の利、以て天下に教う」とある。これは、神農氏が農業及び農業の生産道具を発明したことをいっている。この他、神農が百草を嘗(な)めたという伝説もある。『淮南子』修務篇には、「神農、百草の滋味を嘗め、一日にして七十毒に遇う」とある。神農が百草を嘗めたという話は、一面では上古において医薬と農業及び植物学の知識が密接不可分であったことを意味し、また我々に神農の犠牲的精神を知らしめてくれる。ある文献では、神農は炎帝とされている。このことについてある研究者は、漢代以前では神農は神農、炎帝は炎帝であったが、炎帝族もまた農業を重視し、農業の発展に大きな貢献をもたらしたためと考えている。

35. 炎帝(えんてい)

古史伝説中の黄帝と並ぶ我が国の人文始祖。姜(きょう)姓で、「烈山氏(れつざん)」・「列山氏(れつざん)」・「厲山氏(れいざん)」・「連山氏(れんざん)」・「魁隗氏(かいかい)」などとも称した。『国語』晋語(しんご)四には、「昔少典(しょうてん)、有蟜氏(ゆうきょう)を娶り、黄帝・炎帝を生む。黄帝は姫水を以て成り、炎帝は姜(きょう)水を以て成る。成りて徳異なり、故に黄帝を姫と為し、炎帝を姜と為す」とある。また『水経注(すいけいちゅう)』渭水(いすい)条下には「岐水又た東し、姜氏城の南を径(へ)て、姜水と為る」などとあることから、徐旭生(じょきょくせい)ら研究者たちは、姜姓の炎帝氏族の発祥地は渭水上流の現在の宝鶏一帯であると主張している。またある研究者は、「烈山氏」・「列山氏」・「厲山氏」・「連山氏」と呼ばれる炎帝は、北方にいたのではなく、南方にいたと考えている。炎帝は農業の発展に大きく貢献したため、炎帝はすなわち神農であるとする文献もある。炎帝と黄帝は「炎黄(えんこう)」と併称される。

36. 黄帝(こうてい)

古史伝説中の五帝の1人。黄帝族は初め、現在の陝北の黄土高原に居住していたが、後に東に向けて遷徙した。その足跡と遷徙の範囲は非常に大きく、司馬遷は自身が各地を旅行した時のことについて、「西は空桐に至り、北は涿鹿(たくろく)を過ぎ、東は海に漸(いた)り、南は江淮(こうわい)に浮かぶ」といい、各地の風俗習慣は異なるが、彼が訪れた所では、各地の長老が往々に

してみな「黄帝を称し」たという。このことからも、黄帝伝説の影響の大きさが見て取れる。我が国の上古時代においては、人名・族名と地名は同一であることが多かった。黄帝は軒轅氏を号し、また有熊氏を号したが、ある研究者は、次のように考えている。軒轅氏はすなわち天黿氏であり、大鼈（カメ）をトーテムとしていた。また有熊氏は熊・虎などの猛獣をトーテムとしていた。黄帝が軒轅と称し、また有熊と称したのは、部族融合の結果である。このような部族融合がさらに発展し、後に黄帝族と炎帝族を主体として他の諸部族が融合し、華夏民族が形成された。華夏族の主幹は黄帝族・炎帝族によって構成され、黄帝と炎帝は自然と中華民族の人文初祖と見なされるようになった。

37. 堯

名は放勲といい、陶唐氏の邦君であると伝えられることから、唐堯とも呼ばれる。陶唐氏は、初めは現在の河北省唐県一帯で活動していたが、後に晋南に遷り、帝堯の時代に晋南の臨汾盆地に居を定めた。これが文献に言う「堯、平陽を都とす」である。堯舜時代は、すでに各地に邦国が生まれており、邦国連盟も出現していた。堯・舜・禹は、自身の邦国の君であり、また相次いで中原地域の邦国連盟の盟主を務めた。堯・舜・禹の禅譲の伝説は、盟主の職位が邦国連盟内で移動し交代があったという状況を描写するものである。

38. 舜

名は重華といい、有虞氏の人と伝えられ、虞舜とも呼ばれる。孟子は舜について、東夷の人であり、諸馮（ある研究者は現在の山東省諸城市とする）で生まれたとする。虞舜は後に東方から現在の晋西南の永済一帯に遷ったため、「冀州の人」とも言われる。『尚書』堯典などによると、年老いた堯が連盟内の「四岳」に後継者を推挙させると、みな一致して舜を推挙した。舜の品徳などに対する一連の考察を経て、堯は舜が天下を授けるに足る者とみなし、舜に位を譲ることを決定した。舜は正式に位を継承する前に、堯の子である丹朱に位を譲り、自身は南河の南に居を避けた。しかし天下の諸邦や民衆は丹朱を信任せず、舜を推戴しようとしたため、舜は正式に位を継いだ。

39. 禹

古史伝説中の人物。彼に関連する伝説の中で最も有名なのは、大禹治水である。禹は、父鯀の治水失敗の教訓を学び、それまでの囲堵（囲って防ぎ止める）という方法を改め、河道の疏通という、川の流れを滞りなく通す方法によって洪水を治め、成功した。「禹は塗山氏の女を娶」って妻とした。洪水を治めた時には、三たび家の門を過ぎたが入らず、美談として伝えられた。禹は治水に成功したことで、邦国連盟の中で極めて大きな威信を

打ち立てた。『左伝』哀公七年には、「禹、諸侯を塗山に合し、玉帛を執る者万国」とある。この時の禹はすでに生殺与奪を決定する権力を備えていた。『国語』魯語よると、禹が各地の邦君に命じて会稽（現在の浙江省紹興市）で会盟を行った際、防風氏が遅れて到着したため、禹は一声令を下してこれを殺したという。禹は早期の邦国から王国へと転じる時期の邦君であり、邦国連盟の盟主であった。

40. 禅譲制

　伝説中の古えの中国における帝位継承の体制。堯・舜・禹の時代に実施されたと伝えられる。この時代に「天下」は「一統」に帰し、地方の諸侯国は高い独立性を備え、帝位を獲得するには諸侯国の国君たちの賛同を得なければならなかった。帝はその在位期間に、臣属に賢能を推挙させて後継者を確定し、彼に重任を委ね、その才幹と威望を増強させた。帝の死後、後継者に選ばれた者は辞退して他者に譲り、一時回避しなければならず、諸侯が帰心して推戴するのを待ち、ようやく帝位についた。近年の研究によると、この制度は原始社会末期或いは早期文明時代に実施された、部落連盟が首領を推選する或いは邦国連盟が盟主を推選する際の制度であった。

（三）夏商周

1．二里頭遺跡

　　河南省偃師市二里頭村に位置し、1957年の冬に発見された。第一期から第三期までの遺跡の年代は、炭素14年代測定法によるとおよそ3750～3600年前であり、夏の中期・晩期に相当する。二里頭遺跡は、規模が広大で、面積は3km²以上に達する。二里頭の宮殿建築群の中では、一号宮殿が最も壮観であり、主殿・庭院とその四周に巡らされた回廊から構成されている。建築全体の気勢は雄大で巍巍壮観、権力と地位、威厳を象徴している。二里頭遺跡から出土した青銅器には、鼎・爵・斝・盉などの礼器と、鉞・戈・戚・鏃などの武器、錛・鑿・鑽・錐・刀などの工具があり、また他に緑松石（トルコ石）をはめ込んだ各種の銅牌や銅鈴などがある。礼器は等級身分を反映するもの、武器は戦争を表すものであり、これらは当時の「国の大事は、祀と戎に在り」（『左伝』成公十三年）という社会の価値基準を体現している。二里頭からは、玉鉞・玉璋・玉戈・玉刀・玉戚・玉圭など各種の玉礼器も出土しており、これら玉器の製作は非常に精美である。ある貴族の墓から出土した、緑松石片がはめ込まれた大型の龍形器は、中国早期における龍を象った文物の中でも貴重な逸品である。礼楽の邦である中国にとって、玉器と玉礼器は、その礼楽文明の重要な構成部分であった。多くの考古学者たちは、二里頭遺跡が夏王朝の中晩期の王都であると推定している。

2．殷墟

　　商王朝後期の都城の遺跡。河南省安陽市西北郊の洹河両岸に位置し、その面積は36万km²以上に及ぶ。20世紀初めに発見され、1928年より発掘が開始された。盤庚がこの地に遷都してから紂王（帝辛）の代に国が亡びるまで、8代12王、273年間にわたり、商はここを都とした（おおよそ前14世紀末から前11世紀まで）。殷墟遺跡は、規模が広大で、豊富な遺存が密集して分布している。遺跡には、宮殿や宗廟区、鋳銅・製骨・製陶などの手工業の工房区、居住区、王陵区と平民の墓地などが含まれる。出土品には大量の青銅器・玉器・骨角器・陶器などの遺物があり、中には司母戊鼎や三聯和尊などの有名で精美な青銅礼器もある。この他、遺跡内からは15万片余りに及ぶ甲骨卜辞が出土した。これは、現在までに中国で発見された中で最古の系統的な文字である。

3．三星堆遺跡

　　蜀文化の遺跡。現在の四川省広漢市の西約10kmの南興鎮三星村に位置し、北に鴨子河、

南に馬牧河がある。馬牧河の南岸に3つの黄土堆があったことから、三星堆と呼ばれた。馬牧河の北岸には月亮湾（現在の真武村）があり、1929年に玉器が出土したことで人々の注目を集めた。1986年、三星堆の南で商代中晩期に相当する一号、二号祭祀坑が発掘され、金杖・金製のマスク・金製の虎形飾・青銅製の立人像・人頭像・人面像・神樹・尊・罍（らい）・玉牙璋・玉琮（そう）・玉瑗（えん）・象牙・海貝などの大量の精美な器物が出土した。これらは地方的特色が濃厚で、製作年代及び使用年代は、商代或いはそれ以前に相当する。その後、月亮湾の東で東城壁、西で西城壁、三星堆の南で南城壁が発見された。城跡全体は、北側が狭く南側が広い構造で、東西は1600～2000m、南北は2000m前後、面積は3.5～3.6㎢に及ぶ。発掘者はこの城跡について、商から西周初期にかけての蜀国の都城があった場所に相当すると考えている。

4．内服（ないふく）

古えの地域の区画。畿内（きない）或いは王畿（おうき）とも呼ばれ、王都を中心とする五百里の範囲を指し、王が直接統治する地域である。服は服事、畿は境界を意味する。『尚書』禹貢（うこう）及び『国語』周語（しゅうご）によると、甸服（でんぷく）は内服に属する。また、甸服は外服に属するとする説もある。

5．外服（がいふく）

古えの地域の区画。王畿（内服）以外の地域を指し、居住者は王に臣服する諸侯国及び辺遠の民族である。『尚書』・『国語』・『周礼』などには、外服についてそれぞれ異なる記述がある。『尚書』酒誥（しゅこう）の「越（およ）び外服に在る、侯・甸・男・衛の邦伯」という文は、甲骨文や青銅器の銘文中の関連する内容と対応しており、商代の国家構造が反映されている。

6．方国（ほうこく）

一般的には、夏商周時代の中央の王朝或いは中央の王国に相対する語で、地方の国家を指す。甲骨文中に「某某方」とあるのが方国である。例えば、商は夏に取って代わる以前は方国であり、商を滅ぼす以前の周も商王朝の方国であった。これらは前王朝の正統な地位に取って代わった後に中央王国となり、各地の臣服或いは受封の国々はその方国となった。

7．百姓（ひゃくせい）

商周時代の貴族の総称。『尚書』酒誥に「越（およ）び百姓・里居」とあり、孔安国（こうあんこく）はこの「百姓」を「百官の族姓」と釈し、孔穎達（くようだつ）は「毎官の族姓」と解している。また『詩経』小雅（しょうが）・天保（てんぽう）に「群黎百姓」とあり、『毛伝』（もうでん）もこの「百姓」を「百官の族姓」と解釈している。『国

語』楚語下には「百姓千品」とあり、韋昭はこの「百姓」を「百官の氏姓を受くるもの」と解釈している。この時代、官についた者は、例えば太史や司馬などの職事の姓を賜わり、家族によって代々継承された。このため「百官族姓」を「百姓」と呼んだのである。戦国時代以降は、『墨子』辞過などに見られるように、平民の通称として用いられた。

8. 宗法制

血縁関係を基礎として形成された古えの統治制度であり、周代のものが最も典型的である。周の王位は世襲であり、嫡長子によって継承され、天下の大宗と呼ばれた。王は、同姓貴族の最上位の家長であり、また政治上の共主であり、国家の軍政の大権を掌握した。嫡長子の同母弟や庶兄弟は封建されて諸侯となり、周王に対しては小宗、本国にあっては大宗となり、その職位もまた嫡長子が継承し、次の代の諸侯となった。諸侯の庶子は分封されて卿大夫となり、諸侯に対しては小宗、本家にあっては大宗となり、その職位もまた嫡長子が継承し、卿大夫となった。以下、卿大夫から士に至るまで、大宗と小宗の関係はほぼ同じであった。士の長子は士となったが、その他の諸子は平民であった。これらの世襲の嫡長子は宗子と呼ばれ、永代にわたって受け継がれた。

9. 世卿世禄

周代の官禄の体制。周代では幾重もの分封を通じ、王・諸侯・卿大夫・士などの一連の等級が形成され、各等級の爵位と権力、及び占有する土地や人民、財産は、原則的には嫡長子によって継承され、次子或いは庶子には下位の等級の権力と地位が分け与えられるのみであった。嫡長子が世襲する各級の貴族は、族長の身分に応じて各級の政権と兵権を掌握した。世襲の卿大夫は、声望や年功に応じて官職を担い、一定の采邑からの収入を享受した。この体制は世卿世禄と呼ばれている。春秋時代後期には、卿大夫の家中に官僚的な性質を持つ家臣が出現した。彼らは封地を持たず、穀物を俸禄とし、次第に戦国時代の官僚体制へと変化していった。

10. 采邑

封地或いは采地ともいう。周代では分封制が実施され、諸侯が配下の卿大夫に賜った封地は采邑と呼ばれ、卿大夫の嫡長子孫は代々采邑を食禄とした。そのため、采邑は食邑とも呼ばれる。初め采邑は、卿大夫が封地の経済的収入を徴収し、管理を行うのみであり、采邑の土地と居住民は諸侯に直属していた。後に卿大夫の勢力が増大するにつれ、彼らが采邑で擁する権力は次第に大きくなり、独立性も強くなり、諸侯の封地のようになっていった。

11. 五等爵

周代に分封された諸侯には、尊卑の順に公・侯・伯・子・男の5つの爵称があった。『孟子』万章章句下によると、公・侯が受封する土地は方円百里、伯は方円七十里、子・男は方円五十里であった。爵称は、封地の大小を区別した他、政治上の地位とも関係があった。『公羊伝』の隠公五年には、天子の三公を公と呼び、王者の後もまた公と呼び、その他の大国はみな侯と呼び、小国は伯・子・男と呼ぶことが記されている。この他、『礼記』王制篇では、天子・公・侯・伯・子男を五等爵制としている。

12. 三公

中国の古代の朝廷内で最も尊く地位の高い3つの官職の総称。『尚書』周官及び『周礼』によると、三公とは太師・太傅・太保を指す。また『尚書大伝』及び『礼記』では、司徒・司馬・司空を三公とする。この他『公羊伝』では、三公とは天子の相であるとし、陝（現在の河南省陝県一帯）以東は周公が管轄し、陝以西は召公が管轄し、彼らと朝廷内にいるもう1人の相をあわせて三公とする。秦代では、三公は設けられなかった。漢代の初めは、丞相・御史大夫・太尉を三公とした。その後、太尉は常設されず、その代わりに大司馬に軍事権を統領させ、御史大夫を大司空に改め、丞相を大司徒に改め、これらを三公とした。魏晋以降は、三公の位は常設されたものの実権はなく、次第に実態のない職或いは「優崇の位」へと変わっていった。

13. 三監

周初に、もとの商の王畿内に設けられた監督者であり管理者。周の武王は商に勝利した後、もとの商の都である朝歌（現在の河南省淇県）及びその付近の地域を三国に分け、邶に商の紂王の子武庚禄父を封じ、鄘と衛にそれぞれ武王の弟の管叔鮮と蔡叔度を封じ、共同で商朝の遺民を監督管理させ、これを三監と呼んだ。武王の死後、幼い成王が即位し、周公が摂政の任につくと、管叔と蔡叔は疑念を懐き、武庚と連合して乱を起こした。周公は成王の命を奉じて東征し、武庚と管叔を殺し、蔡叔を放逐し、三監の民を成周（現在の河南省洛陽市の東）に遷した。一説に、三監とは管叔（衛に封ぜられた）と蔡叔（鄘に封ぜられた）及び霍叔（武王の弟で邶に封ぜられた）を指し、武庚（もとの商都に封ぜられた）は含まないともされる。その後、管叔と蔡叔及び霍叔は、武庚と連合して乱を起こした。

14. 西周

周朝の前期。前11世紀に武王が商に勝利して周朝を建立してから、幽王十一年（前

771年）に申侯と犬戎が驪山のふもとで幽王を殺害するまでを指す。国都の鎬京（現在の陝西省西安市の西）が王畿の西部にあったことから、西周時代と呼ばれる。この時代は国力が強盛で、分封を受けた諸侯たちは周王の命に従い、征戦も少なく、典章制度の面でも多くの功績があり、後世に深遠な影響をもたらした。

15. 共和行政

西周時代の政治事件。周の厲王は暴虐で専制を行い、佞臣を寵愛して信任し、国人の謗りや怨みを引き起こした。彼らは憤って蜂起し、厲王を攻撃し、厲王は彘（現在の山西省霍県）に出奔した。太子の静は召の穆公の家に匿われたが国人に包囲され、召公は自身の子を身代わりとし、太子は難を逃れた。厲王の出奔後、朝臣である召の穆公と周の定公の2人が共同で行政を取り仕切り、共和と号した。共和元年（前841年）は、中国古代史における明確な紀年の始まりである。共和十四年、厲王が彘で死去すると、周・召二公は共同で太子静を擁立し、共和行政は直ちに終了した。これが周の宣王である。この他、共和は共伯和（共国の国君で名が和）を指すとする説もある。厲王の出奔後、諸侯たちから推挙された共伯和が天子の事務を代行し、このことが共和行政と呼ばれた。厲王が死去すると、共伯和は諸侯たちに太子静を王に奉じさせ、自身は衛国に戻ったという。

16. 東周

周代の中晩期。周の平王元年（前770年）の洛邑（現在の河南省洛陽市）東遷から秦の始皇二十六年（前221年）の六国統一までを指す。国都の洛邑が王畿の東部に位置したことから、東周時代と呼ばれる。東周時代はまた、春秋時代と戦国時代の2つの時期に分けられる。この時代に王室は衰微し、情勢を統御する力を失い、また領地も次第に縮小した。周の考王の時代（在位：前440～前426年）に弟を西周公に封じ（西周の桓公）、その地位は子の威公、さらにその子の恵公に継承された。威公はまた少子を東周公に封じた（一説に、東周が叛いて即位するのを韓と趙が助けたという）。東・西周二公国が分治するようになった後、顕王は東周に居を定めたが、赧王の時代に西周に居を改めた。周の赧王五十九年（前256年）、赧王が死去すると、秦が九鼎宝器を奪い取り、西周公を悪狐（現在の河南省洛陽市の南100km余り）に遷した。その7年後、秦の荘襄王が東周を滅ぼし、東周・西周は共に秦に取り込まれた。

17. 春秋

東周の前半期。周の平王元年（前770年）から、敬王四十四年（前476年）まで。後世に伝わる魯国の編年史『春秋』の記事の期間（魯の隠公元年（前722年）から哀公十六

年（前479年）まで）におおむね相当することから、春秋時代と呼ばれる。この時代に王室は衰微し、諸侯の大国が覇を争い、多くの戦いや会盟が行われ、多くの小国が滅亡し、社会は大きく揺れ動いた。

18. 春秋五覇

春秋時代の諸侯国の中で覇者の地位を獲得した5名の国君。五伯とも呼ばれる。『孟子』告子の趙岐注によると、五覇は斉の桓公・晋の文公・秦の穆公・宋の襄公・楚の荘王を指す。また『荀子』王覇や『墨子』所染では、斉の桓公・晋の文公・楚の荘王・呉王闔閭・越王句践を指すとされる。

19. 尊王攘夷

春秋時代に斉・晋などの国々が覇者の地位を争い、獲得するために採用した策。「尊王」は、周王の権威を尊崇すること。この時代、周王は情勢を統御する力は失っていたものの、名目上はなお「天下共主」であった。そのため、「尊王」をスローガンとすることで、大局を安定的に維持し、諸侯国間の連合を促すことが可能であり、またその唱道者は覇を争う政治的資本を手にすることができた。例えば周の襄王十六年（前636年）に、王子帯が乱を起こし、襄王は出奔した。晋の文公は兵を出して襄王を護送して都に帰還させ、王子帯を殺した。このような行動が「尊王」である。「攘夷」は、夷狄の侵入を防ぐこと。この時代、周辺地域に属する夷狄の部族の勢力が次第に強大化し、機に乗じて内地に侵入するようになり、周初に封建された諸侯国の安全は深刻な脅威にさらされていた。侵入者を駆逐し、滅ぼされた弱小国を復興することで、華夏族の中原地域における主体的な地位を強固にし、延続させることを求めたのである。例えば周の恵王十七年（前660年）に、狄人が衛を攻撃し、翌年に狄人はまた邢を攻撃した。斉の桓公はいずれも兵を出して救援し、滅ぼされた衛と邢を復興させた。このような行動が「攘夷」である。

20. 三桓

春秋時代の魯国の卿臣。魯の僖公の在位期間、桓公の子季友が政権を握り、その後裔は季孫氏と呼ばれた。また季友の兄の慶父と叔牙の子孫はそれぞれ孟孫氏・叔孫氏と呼ばれた。これら3家はいずれも桓公の後裔であるため、三桓と呼ばれた。僖公以降、春秋末に至るまで、魯国の政権は基本的にこの3家が掌握し、魯君の力は大きく削がれていた。

21. 六卿

春秋時代の晋国の卿族。晋国は公子や公孫が貴族となることを認めなかったため、異姓

或いは国姓の中でも疎遠な卿大夫が勢力を獲得し、狐氏・趙氏・韓氏・魏氏・欒氏・范氏・荀氏などの強大な卿族が相次いで出現し、激烈な兼併を経て、春秋時代晩期には最も強大な趙氏・魏氏・韓氏・范氏・中行氏・智氏の6族が残り、六卿と呼ばれた。後に范氏と中行氏が滅び、また智氏が滅び、趙・韓・魏の3氏によって晋国は三分された。

22. 戦国

東周の後半期。周の元王元年（前475年）より、秦の始皇二十六年（前221年）の六国統一まで。この時代には秦・楚・韓・趙・魏・斉・燕の7つの大国があり「戦国」と呼ばれたため、戦国時代と呼ばれる。この時代は大国が雄を争い、兼併戦争を通じて統一が実現した。各国は変法を通じて政治・経済・軍事体制を改革し、実力を増強し、社会の進歩と転換を推進した。

23. 戦国七雄

戦国時代の斉・楚・燕・趙・魏・韓・秦の7国を指す。斉国は周初に姜太公によって立てられ、周の安王十六年（前386年）に、田和が諸侯に列せられて姜斉に取って代わった。楚国は商代にはすでに存在し、周初に引き続き封建され、戦国時代まで継承された。燕国は周初に召公によって立てられ、戦国時代まで続いた。趙・魏・韓の3氏はもともと晋国の卿臣であったが、周の貞定王十六年（前453年）に晋国を三分し、威烈王二十三年（前403年）に共に諸侯に列せられた。秦人は周の孝王の時代に秦の地を受封し、従属した。幽王十一年（前771年）、犬戎が申侯と共に周を攻撃し、幽王を驪山のふもとで殺害した。このとき秦の襄公は兵を出して周を救援して功を立て、周の平王から諸侯に封ぜられた。秦は最終的に六国を滅ぼし、中国を統一した。

24. 合従連衡

戦国時代に縦横家が主張し、推進した外交・軍事策。「合従」とはすなわち「衆弱を合して以て一強を攻む」ことで、多くの弱小国が連合して一強国に対抗し、強国の兼併を防ぐことである。「連衡」とはすなわち「一強に事えて以て衆弱を攻む」ことで、強国がいくつかの弱小国をまとめあげて他の弱小国に進攻することで、土地の兼併を目的とした。他力に頼ることを重視し、計略の効果を過大に誇張するもので、蘇秦や張儀を代表とする。

25. 胡服騎射

戦国時代の趙国で実施された軍事改革。趙国は、北に東胡・林胡・楼煩などの遊牧部族

に臨み、常に騎兵の侵入を受けていた。辺境の防衛を強化するため、周の赧王八年（前307年）、趙の武霊王は軍に胡人の服装を採用することを命じ、短装に改め、皮帯を巻き付け、帯鉤を用い、皮靴を履くこととし、こうして騎兵を発展させ、馬上で弓を射る戦法の技術を訓練し、軍事力を大いに増強した。こうして趙は、林胡と楼煩の一部の土地を攻略し、彼らを北に追いやった。

26. 郡県制

中国封建社会における主要な地方行政制度。春秋時代、諸侯国の中にはすでに県を設置するものがあった。県の長官の多くは父子相伝であり、楚国では尹或いは公と呼ばれ、晋国では大夫と呼ばれた。戦国時代に至ると、県は広範に設置され、世族世官制から官僚体制へと転換した。商鞅変法により、秦は県制を普遍的に実施し、一県の長を県令と呼び、国君が随時任免することとした。郡の設置もまた春秋時代に始まった。初期は辺境地域に置かれることが多く、県との間に統属関係はなかったが、戦国時代に至り、郡と県の数が増加するにつれ、次第に郡が県を統べる地方管理システムが形成された。一郡の長は郡守（或いは太守と呼ばれる）であり、武官が充当されることが多く、徴兵領軍の権限を備えた。秦の統一後、郡県制は全国に施行された。

27. 上計

戦国時代における官吏の考課体制。主に韓・趙・魏・秦などの国々で実施された。毎年秋にまず県令・県長が全県の戸口・墾田・銭穀の出納などの数目を計簿に編製し、郡国に呈送した。郡守・国相はこれを審査し、また県級の官吏の評価及び中央に推薦する人材の概況を「計書」と呼ばれる統計簿冊に記し、年末前にその副本を中央に上呈して勤務評定が行われた。計簿は、初めは郡県の丞が呈送していたが、後に高級掾史が担当するようになり、彼らは上計吏・上計掾或いは計吏と呼ばれた。上計の内容に錯誤や事実でない箇所があった場合は、上計吏が初めに訊問や刑を受けなければならず、才能が衆に抜きんでた上計吏は郡国や中央に留め置かれて職に任ぜられることもあった。この制度は、秦漢以降も踏襲された。

28. 国人

周代において、城区及び近郊に居住した人々。周王或いは諸侯が居住する都城及びその百里以内の近郊は国と呼ばれ、国内に居住する者は国人と呼ばれた。国内は郷に画分され、郷大夫によって管理された。国人の多くは貴族と宗法上の血縁関係を持つ士階級であり、彼らは国事を議論する権利を持ち、国家に大きな変事が生じた際には、王或いは諸侯は彼

らの意見を聞かねばならなかった。彼らのうち才能のあるものは、選抜され、推選された。国人の丁壮は、日常的に国家組織の田猟や力役に参加する義務があった。また戦争時には軍に加わり、或いは出征し、或いは防衛に当たった。

29. 野人(やじん)

周代において、田野に居住した人々。周王或いは諸侯が居住する都城及びその近郊は国と呼ばれ、郊外は野と呼ばれた。そのため、郊外に居住する人々は野人と呼ばれた。野内は遂(すい)に画分され、遂大夫(すいたいふ)によって管理された。野人は主に生産活動に従事し、戦争時には軍内の協力的な雑務に従事するのみであった。

30. 什伍(じゅうご)

戦国時代の秦国の戸籍編制。商鞅変法で制定された連座法では、秦国の住民を5家ごとに伍、10家ごとに什として編制し、相互告発と同罪連座の制度を建立した。奸人(かんじん)を告発した者は、敵の首級を1つ獲得したのと同様の褒賞を得、告発しなかった場合は腰斬(ようざん)となった。もしある家が奸人を匿った場合は、敵に投降したのと同様の処罰を受け、他の9家が検挙告発しなかった場合は、同罪に問われた。この連座法は、軍の隊伍の中でも実施され、作戦時に5人を伍に編制して名冊に登記し、1人が逃亡した場合は、他の者も処罰を受けた。

31. 五刑(ごけい)

中国古代における5種の刑罰の総称。その起源は虞舜の時代にあり、夏商以降も継承されたが、その内容には異同があった。商周時代は、墨(ぼく)・劓(ぎ)・刖(げつ)・宮(きゅう)・大辟(だいへき)を五刑とした。墨は、黥(げい)ともいい、皮膚を針で刺してそこに墨を入れること。劓は鼻を削ぐこと。刖は足を断ち切ること。宮は、男子の場合は生殖器を切ることで、女子の場合は幽閉すること。大辟は、死刑。秦漢時代の刑罰制度は繁雑となったが、これは肉刑を主体とする五刑から徒刑(とけい)・流刑(るけい)を基礎とする刑罰体制への過渡期であった。北魏では、死・流・徒・鞭(べん)・杖(じょう)の新たな五刑が確立された。隋代には鞭刑が除かれて笞刑(ちけい)が加えられ、正式に笞・杖・徒・流・死の五刑の刑罰体系が確定し、これが明清時代まで受け継がれた。

32. 九刑(きゅうけい)

周代の刑罰。『漢書』刑法志(けいほうし)には「周に政の乱るる有りて、九刑を作る」とある。一般的には、墨・劓・刖・宮・大辟の五刑の他、流(流刑)・贖(しょく)(財物により肉刑或いは死刑を相殺する)・鞭(大型の竹板或いは荊条で受刑者の背中・臀部・両腿を打つ)・撲(ぼく)(小型の竹板或いは荊条で身体を打つ)の4種の刑罰を加えて「九刑」と呼んだ。この他、「九刑」

は書名で、周代の九篇の刑書を指すとする解釈もある。

33. 井田制 (せいでんせい)

　中国の古えの田制。その起源は黄帝の時代にあり、夏・商・周の３代に盛んに行われたと伝えられる。この制度では、土埂（あぜ）と溝洫を境界とし、耕種する田地を一定の面積に画分した。井田の最高所有権は国君或いは貴族に属し、耕作者はただ使用権を有するのみであった。田地は公田と私田に分けられ、私田は各戸の農民によって耕種され、収穫物は彼ら自身に帰した。公田は皆で協力して耕種するもので、その収穫物は国家或いは貴族に帰した。この他、井に画分されないまばらな土地もあり、『周礼』の記載によると国都付近には官田・士田・賈田・賞田などがあった。官田と賈田は官府で職に供する小吏や工商に分け与えられた禄田であり、士田は士の家族に授与された田である。

34. 公田 (こうでん)

　周代の田制。井田制のもと、各戸の農夫は集団で公田の耕作に従事しなければならなかった。公田の全ての収穫物は貢賦として納められ、国家はこれを宗廟の祭祀や官吏の俸禄、朝廷の日常の費用の支出に当て、また各級貴族の封地の収入となった。

35. 私田 (しでん)

　周代の田制。井田制のもと、各戸の農夫は土地を分け与えられ、定期的に交換された。これを私田といい、収穫物は自身に帰した。井田制の廃止後、分け与えられた土地は私有となり、初めて国家に対して税を納めた。

36. 三田制 (さんでんせい)

　周代における耕地の３種の形態。その年に開墾されて耕種する田地は菑と呼ばれ、開墾後１年を経たものは新と呼ばれ、２年を経たものは畬と呼ばれた。また開墾後１年を経たものが畬と呼ばれ、２年を経たものは新と呼ばれたとする説もある。菑は、草木を除き、田畝を整備し、荒地を開墾して耕種することを指す。当時は精耕細作を行うことができず、また良好な施肥に乏しいという条件のため、新たに開墾された菑田は数年間で地力が損耗して種植できなくなり、順に休耕地とするしかなかった。３年間の種植の過程においては、地力が発揮する効果が年ごとに異なり、これを区別するために異なる名称が付けられたのである。

37. 爰田
　春秋戦国時代の田制であり、轅田とも書く。爰と轅は相通じ、変換・変易の意。爰田はもともと休閑耕作を指し、通常は3年であった。3年続けて種植すると田地の地力が損耗し、数年間は休耕地とする必要があるため、農耕者の受田地を3年ごとに1度交換したのである。『左伝』などの記載によると、周の襄王七年（前645年）に秦と晋が韓原で戦い、晋の恵公が捕虜となった際、晋国は民心を得るために爰田を実施した。このとき、輪換可能な田地が臣民に賞賜されたとされる。

38. 初税畝
　春秋時代の魯国で行われた田税の改革。魯の宣公十五年（前594年）に実施された。旧制では、耕作可能な田地は公田と私田に分かれていた。公田は籍田とも呼ばれ、国家の所有に帰し、農耕者は集団で耕種し、収穫された穀物はは全て公に帰した。私田もまた国家の所有に帰したが、各戸の農耕者に均分され、彼らは自ら耕作し、その収穫は全て自身に帰した。この改革により、公田と私田の境界が打ち破られ、一律に畝ごとに徴税するようになった。その目的は国家の税賦を増加させることにあったが、客観的には私田の私有化を承認することとなった。

39. 工商食官
　商周時代の管理体制。「工」は主に各種の手工業生産に従事する者、「商」は主に商品交易の活動に従事する者であり、共に官府に属し、王及び諸侯国の国君のために服務した。工商の家は区画ごとに分かれて一族で集居し、技術を代々伝承し、官府の指示や需要に応じて生産を行った。工人の生産を管理する官吏は「工師」と呼ばれた。工商の家も受田したが、その額は基本的に農民よりも多くはなかった。工本人は公家の倉廩から口糧を受け取ることもあった。

40. 百工
　古えにおける各種の工に対する総称。工は、奏楽や絵画など技術や芸を職業とする者のことで、大多数は手工業の生産に従事する工である。商代の甲骨文中にはすでに「百工」・「多工」などと見えている。西周の青銅器銘文及び『尚書』中にも「百工」の記載がある。「百工」は或いは「諸尹」・「里君」と並列され、この場合は各種の工官を指した。また或いは「臣妾」と並列され、各種の手工業生産に従事する奴僕を指した。この時代の「百工」は多くが官府に所属し、一族で集居し、技術を代々伝えた。春秋戦国時代には、「官工と為らざる」単独経営の手工業者が大量に出現し始めた。

41. 犬戎
　諸戎の一つ。戎は、先秦時代における西北の民族に対する汎称であり、西戎とも呼ばれた。分布する範囲及び帰属が異なることから、允姓の戎、姜氏の戎、犬戎などに分けられる。犬戎は、商周時代の畎戎であり、『山海経』では犬封国と呼ばれ、夏商交替期に現在の陝西省彬県・岐山県一帯に移り住んだ。周の穆王の西征により、犬戎は太原に遷ったため、太原の戎とも呼ばれる。周の夷王の時代、虢公に命じて六師を率いて太原の戎を討伐させ、馬千匹を獲得した。厲王の時代に、戎が犬丘に入り、後に大いに盛んとなった。西周末には、申侯が犬戎らと連合して周の幽王を攻撃し、幽王を驪山のふもとで殺害した。周の平王が洛邑に（現在の河南省洛陽市）に東遷した後、岐山以西の地は秦の襄公に賜封され、秦国は犬戎の地を尽く攻略した。

42. 東夷
　古えの東方の民族に対する総称。その居住範囲及び活動範囲は、主に現在の山東・江蘇・安徽一帯に及んだ。先秦時代は東夷民族が多く、主に伝説時代の太皞・少皞を代表とする部族を指し、『禹貢』では「鳥夷」と呼ばれている。また「九夷」などの名称がある。夏・商・周3代では、華夏諸国と東夷の間に多くの征戦が行われ、またあるときは使者を通じて会盟し、次第に融合した。近年に出土した春秋時代の徐国（徐夷）の銅器は、文字や形制、装飾のいずれの面においても中原の器物と異なる所はない。「九夷」の名称は戦国時代にも見えるが、秦が六国を併合した後、淮・泗の諸夷はみな分散して民戸となり、漢代に至ると夷と夏の区別はなくなった。

43. 百越
　古えの南方の民族に対する総称。その居住範囲及び活動範囲は、主に現在の浙江・江西・福建・台湾・広東・海南及びベトナム北部に及んだ。居住民が「一種に非ず」、「各々種姓有り」であったことから、「百越」と呼ばれた。言語・習俗・地域の違いから「閩越」（現在の浙江・福建・台湾）、「南越」（現在の広東）、「揚越」（現在の江西）、「雒越」（現在の海南及びベトナム北部）などに分けられる。秦漢時代に幾度も征討を受け、百越各族は全て中央王朝が統轄する郡県のもとに置かれ、華夏民族と急速に融合した。

44. 四分暦
　古えの暦法。1年の長さを365日と4分の1日としたことから、四分暦と呼ばれる。朔望月を29と940分の499日とし、19年で閏月が7度あると推算した。この暦法は春秋戦国の際に普遍的に採用された。この暦により、当時すでに回帰年と朔望月が正確に測定さ

れていたのみならず、両者の内在的関係が正確に把握され、暦法の編制作業が天文観測への完全な依拠から脱却し、科学的な推算を行う段階に入っていたことが分かる。

45. 二十四節気

中国古代において、物象の特徴に基づいて気候を画分した分割点。戦国時代に形成された。1年に24あり、順に立春・啓蟄・雨水・春分・清明・穀雨・立夏・小満・芒種・夏至・小暑・大暑・立秋・処暑・白露・秋分・寒露・霜降・立冬・小雪・大雪・冬至・小寒・大寒がある。前漢時代に雨水が啓蟄の前に移され、これが現在まで受け継がれている。

46. 二十八宿

古えの天文観測の体系。日・月及び金・木・水・火・土の5つの惑星の運動システムを観測するにあたり、正確にその運行規律を把握するため、古えの人々は日・月・五惑星の運行路付近の恒星を28区に分け、これを「二十八宿」と呼んだ。また、これを東・西・南・北の4組に均分し、「四象」或いは「四宮」と呼んだ。西から東に向けて順に、角・亢・氐・房・心・尾・箕（東宮。青龍に属する）、斗・牛・女・虚・危・室・壁（北宮。玄武に属する）、奎・婁・胃・昴・畢・觜・参（西宮。白虎に属する）、井・鬼・柳・星・張・翼・軫（南宮。朱雀に属する）となる。史書の記載によると、戦国時代の甘公の『天文星占』と石申の『天文』には、共に二十八宿の星名が記されている。1978年、湖北省随州市の曽侯乙墓から二十八宿全ての星名と青龍・白虎の図案が描かれた漆箱蓋が出土し、二十八宿及びそれを四象に画分する体系が戦国時代初期にすでに確立していたことが明らかとなった。

47. 耦耕

周代の耕作方法。耦は、2つの耒耜をつなげた、土を掘り返すための農具である。耕作時に2人がそれぞれ一耦を手にし、左右同時に脚で踏み込み、耦を土に入れて掘り返すもの。深く耕すのに都合がよく、農作物の生産高が向上した。

48. 塊煉法

早期の冶鉄技術。煉炉内に鉱石と木炭を加え、点火した後に橐で風を送って精錬する方法。炭火の温度は高くないため、炉内の鉱石は充分には熔化せず、酸素が除かれて還元された鉄は、炉内から出てきたときに海綿状を呈した熟鉄の塊となる。この種の表面が粗く、不純物を含んだ熟鉄の塊は、かなりの時間をかけて鍛造され、ようやく比較的純度の

高い鉄塊となった。考古学的発見により、中国では春秋時代にすでにこの方法で鉄を精錬していたことが分かっている。また、液状の生鉄を精錬する技術も出現している。春秋晩期から戦国早期に至ると、塊煉鉄を木炭の中で長時間加熱して表面に炭素をしみ込ませ、鍛造によって滲炭鋼片(しんたん)とする、滲炭法による鋼化の技術が形成された。

49. 玉器(ぎょっき)

玉石を原料として製作された礼器や実用器、装飾品のこと。新石器時代にはすでに玉料を用いて製造された琮や璧の類の礼器や龍形の装飾品が見られる。商周時代には玉や瑪瑙、水晶などの宝石の価値が次第に認識され、玉石製品の数や品種が増加し、彫琢(ちょうたく)技術も向上し、多くの玉石器に特定の意味が付与された。1点の玉石製品の完成までには、鋸截(きょせつ)・琢磨・穿孔・彫刻・研磨などの工程を経なければならなかった。秦漢以降、治玉(ちぎょく)の技術は絶えず改良され、風格や特徴にも多くの変化が見られた。

50. 青銅器(せいどうき)

青銅を原料として製造された道具・武器・容器及び装飾品のこと。銅に適量の錫を加え、熔解点を低くし、また硬度を改善した錫青銅は、青銅と通称される。新石器時代にはすでに出現し、夏商交替期には造りがやや複雑な青銅製の容器や武器が見られる。商代中晩期は鋳造技術の面で大きな発展が見られ、器種が増加し、紋様は精細となり、また銘文を備えたものも見られ始めた。西周早期は晩商の伝統を継承し、銘文は長くなった。西周中晩期から衰微に向かい、紋様は簡略化したが、春秋時代中期に至りようやく新たな風格が出現した。春秋時代晩期から戦国時代に至ると、普遍的に錯金錯銀(さくきん)・鍍金(ときん)・鑲嵌(じょうがん)・針刻(しんこく)などの技術が採用されるようになり、銅器は非常に高い芸術的価値を備えた。戦国時代晩期には日用品の銅器が増加し、規格化に向かい、作風は素朴になっていった。秦漢時代もこの傾向が続き、装飾のないものが多くなり、銅鏡の造形と模様のみが絶えず刷新されていった。

51. 司母戊大方鼎(しぼぼだいほうてい)

商代晩期の青銅器。1939年に河南省安陽市の武官村で出土した。その平面は長方形を呈し、四足がある。全高は133cm、長さ110cm、幅78cm、重さ875kgであり、腹内には「司母戊」(或いは后母戊と釈される)の銘文がある。現在は中国国家博物館に所蔵されている。

52. 利簋
りき

　西周早期の青銅器。作器者の名は利。1976年に陝西省臨潼区で出土し、現在は臨潼博物館に所蔵されている。この簋の全高は28cm、口径は22cm。深腹で、圏足の下に方座が付いている。2つの獣頭耳からは珥が垂れている。腹部と方座は共に獣面紋と夔紋、圏足は夔紋で飾られ、いずれも雲雷紋を底にしており、方座の平面の四隅はまた蟬紋で飾られている。腹内の底には32字の銘文があり、周の武王が商を征討した事件について、甲子の日の早朝に歳星が出現し、商の都を攻め落としたこと、8日後の辛未の日に、武王が有司（官名）の利に銅を賞与し、この器を作らせたことが記されている。この甲子の紀時は関連する文献の記録と合致し、互いの裏付けとなっている。

53. 大盂鼎
だいうてい

　西周早期の青銅器。作器者の名は盂。清の道光初年に陝西省岐山県礼村で出土したと伝えられ、現在は中国国家博物館に所蔵されている。この鼎の全高は102.1cm、口径は78.4cm、腹径は83cm、重さは153.5kg。口縁沿いと足の上部は饕餮紋で飾られ、足の上部にはまた扉棱がある。腹内には291字の銘文があり、周の康王の盂に対する冊命賞賜の諸事について記されている。当時、この鼎と共に盂が製作した鼎（現在は失われており、銘文の拓本のみが残っている）が出土し、規制がやや小さいため小盂鼎と呼ばれている。この鼎は、小盂鼎に対するかたちで大盂鼎と呼ばれている。

54. 毛公鼎
もうこうてい

　西周晩期の青銅器。作器者は毛公厝。清の道光末年に陝西省岐山県で出土したと伝えられ、現在は台北の故宮博物院に所蔵されている。この鼎の全高は53.8cm、口径は47.9cm、腹囲は145cm、重さは34.7kg。口縁に沿って2回りの弦紋が施され、その内側は重環紋で満たされている。立耳は高大で、半球状の腹部と獣蹄形の足を特徴とする。腹内には497字の銘文があり、周の宣王の毛公厝に対する冊命賞賜に関する諸事について記されている。

55. 陶文
とうぶん

　陶器或いは封泥に刻印された文字。新石器時代の陶器には、各種の単独の符号が刻まれたものがあり、符号の多くは文字の萌芽と考えられている。山東省鄒平県の丁公龍山文化遺跡で出土した泥質灰陶片の内側には11の文字（符号）が刻まれている。その刀法は流麗で、筆力は均一、文字の痕跡は比較的鮮明であるが、くずし字で刻まれているため、未だ判読されていない。商周時代の陶器に刻まれる符号は次第に増加し、うちいくつかは数

字や人名などに判読されている。春秋戦国時代の陶器には、判で押された陶文戳記（印章）が見られるようになり、その多くは地名や人名、官名である。戦国秦漢の交替期には、陶文はまた封泥に用いられた。封泥は、公文書或いは書信を封緘する際に、竹簡の外側に検（横向きに小さな木槽が刻まれた木片）を添えて紐で縛り、その槽内に湿った泥を押しあてて紐の結び目を覆い、この泥に印章で印文を打ち出したもので、多くは地名や官名である。

56. 甲骨文字

　商周時代の亀甲や獣骨に刻まれた文字であり、占卜の記事に用いられた。中国でこれまでに発見されている古代文字の中で最古かつ最も体系的な文字である。甲骨文字の造字方法は主に象形・假借・形声であり、後世における漢字の構造の基本形式がすでに備わっている。語法の面では、甲骨文には名詞・代名詞・動詞・形容詞などがあり、文の形式や構造上の順番は後代の語法と基本的に一致している。甲骨文は通常、先に縦画を刻し、その後で横画を刻した。また先に兆序・兆辞・吉辞・用辞を刻し、その後で卜問の事を刻したため、卜辞とも呼ばれる。中には刻画の表面に朱砂或いは墨が塗られたものや、毛筆で甲骨に記したものがあり、また記した後で刻したものもある。これまでに、文字のある甲骨はおよそ15万片、計4000字以上が発見されている。

57. 甲骨学

　商周時代の亀甲や獣骨に刻まれた文字及び占卜の痕跡などの分野に関する研究。清末に殷墟（現在の河南省安陽市西北の小屯一帯）で商代の甲骨文が発見されたことから興起し、後に周原（現在の陝西省岐山県と扶風県の境界）などの地で西周時代の甲骨文が発見され、研究範囲は西周時代まで拡大した。甲骨学には、主に科学的発掘を経て出土した或いは伝世の甲骨文を、収集・整理し、真偽を弁じ、墨拓摹写し、対比綴合し、分期分類し、著録滙編し、文字を釈読し、卜法の文例及びそこに反映される当時の社会の諸問題を探求することが含まれる。

58. 金文

　中国古代の青銅器の銘文。これまでに知られる中では、商周時代のものが多い。商代及び西周時代の文字はみな鋳こまれており、通常は陰文で、陽文のものもある。商代の銘文は簡潔で、或いは器の持ち主である族氏や名、或いは祀られる先祖の称号などがある。西周時代には長篇の銘文が見られるようになり、関連する事件について記された。これまでに発見されている最長の銘文は毛公鼎のものであり、497字に達する。西周早期の金文の

字体は多くが雄肆で、中期は規整へと転じ、格式もしだいに固定化された。春秋時代は次第に地域的特徴が見られ始め、例えば秦国の銘文の字体は東方の列国とは異なり、後世の秦の篆書の兆しが見える。春秋時代中期には、文字を刻する形の銘文が出現し始め、例えば南方の各国における「鳥書」と呼ばれる鳥の形に装飾された芸術的書体など、錯金が施される銘文も出現した。戦国時代中晩期の銘文は刻銘を主とし、その内容は「物勒工名」、すなわち器物の製造者・使用者・使用する場所・容積重量などが刻された。秦漢時代はこれを継承し、格式はさらに整い、統一された。魏晋以降の青銅器物にも文字のある物があるが、金文の範疇には含まれない。

59. 帛画(はくが)

一般的には、伝統的な絹本画以前の白色の絹を材料とした絵画を指す。これまでに発見された帛画は主に先秦時代から漢代のものである。長沙市の陳家大山戦国楚墓(ちんかたいざんせんごくそぼ)から出土した帛画は、竹笥の上に置かれていた。その長さは31cm、幅は22.5cmであり、1人の女性が三日月状の物の上に立つ様子が描かれている。長沙市の子弾庫戦国楚墓(しだんこせんごくそぼ)から出土した帛画は、長さ37.5cm、幅28cmであり、上縁の裏に添えられた細い竹に茶褐色の細縄がかけられ、右縁と下縁は裁縫されていない。1人の男性が龍を御す様子が描かれている。長沙市の馬王堆(まおうたい)一号漢墓と三号漢墓からはそれぞれ1幅の彩色帛画が出土した。両者は共にT字形で、長さは2mほど、幅は1m近くある。下垂の四隅には房が付けられ、頂端には吊り下げるための紐がかけられている。絵の構図は基本的に同じで、上段に日・月・昇龍と蛇身の神人などが描かれ、天上界を象徴している。下段には璧を穿つ交龍の図案及び墓主が出行し、宴をする場面などが描かれている。これらの帛画は、当時の葬儀において欠かすことのできない旌幡(せいばん)(旗)であった。

60. 帛書(はくしょ)

繒書(そうしょ)とも呼ばれる。白色の絹に記された文書。その起源は春秋時代に遡ると考えられているが、最古の実物は戦国中晩期に属する長沙市の子弾庫楚墓から出土した帛書である。この帛書は幅38.7cm、長さ47cmであり、文字は墨書で900字余り、字体は楚国の文字である。図像は、細い筆で輪郭を描いてから彩色が施され、現在もなお鮮明である。この書は、戦国時代の数術に関する佚書と考えられている。長沙市の馬王堆漢墓から出土した帛書は、その大部分は幅48cmに統一された絹に記され、長方形に折りたたまれていた。また一部は半分の幅24cmの絹に記され、木製の棒に巻かれていた。出土時に、前者は折りたたまれていた部分が断裂し、後者も貼り付いて破損が深刻であった。細心の注意による修復と整理、考訂を経て、28種の文書、計12万字余りあることが判明し、その大部分

は古佚書であった。これらの帛書は、書写される前に朱砂で絹の表面に幅 0.7 〜 0.8cm の罫線が引かれ、幅の広いものは 1 行あたり 60 〜 70 字或いはそれよりも多く、幅の狭いものは 1 行あたり 30 字余りに統一されている。篇題のあるものは、いずれも最終行の空白の部分に記され、字数が明記されるものもある。

61. 韶楽 (しょうがく)

虞舜時代の楽舞。簫韶 (しょうしょう)・韶箾 (しょうしょう)・九招 (きゅうしょう) とも書く。韶の字は紹に通じ、継続の意。舜が堯の徳をよく継いだことから、韶楽と呼ばれた。簫と箾は同じで、楽器の名である。演奏で簫 (しょう) などの楽器を用いたことから、簫韶・韶箾と呼ばれた。その楽舞は九成すなわち 9 つの楽章に分かれ、互いに変化があったことから、九招 (招と韶は同じ) と呼ばれた。この楽舞を演奏すると、鳳凰や百鳥が雲のごとく集まったと伝えられる。

62. 編鐘 (へんしょう)

古えの楽器。大小の青銅製の鐘を鐘架に掛けて順に配列したもので、木槌で鐘を打って楽曲を演奏した。考古発掘により、これまでに商周時代の編鐘が 40 セット以上出土している。商代の編鐘は 3 枚或いは 5 枚で 1 セットであり、西周中晩期は 8 枚で 1 セット、東周時代には 9 枚或いは 13 枚で 1 セットまで増えた。鐘の隧部と右鼓 (或いは左鼓) 部を木槌で叩くことで、正鼓音 (或いは鼓中音) と側鼓音 (或いは鼓旁音) と呼ばれる 2 つの異なる音を発することができた。戦国時代早期の曾侯乙墓から出土した編鐘は、これまでに中国で発見された中で最も数が多く、保存状態がよい。64 点の編鐘と楚の恵王 (けいおう) から贈られた鎛 (はく) を加えて計 65 点からなり、大小及び音の高さから 8 組に編成され、3 段の鐘架に掛けられていた。鐘架は銅と木で構成され、曲尺形を呈し、全長は 10.79m、高さは 2.67m。往時のように直立した状態で出土し、様々な楽曲を演奏することができた。

63. 投壺 (とうこ)

古えの宴会上の遊びの一種であり、西周時代の射礼 (しゃれい) から発展した。春秋時代の貴族士大夫たちは弓術が苦手な者が多く、宴席で酒壺の口を的とし、矢を壺に投じることで弓射の代わりとした。投壺に用いる壺は、通常は頸長七寸、腹長二寸、口径二寸半とされ、壺中には小豆が入れられた。矢は、長さ二尺と二尺八寸、三尺六寸の 3 種があり、それぞれ室内・堂上・庭で用いられた。投壺の際には音楽が演奏され、また多くの煩瑣な儀礼があった。主客は壺から二矢半離れたところに立ってそれぞれ矢を投じ、入った数で勝負を決し、敗者は罰杯をあおった。秦漢以降は、投壺は次第に古礼の束縛から脱却して遊戯化し、使用する器具も改良された。

64. 射礼

　古えの習射の礼。周代では4種に分かれ、周王及び諸侯が士を選抜し、祭祀を行う際に実施される大射礼、諸侯が周王に朝見する際或いは諸侯が相見する際に実施される賓射礼、余暇の宴の際に実施される燕射礼、郷老と郷大夫が郷内で実施する郷射礼があった。それぞれの射礼は、挙行する場所及び用いる箭・侯（的のこと。布もしくは獣皮製で、表面に虎や鹿などの獣が描かれる）などにそれぞれ規定があった。大射は郊外の射宮で行われ、四尺の大きさの皮侯が用いられた。賓射は朝宮で行われ、二尺の麋侯が用いられた。燕射は寝宮で行われ、四寸の獣侯が用いられた。射時には礼楽が配され、またそれぞれ異なる儀礼があり、弓射後は算籌で計算した。

65. 六芸

　古えの教育内容。礼・楽・射・駁・書・数の6部門の課程が含まれる。『周礼』地官・保氏によると、第1に五礼、すなわち吉礼・凶礼・賓礼・軍礼・嘉礼。第2に六楽、すなわち雲門・大咸・大韶・大夏・大濩・大武。第3に五射、すなわち白矢・参連・剡注・襄尺・井儀。第4に五駁、すなわち鳴和鸞・逐水曲・過君表・舞交衢・逐禽左。第5に六書、すなわち象形・会意・転注・処事（指事）・假借・諸声（形声）。第6に九数、すなわち方田・粟米・差分・少広・商功・均輸・方程・贏不足・旁要を内容とした。

66. 諸子百家

　春秋戦国時代に形成された諸々の学派。諸子は、儒家の孔子や孟子、道家の老子など学派を代表する人物を指す。百家は、諸々の学派を指す。『漢書』芸文志では、劉歆の『七略』「諸子略」に基づいて儒・道・陰陽・法・名・墨・縦横・雑・農・小説の10家に分類し、また各家の著作として189家4324篇を登録している。

67. 『周易』

　儒家の経典。一名を『易』といい、また『易経』と呼ばれ、経と伝の2つの部分からなる。経本は占筮書である。占筮は八卦を占うことであり、吉凶の判断に用いられた。その基本の要素は陽爻（—）と陰爻（--）であり、—と--を3層重ねることで、8種の組み合わせの形式、すなわち八卦を構成した。八卦の卦象は、2つ重ねられて六十四卦・三百八十四爻を構成した。経は、六十四卦の卦象・卦名・卦辞・爻辞の4つの部分からなる。卦辞は、全ての卦の含義を解釈するもので、爻辞は各爻の意義を解釈するものである。伝の部分は「易伝」、或いは「易大伝」と呼ばれ、『周易』を解釈した最古の著作であり、「彖伝」上下、「象伝」上下、「繋辞伝」上下、「文言伝」、「説卦伝」、「序卦伝」、「雑卦伝」

中国歴史名詞（三）

の七部計10篇からなり、「十翼」と呼ばれる。翼はすなわち羽翼であり、「十翼」が『易経』の解釈を補助するものであることを示している。旧説では、伏羲が八卦を画し、周の文王が『易』を広め、これを重ねて六十四卦とし、孔子が「十翼」を作成したとされる。一般的には、八卦の起源は上古にあり、卦辞と爻辞は西周初期に形成され、「易伝」は孔子を起源として儒家の後学によって戦国時代に作られたとされる。『周易』は、卦象を用いて陰陽両者の対立と変化を説明するものであり、古えの人々の素朴な弁証法的思想が反映されている。

68. 『尚書』

儒家の経典。『書』或いは『書経』とも呼ばれる。「尚」は上古、「書」は竹帛に記された歴史記録の意であり、「尚書」とは「上古の史書」を意味する。主に虞・夏・商・周の数代の統治者たちの言行が記されている。長期にわたって伝承され、周代にまとめられて成立した。始皇帝の焚書坑儒を経て、漢初には秦の博士であった伏生らが所蔵した「堯典」など29篇が流伝するのみであった。これは漢代に通行した隷書によって書かれたため、今文『尚書』と呼ばれた。前漢中期以降、次々と先秦時代の写本が見つかり、これらは古文『尚書』と呼ばれ、多くの今文『尚書』に見えない篇が含まれていた。西晋の永嘉の乱で書籍が失われた際、今文・古文『尚書』も散佚した。東晋の初年に、梅賾が「隷古定」の字体（隷書の筆法を用いて古文字を写したもの）で記された古文『尚書』58篇を献上した。後にこれが『書経』の正統的地位を獲得して流伝したが、唐宋以降多くの研究者たちが東晋の『尚書』の真偽について分析と考証を加えている。

69. 『詩経』

儒家の経典。『詩』とも呼ばれ、中国最初の詩歌の総集。商・周時代に長期にわたって詠み伝えられたものが、春秋時代に収集されて成立した。孔子が刪定したと伝えられる。計305篇あり、風・雅・頌の3つの部分に分かれる。風は、15の「国風」に大別される、各国の土楽民歌（民謡）である。雅は、「大雅」と「小雅」に大別される、士大夫の楽歌である。頌は、「周頌」・「魯頌」・「商頌」に大別される、周人・魯人・商（宋）人が祭祀を行う際の、先祖を追想する楽歌である。前漢初めに至ると、詩を伝える者として申培の魯詩、轅固生の斉詩、韓嬰の韓詩、毛亨と毛萇の毛詩があり、それぞれ異同があった。後漢以降は毛詩が最も盛んとなり、現在に至るまで流伝しているが、他の3家の詩は次々と失われてしまった。

70.『楚辞』

　詩歌の総集。漢代の劉向がまとめたのは16篇であったが、現行本は17篇であり、これは王逸が増補したものである。屈原の『離騒』・『九歌』・『天問』・『九章』・『遠游』・『卜居』・『漁文』・『招魂』及び宋玉・芈景差らの作品からなる。屈原は、名を平といい、戦国時代の楚の貴族であり、官は左司徒まで至った。才能がありながらも不遇で、その壮志は報われず、また楚王が讒訴を聴き入れたために放逐され、最後は汨羅江に身を沈めた。彼は楚国の民間の歌謡を基礎とし、中国詩歌の新たな形式「騒体」を創造した。世に伝わる詩は23篇あり、強烈な愛国の情熱と戦いの精神に溢れるのみならず、ロマン主義の美しい色彩に富んでいる。『楚辞』は、『詩経』と共に中国文学史上に巍然と屹立した2つの高峰であり、「風騒」と並び称され、極めて深遠な影響をもたらした。

71.『論語』

　儒家の経典。孔子の弟子及び後学が儒家の創始者である孔子の言行を記した語録体の著作。編纂者は孔門の再伝弟子であり、成書年代は戦国時代。漢代には魯人が伝える『魯論語』、斉人が伝える『斉論語』、魯城（現在の山東省曲阜市）の孔子旧宅の壁の中から見つかった『古論語』の3種の本があり、篇数・章の順番・文字と解説のいずれにおいても異同があり、張禹・鄭玄らの講授・整理を経て『魯論語』が伝承された。伝世本の『論語』の篇章は『魯論語』に基づいて定められ、計20篇である。この書には、孔子の社会政治思想・哲学思想・倫理思想及教育思想などが全面的に記されている。

72.『孟子』

　儒家の経典。孟子（前372～前289年）及びその弟子の万章らの著作であり、一説にその弟子や再伝弟子が記したとされる。『漢書』芸文志には11篇と記録されているが、現在は7篇が残っている。『論語』・『大学』・『中庸』と合わせて「四書」と呼ばれ、宋元以降の士人の必読の書であった。主に孟子の政治活動について記される他、その「仁政」・「王道」・「性善」及び「修身」などの思想が簡明に述べられている。孟子は戦国時代の魯の鄒邑（現在の山東省鄒城）の人で、子思の門人に業を受け、思孟学派を形成し、孔子の後の儒学を代表する人物となり、「亜聖」と尊称された。

73.『左伝』

　編年体の史書。『左氏春秋』・『春秋左氏伝』とも呼ばれる。作者は春秋時代の魯国の史官であった左丘明。『春秋』を綱とし、当時の他の史籍や口伝の史実を広く採り、魯の隠公元年（前722年）から悼公十四年（前454年）までの間に発生した政治・経済・外

交・軍事・災異などの分野の重大事件が詳細に記され（魯の哀公十六年で記事が終わる『春秋』よりも27年長い）、また当時の人々の口述を通じて太古から夏商西周時代に至る多くの史事及び典章制度などについても追記している。漢以降、『左伝』は『公羊伝』・『穀梁伝』と合わせて『春秋』三伝と呼ばれた。

74.『国語』

　西周・春秋時代の周王及び魯・斉・晋・鄭・楚・呉・越などの国々の史事を記した国別史で、『春秋外伝』とも呼ばれる。全21巻。春秋末の魯の人左丘明の作とされる。左丘明は、孔子よりやや早い時代の著名な瞽矇（盲目の史官）であり、彼が講述した史事を後人が筆録したものが『語』と呼ばれ、『周語』・『魯語』などと国別に区分されていたものの総称が『国語』である。西晋時代に魏の襄王の墓から竹簡に記された大量の古書が発見され、その中に楚と晋の国事を記した『国語』3篇があったことから、この書が戦国時代にすでに流行していたことが明らかとなった。現行本の『国語』は、おおよそこれらの残存した記録の総集である。口伝されたまばらな原始的記録であるため、内容は言辞に偏重し、国別或いは年代の面でも不均衡である。三国呉の人韋昭が『国語』に注釈を加え、これが現在に伝わっている。

75.『戦国策』

　戦国時代の縦横家の説辞や権変の故事を記録した史書。様々な時代の多くの人の手によって成立した。前漢末、光禄大夫の劉向が詔を奉じて校書を命ぜられた際に、皇家の蔵書の中から6種の縦横家の説辞を記した写本を見つけたが、内容が厖大かつ煩雑で、また排列が錯乱し、文章も欠けていたため、国別にまとめ、ほぼ時間ごとに配列し、『戦国策』を著した。後漢時代に高誘がこの書に注解をつけている。その後、幾度も修訂を経て、現行本の『戦国策』は、東周・西周・秦・斉・楚・趙・魏・韓・燕・宋衛・中山の国ごとに配列され、計33篇、460章（或いは497章）となった。この書に記された史事には、周の敬王三十年（前490年）に知伯が范氏と中行氏を滅ぼした事件から、秦の始皇二十六年（前221年）の六国統一後に高漸離が筑で始皇帝を撃とうとした事件まで、270年間の重要な政治・軍事・外交の活動が反映されている。

76.『竹書紀年』

　戦国時代の魏国の史書。この書はもともと無題であったが、史事が編年体で記されていることから、後世に『紀年』と呼ばれた。また原書が竹簡であったため、『竹書』と呼ばれた。通常は『竹書紀年』と呼ばれる。西晋初に汲県（現在の河南省汲県西南）の古墓中

から出土したため、『汲冢紀年』・『汲冢古文』或いは『汲冢書』とも呼ばれる。全13篇で、夏・商・西周・春秋及び戦国時代の史事が年を追って叙述されている。周の平王の東遷後は晋国の紀年が用いられ、三家分晋の後は魏国の紀年が用いられており、「今王」二十年で終わっている。作者は魏の襄王の時代の史官と考えられている。記載されている史事は『史記』などと全ては同じでなく、古代史研究にとって大きな価値を備えている。原簡は永嘉の乱で失われたと考えられ、その後は晋代の整理本が伝写され流行した。唐宋交替期に至ると、整理本も次第に散佚した。元明交替期には『竹書紀年』の活字本が出現した。これは春秋戦国の部分は周王の紀年によって事件を記したもので、一般的には「今本」と呼ばれているが、研究者の多くは偽書とみなしている。清代以来、研究者が晋以降の類書や古注に引用されている佚文を集録し、考証を加えたものがあり、「古本」と呼ばれている。

77.『墨子』

墨子及びその後学の著作。墨子は名を翟といい、春秋末から戦国時代初めの魯国の人。墨家の学派を創立し、兼愛非攻・天志明鬼・尚同尚賢・節用節葬を唱えた。『漢書』芸文志には『墨子』71篇が著録されているが、後に18篇が失われ、現在の伝本の『墨子』は53篇である。このうち墨子の学説や思想を代表するものとして、「尚賢」・「尚同」・「兼愛」・「非攻」・「節用」・「節葬」・「天志」・「明鬼」・「非楽」・「非命」などの篇があり、残りの大部分は墨家の後学の作とされる。このうち「経」・「経説」と「大取」・「小取」はいずれも弁と名付けられた作品であり、人の認識論と論理学などの問題の討論を主とし、「墨経」或いは「墨弁」と呼ばれる。

78.『孫子兵法』

古代の兵書。『孫子』・『呉孫子兵法』・『孫武兵法』などとも呼ばれる。作者の孫武は、春秋時代末の斉国の人で、兵法13篇をもって呉王闔閭に登用を求め、拝されて将となった。『孫子』は全13篇からなり、叙述は簡潔で、内容は哲理性に富み、歴代の行師用兵、軍備の講習に深い影響をもたらし、人口に膾炙した多くの名言が現在に至るまで広く伝えられている。1972年に山東省臨沂市の銀雀山漢墓から出土した竹簡本の『孫子兵法』は、多くの篇の字句が現行本とほぼ同じであるが、散佚した漢唐の旧籍中の『孫子』の引用文とも比較的近く、『孫子』の流伝と校勘を理解するための貴重な資料となっている。また5篇の『孫子』佚文があり、漢初の佚篇『孫子』の容貌を研究するために新たな手がかりを提供した。

79. 『孫臏兵法』

　　古代の兵書。古来『斉孫子』と呼ばれていた。題名にある作者の孫臏は、孫武の後裔とされ、戦国時代に斉国の阿・甄の間（現在の山東省陽谷・甄城一帯）に生まれ、龐涓と共に兵法を学んだ。龐涓は魏の恵王に仕えて将軍となると、人を遣わして孫臏を魏に招き、その賢を嫉んで臏刑（膝蓋骨を取り除き歩けなくする刑）に処した。このため、当時の人々から孫臏と呼ばれた。その後、孫臏は魏国を離れて斉に逃れ、奇計を用いて魏軍を大いに破った。孫臏の兵法が世に伝わることを初めて明確に記したのは『史記』であり、『漢書』芸文志には『斉孫子』89篇・図4巻が著録されているが、唐以前に散佚した。1972年に山東省臨沂市の銀雀山漢墓から出土した竹簡本の『孫臏兵法』は、整理を経て上下両編に分けられ、うち上編は『斉孫子』の15篇と確定されたが、下篇のいくつかは『斉孫子』に属する論兵の作とは確定されていない。簡文中に記される史事や人物に基づき、その成書年代は斉の宣王以降とされている。

80. 『老子』

　　道家の経典。『道徳経』とも呼ばれる。道家の創始者である老子の著作である。老子は姓は李氏、名を耳、字を聃といい、楚国苦県（現在の河南省鹿邑県）厲郷曲仁里の人で、かつて周王の守蔵室（蔵書室）の史を務めた。孔子は周の都洛邑に赴き、老子に礼を問うた。老子は道徳を修め、その学は自隠無名を務とした。著書の上・下篇はおよそ5000字余り、81章に分かれている。現行本の上篇は「道経」と呼ばれ、下篇は「徳経」と呼ばれている。長沙馬王堆漢墓から出土した帛書では、「徳経」が前、「道経」が後にあり、文字にもやや異同がある。ある研究者は、この書は老子の後学が編定したものであり、戦国時代に成立したとしている。

81. 『荘子』

　　道家の経典。荘子は名を周といい、宋国蒙（現在の河南省商丘市北）の人で、漆園の吏を務めたことがあった。およそ前4世紀中葉に生まれ、前3世紀初めに死去した、戦国時代の道家を代表する人物である。自然を尊び、現実世界の中で心霊の超脱を保持することを唱え、寓言に借りる形で自らの見解を表現した。『荘子』は前漢時代の劉向の編定を経て、52篇となった。現行本は33編しかなく、内篇7、外篇15、雑篇11に分かれており、これは晋の郭象による定本である。このうち内篇は荘周（荘子）自身の作品であり、外篇と雑篇はその門人や後世の道家の著作が混じっている可能性があるとされる。

82.『荀子』

　荀子の著作集。荀子は名を況、字を卿といい、趙国の人である。斉の襄王の時代に斉国に赴き、稷下の学宮で講学し、「三たび祭酒（学政の長官）と為り」、学宮を主管した。その後、楚国に赴き、蘭陵（現在の山東省莒南県）の令を務めた。彼は戦国時代末期に最も影響力を持った儒学の大師であり、またこの時代の諸家の思想の集大成者として称えられている。前漢では宣帝の諱を避け、孫卿と呼ばれた。その著作については、『漢書』芸文志に『孫卿子』33篇が著録されている。劉向の述べる所によると、荀子の著作は333篇あったため、重複するものを除いて32篇を編定したといい、これは現行本と同じである。唐の楊倞がこの書に注を付けた際に20巻に改められた。楊倞は、「大略」から「堯問」までの6編は後人の手になるとしている。

83.『韓非子』

　戦国時代の法家韓非の著作の総集。『韓子』とも呼ばれる。韓非（前280年頃～前233年）は韓国の人で、戦国末期の法家の代表的人物である。法・術・勢を結び付けた法治理論を唱えた。その著述は生前から広く伝わっていた。前漢の時代に劉向が校書した際、他人の著作である「初見秦」・「有度」と「存韓」など後半の数篇を混ぜ、『韓子』を編定して55篇としたとされ、これが現在まで伝わっている。

84. 周公

　周初の政治家。名は旦といい、周の文王の子で、武王の弟。周（現在の陝西省岐山県北）に采邑があったことから、周公と呼ばれている。文王の死後、周公は武王が商に勝利し、周朝を建立するのを補佐した。武王の死後、その子の成王が幼くして即位すると、周公は摂政となり、自ら軍を率いて東征し、三監の乱を平定した。その後、召公と共に東都成周（現在の河南省洛陽市）の造営を主管し、また政を成王に返し、自身は成周を留守し、召公と「陝を分かちて治め」、陝原（現在の河南省陝県西）以東の地域の統治を担った。この期間に、周公は「制礼作楽」し、西周の各種の典章制度及び文化教育方面の多くの制度を打ち立てた。

85. 管仲（前730年頃～前645年）

　春秋時代の斉国の名宰相。名は夷吾、字は仲といい、管敬仲とも呼ばれる。穎上（現在の安徽省穎上県）の人。斉の桓公を補佐して斉国を治め、一連の改革を実施し、生産の発展を促進し、国力を増強した。また「尊王攘夷」を呼びかけて周の襄王の正統の地位を擁護し、狄に攻め滅ぼされそうであった邢と衛の2国を救い、幾度も諸侯国と会盟を行い、

桓公を最初の覇者の地位に押し上げた。その思想は『管子』にまとめられている。現行の『管子』は前漢時代に劉向が編定したものであり、もとは86篇であったが、現存しているのは76篇である。

86. 五羖大夫

春秋時代に秦国が百里奚に授与した爵位の称号。羖は黒色の牡羊のこと。百里奚はもともと虞国の大夫であったが、晋によって虞国は滅ぼされ、虞君と百里奚は捕虜となった。その後、秦の穆公が晋国の公主を娶った際に、百里奚は彼女に従う奴僕として秦国にやって来た。間もなく、百里奚は秦国から逃亡し、楚国の宛（現在の河南省南陽市）の地に至り、楚人に捕えられた。秦の穆公は百里奚が人並み優れた賢者であると知り、大金をもって彼を買い戻そうとしたが、楚人が渋ることを恐れた。そこで人を派遣して楚人と交渉し、穆公の夫人の奴僕がここにいるので五枚の黒い牡羊の皮で買い戻したいと申し出たところ、楚人はただちに応じた。百里奚は当時すでに70歳余りであった。秦国に戻った後、穆公は自らその拘禁を解き、彼に国事を諮詢して政事を授け、五羖大夫と号し、大夫の一級とした。

87. 子産（？～前522年）

春秋時代の政治家で、鄭国の執政。鄭の穆公の孫で、名は僑といい、公孫僑とも呼ばれる。諸侯国との交流においては、子産は卑屈にも傲慢にもならず、鄭国の権益を守ることに力を尽くした。国を治めて国政を運営するには安定を求め、伝統や旧制に対しては保護につとめたが、「刑書を鋳」て成文法を公布するなど、形勢の変化に対しては必要な改革も進めた。彼は郷校を廃さず、国人が政事を議論することを許し、またその中から有益な建議をくみ取ることを望んだ。彼の政績は遍く称賛を受けた。

88. 商鞅

戦国時代の秦国の政治家。姓は公孫といい、衛国の貴族であり、衛鞅或いは公孫鞅とも呼ばれる。秦の孝公が令を下して賢人を求めると、商鞅は秦国に赴いて変法強国の術を孝公に説き、孝公は商鞅を左庶長として変法を実施させた。その結果、秦国は富強への道を歩みだし、商鞅は大良造に昇進した。孝公二十一年（前342年）、秦が魏を攻撃すると、魏の公子卬が軍を率いて防衛に当たった。商鞅は策謀を用いて公子卬を捕虜とし、その軍を撃破し、魏は河西の地を秦に割譲して和を求めた。商鞅はこの戦功によって商と於（現在の陝西省商県と河南省西峡県一帯）の15邑を受封し、商君と呼ばれた。商鞅の変法の期間、太子の駟が罪を犯したため、その師傅であった公子虔は刑に処された。孝公の死後、

太子（恵王）が即位すると、公子虔は怨みに報いるため、商鞅に謀反の企みがあると告発し、官吏を派遣して逮捕に向かわせた。商鞅は魏国に逃れようとしたが、魏の人々はかつて公子卬が計略にあい軍を失ったため、彼を受け入れなかった。商鞅はやむを得ず秦に戻り、徒属と共に兵を発して鄭（現在の陝西省華県）を攻撃したが、敗れて捕えられた。恵王は商鞅を車裂きの刑に処し、その一族を滅ぼした。彼の言行については、後に『商君書』が編まれた。

（四）秦漢

1. 皇帝

中国古代の王朝の君主の称号。秦より始まる。夏・商・周の3代では、君主（すなわち天子）は王を称し、分封された諸侯たちは王を称する権利がなかった。戦国時代後期に至ると、周の天子の地位は衰微し、諸侯国の君主たちは相次いで王を僭称した。前221年、秦の中国統一後、秦王嬴政は、君主の称号を変えなければ、自身が天下を統一した偉業を顕彰するに足りないと考え、ここにおいて、伝説上の泰皇（当時は天皇・地皇・泰皇を「三皇」と呼んでいた）と上古の5人の有徳の君主「五帝」からそれぞれ一字を採り、「皇帝」の称号を創始した。これと同時に、諡法を廃止して数字によって順序立てることとし、自らを最初の皇帝であることを意味する「始皇」とした。また、皇帝の自称を「朕」とし、命・令をそれぞれ「制」・「詔」と呼び、印を「璽」と呼ぶことなど、一連の皇帝制度を制定した。これより、皇帝は中国の歴代王朝の最高統治者の通称となり、1912年に清帝が退位するまで、2000年余りにわたって踏襲された。

2. 諡法

中国古代の帝王・諸侯・大臣らが死去した後、朝廷が彼らの生前の事績や品徳に基づいて、「諡号」と呼ばれる毀誉褒貶の意味を持つ称号を評定した。この種の評定の方法は、「諡法」と呼ばれる。諡の本義は、行為の迹である。諡法は、西周より始まり、春秋時代に至って次第に完成された。秦の始皇帝は中国を統一した後、諡法は臣や子が君や父を議論し、評定するという不敬の法であると考え、これを廃止して用いず、数字によって順序立てる方法に改めた。諡法は漢初に復活し、清代まで踏襲された。帝王や大臣の死後に朝廷が諡号を定める他、後漢以降は私諡も発生し、多くの士大夫たちが死後に親族・門生・故吏によって諡号を立てられた。

3. 廟号

古代の帝王が、死後に太廟で立室奉祀される際の尊号。廟号は、商朝にすでに見られ、例えば太甲は太宗と呼ばれた。当初は、「祖は功有り、宗は徳有り」を原則とし、開国の君主を祖とし、後継の君主のうち治績のあるものを宗としていた。しかし後漢以降、次第に無分別に行われるようになり、後継の君主はごく少数を除き、みな宗とされた。また祖の呼称も厳格ではなく、明朝では開国の皇帝である朱元璋の廟号が太祖である他、その子の朱棣の廟号も初めは太宗であったが、嘉靖年間に成祖に改められた。

4. 公卿

中国古代における官吏の最上級に相当する２つの階層であり、その下に大夫と士がある。戦国時代、大一統の国家を樹立するという需要に応じ、先秦の卿・大夫・士の制度を基礎として、公卿・大夫・士が形成されたと言われている。秦は統一後、丞相を公とし、御史大夫ら中央の二千石の官を卿とした。前漢の文帝の時代に、中央集権を強化するため、卿の秩級を上げて中二千石とし、地方の郡守や尉及び諸侯王の属官である二千石官の相と区別した。その後、前漢の武帝・成帝・哀帝・平帝の改革を経て、後漢の光武帝の時代に至り、三公九卿制度が確立した。三公とは、太尉・司徒・司空であり、九卿とは、太常・光禄勲・衛尉・太僕・廷尉・大鴻臚・宗正・大司農・少府である。

5. 二千石

秩禄の等級。秦より始まる。秦及び漢初では、二千石は丞相に次ぐ最高の秩級であり、御史大夫や奉常など中央の列卿及び郡守・尉がこれに該当した。前漢の文帝以降、二千石は３等級に分けられた。まず、太常など中央の列卿を中二千石とし、その月俸を180斛とした。また、太子太傅・将作大匠・郡太守・王国の相を二千石とし、月俸を120斛とした。さらに、郡尉などを比二千石とし、月俸を100斛とした。二千石の語は、これらの秩級の官吏たちの総称としても用いられた。

6. 中朝

漢代の朝官は、武帝期以降、中朝と外朝の区別があった。丞相以下六百石に至るまでの官は外朝とされ、大司馬・左右前後将軍・侍中・常侍・散騎の諸吏は中朝とされた。中朝官は宮禁に出入りすることができ、政策決定に参与し、武帝の親任する所となったため、内朝とも呼ばれた。これより、外朝の官の権限は弱まっていった。武帝は臨終の際、遺詔によって霍光を大司馬・大将軍とし、幼い昭帝を補佐させ、大司馬に中朝を領させた。こうしてついに、中朝は丞相に代わって権力の中心となった。

7. 博士

中国古代の官名。戦国時代より始まる。秦の始皇帝の時代、博士70人が置かれ、六芸・諸子・詩賦・術数の博士が立てられた。漢は秦の制度を継承し、古今に通じた者を、皇帝の顧問に備えさせた。前漢の武帝は、百家を罷免し、独り儒術のみを尊び、『詩』・『書』・『易』・『礼』・『春秋』の五経博士を設けた。また董仲舒の建議を採用し、太学を建立し、博士弟子50人を設け、これより弟子たちに教授し、課試することが博士の主な職責となった。平帝の時代には古文経の博士が建てられたが、後漢の光武帝の時代に廃された。博士

の制度は清まで継続し、歴代で数に増減があった。

8. 郎吏

郎中・中郎・侍郎などの職を指し、郎官とも呼ばれる。先秦より始まる。秦漢時代は郎中令（前漢の武帝時代に光禄勲に改められた）に属し、宮殿の門戸を守衛することを掌り、皇帝の外出時には警備の車騎に充てられ、皇帝の近衛官となった。前漢時代には、議郎が置かれ、顧問応対を掌った。武帝の時代にはまた期門・羽林郎などが設けられた。後漢時代には尚書台が政務の中枢となり、曹に分かれて事務をおさめた。初めて入台した者は守尚書郎中と呼ばれ、満1年経つと尚書郎となり、3年で侍郎となった。郎吏は、秦漢時代における高級官吏の重要な来源であり、漢初にはその多くが高官や富家の子弟から選抜された。武帝期以降は、察挙もまた重要な官吏選抜の道となった。魏晋以降、郎は次第に官職へと変質し、隋唐以降の六部にはみな郎中が置かれた。この他、散官の員外郎も設けられた。

9. 太学

中国古代の国家の学校。前漢の武帝の時代に始まる。武帝は百家を罷免し、独り儒術のみを尊び、建元五年（前136年）に五経博士を立てた。その後、董仲舒の建議を採用し、京師の長安に太学を建立し、博士弟子50名を置き、博士に五経を教授させた。その後、弟子はしばしば増員され、後漢時代には3万人に達した。弟子は毎年試験を受け、合格すると官吏に補任された。これは、国家が官吏の予備の人材を養成する重要な道であった。魏晋から明清に至るまで、或いは太学が設けられ、或いは国子学が設けられ、或いは両者が同時に設けられたが、いずれも儒家の経典を伝授する最高学府であった。

10. 三服官

漢の官署名。主に皇帝の冠服の製作を掌り、斉の臨淄（現在の山東省臨淄区）に設けられた。一説に、三服とはそれぞれ春・冬・夏の三季の服を製作した3つの官署を指したとされる。漢初、その規模は大きくなかったが、次第に拡大し、元帝の時代にはそれぞれ数千人の職人を擁し、1年で数億銭が費やされたという。

11. 上林三官

前漢の武帝の時代に上林苑内に設けられた、貨幣の鋳造を掌る3つの官署、すなわち均輸・鍾官・弁銅を指す。その長官は令であり、水衡都尉に所属した。武帝の元狩五年（前118年）、五銖銭の発行が開始されたが、郡国での鋳造が認められていたため、盗鋳が猖

獗を極めた。元鼎四年(前113年)、武帝は郡国の貨幣鋳造権を廃止し、上林三官に鋳造を統一的に行わせることとし、鋳造技術を向上させ、盗鋳を防止した。貨幣はこれより安定し、五銖銭は長期にわたって使用された。上林苑は、秦漢時代における重要な皇家の園林であり、現在の西安市の西から周至県・戸県の境界に及ぶ一帯にあった。

12. 郷

基層の行政区画の単位。先秦より始まる。周制では、12500家を1郷としたと伝えられる。春秋戦国時代、各国は普遍的に郷長を設け、おおよそ2000〜3000戸を一郷とした。秦漢時代には、郷は県の下の最下級の基層行政組織となった。郷には、教化を掌る三老、民政を掌る有秩と嗇夫、盗賊の取り締まりを担う游徼が設けられた。

13. 亭

古代における地方の基層行政組織。先秦より始まる。秦漢時代では、県の下に亭が設けられ、郷と平行する行政機構であった。地方の治安維持、盗賊の追捕、往来する官吏の応対、文書の伝送などを担った。長官は亭長と呼ばれた。県の治所に設けられた亭は、都亭と呼ばれた。

14. 里

古代における地方の基層組織。先秦より始まる。秦漢時代では、郷の下に里が設けられた。里には里正或いは里典が設けられ、県・郷に協力して賦役を徴発し、里内の事務を管理した。里は、国家が支配した基層組織であるが、行政単位ではなかった。

15. 臨朝称制

太后が政治に当たり、皇帝の職権を代行することを指す。臨朝とは、朝廷に臨御し、政事を処理すること。制は、皇帝の命令文書の一種であり、通常は太后が称することはできないものであった。称制とは、太后が皇帝の職権を代行し、下す命令を制書と称することを意味する。前漢の高祖(劉邦)の呂太后より始まる。恵帝の死後、太子を立てて皇帝としたが、幼かったため、呂后が臨朝して政務を執った。後代に幼い皇帝が即位すると、太后の多くがこの制を踏襲した。

16. 察挙制

漢代で最も重要な官吏登用制度。秦及び漢初では、高級官吏の重要な来源である郎吏は、主に「任子」と「貲選」の方法で選抜された。任子とは、二千石以上の高官に3年以上就

いていた者が、子弟の1人を郎に推薦すること。貲選とは、一定の家産を擁する者が郎となること。この2つの方法は、広範な人材の選抜や任用には利がなかった。そこで前漢の文帝の時代に、詔を下して地方の郡国に賢良・方正・直言極諫の者を推挙させた。これが察挙制の始まりである。武帝の元光元年（前134年）、董仲舒の建議のもと、郡国に毎年孝・廉各1人を推薦するよう命じ、ついに制度化され、「察孝廉」と呼ばれた。この後、科目は次第に増加し、制度も完成されていった。察挙制は人材選抜の範囲を押し広げ、両漢時代の士人にとって最重要の入仕の道となった。

17. 賢良

古代の官吏選抜の科目の一つ。「賢良文学」「賢良方正」の略称でもある。前漢文帝の二年（前178年）、詔を下して郡国に賢良方正と直言極諫の者を推挙させた。これが賢良の推挙の始まりである。古今の制度に通ずる文学の士が選ばれ、対策によって治政に関する皇帝の策問に回答した。

18. 六条問事

漢代の州刺史の職責。前漢武帝の元封五年（前106年）、京畿以外の地域を十三州部に分け、刺史を設け、その秩を六百石とした。その職責は、定期的に管内の郡国を巡視し、六条をもって地方の郡守・尉・諸侯の相などの二千石官と強宗豪右（豪族）を監察することにあり、六条以外のことは問わなかった。六条には、以下のものが含まれる。①強宗豪右の田宅の制度を逾越し、強を以て弱を凌し、衆を以て寡を暴するもの。②二千石の詔書を奉じず、典制を遵守せず、権を以て私を謀り、百姓を侵漁し、聚斂して奸を為すもの。③二千石の疑案を恤せず、殺人を教唆し、賞罰を濫行し、煩擾刻暴し、百姓の痛恨する所と為り、妖言して衆を惑わすもの。④二千石の僚属を選抜するに公ならず、人を任ずるに唯だ親なるのみにして、賢を蔽して寵頑なるもの。⑤二千石の子弟の仗勢請托なるもの。⑥二千石の罪犯を包庇し、豪強と勾結し、賄賂を収受し、国家の法令を損害するもの。

19. 戸籍

中国の歴代王朝が戸口の数を掌握するために確立した、戸を単位とする簿籍であり、国家が人口を掌握し賦役を徴発する拠りどころとなった。先秦時代より始まる。秦は献公十年（前375年）に、戸籍と相伍の制度を建立した。初期の内容は粗略で、年齢は登記せず、身長を登記していた。秦王政の十六年（前231年）に、初めて男子の年齢を登記するようになった。秦の統一後、戸籍制度は次第に完備し、漢に継承された。毎年8月に郷によっ

て戸口の検査と登記が行われた。その内容には、姓名・年齢・爵位・服役の身分・籍貫（本籍地）・財産（田宅・奴婢・牛馬・車両及びその価値）などが含まれる。戸籍簿は1式3部が作られ、正本は郷に留め置かれ、副本の1部は本人に与えられ、1部は県に提出された。郡県の上計の際には、戸籍の状況が段階的に中央まで報告された。

20. 二十等爵（にじゅっとうしゃく）

秦国は商鞅変法の時に、もとからある爵制を基礎として二十等爵を創建し、軍功を賞して戦士を激励した。爵は計二十級に分かれ、第一級は公士（こうし）、第二級は上造（じょうぞう）、第三級は簪褭（しんじょう）、第四級は不更（ふこう）、第五級は大夫（たいふ）、第六級は官大夫（かんたいふ）、第七級は公大夫（こうたいふ）、第八級は公乗（こうじょう）、第九級は五大夫（ごたいふ）、第十級は左庶長（さしょちょう）、第十一級は右庶長（うしょちょう）、第十二級は左更（さこう）、第十三級は中更（ちゅうこう）、第十四級は右更（うこう）、第十五級は少上造（しょうじょうぞう）、第十六級は大上造（だいじょうぞう）、第十七級は駟車庶長（ししゃしょちょう）、第十八級は大庶長（だいしょちょう）、第十九級は関内侯（かんだいこう）、第二十級は徹侯（てっこう）（後に列侯（れっこう）に改められた）である。五大夫の爵を境とし、これ以上（五大夫を含む）は官爵、以下は民爵とされた。前漢文帝以降、二十等爵は次第に衰微したが、列侯・関内侯・五大夫などの層を分ける鍵となる爵位はなお重要な意義を持ち、三国時代まで続いた。

21. 官爵（かんしゃく）

秦漢の二十等爵における、五大夫以上（五大夫を含む）の爵。秩六百石以上の官吏や公卿大夫の有爵者の地位に相当し、当時の貴族階層であった。例えば大量の田宅を占有し、本人や親族の賦税徭役を免除され、刑罰を減免され、教育を受け優先的に入仕できる権利を享受するなど、政治・経済・司法の面で各種の特権を享有した。

22. 民爵（みんしゃく）

秦漢の二十等爵における、第一級の公士から第八級の公乗までを指す。庶民階層中の有爵者である。爵位の等級に基づき、政治・経済・司法の面で一定の特権を享有したが、社会的地位は庶民であった。

23. 材官（ざいかん）

秦漢時代に設置された主要な歩兵の兵種。材は、勇武で才芸のある者を指す。材官は主に険阻（けんそ）な山地での作戦に用いられた。

24. 黔首（けんしゅ）

庶民・平民に対する呼称で、先秦より始まる。黔は、黒色の意。一説に、黒巾で頭を包

んでいたことから、この名がついたとされる。始皇帝は中国を統一した後、五徳終始説を信奉し、秦を水徳とした。水徳は黒を尊んだため、民を「黔首」に改めた。

25. 贅婿

貧困のため、結婚して女性方の家に入った男子を指す。生まれた子供は女性方の姓に従い、女性方の宗祧を継いだ。その地位は卑賤とされ、法律面や社会において蔑視された。秦の時代に七科謫（謫罰を受ける７種の人々）の一つとされ、官には就けず、田を所有することもできず、民に先んじて戍辺に徴発され、賦役に服するなどした。後世にその地位は改変された。

26. 名田制

商鞅変法から前漢前期にかけて実施された土地制度。秦の孝公の時代に商鞅が変法を実施し、定期的に土地を分配する井田制を廃止し、私人が長期にわたって法に基づき占有する名田制を打ち立てた。「名」は、田地が誰の占有であるか注記すること。国家は戸主の二十等爵に基づき、占有する耕地の基準を画分し、爵位が高くなればなるほど名田は多くなり、五大夫以上はさらに増加した。名田は国家の授与と継承、売買などの手段を通じて獲得が可能であった。秦の統一後に全国で施行され、漢初でも踏襲された。文帝の時代に授受の制度を継続することが困難となり、ついに廃止され、占有する土地の額に関する制限もなくなった。これ以降、土地兼併の悪しき発展が重大な社会問題となった。

27. 假名公田

漢代に実施された、土地を持たない農民に公有地を貸与して耕種させる制度。「假」は、貸出或いは借入を指す。前漢文帝以降、名田制が廃止されたことにより、大量の農民が土地を持てなくなり、深刻な社会問題となった。そこで政府は、土地を持たない農民に公有地を貸与する政策を速やかに採用し、假税としての田租を徴収し、社会の矛盾を緩和した。この政策は、以降の歴代王朝においても実施された。

28. 賦名公田

漢代に実施された、貧窮した農民に公有地を無償で貸与して耕種させる制度。「賦」は、賦与の意。前漢文帝の時代に、名田制が廃止され、大量の農民が授田を通じて土地を獲得できなくなり、深刻な社会問題となった。そのため、政府は假名公田と同時に、特に貧窮した農民に対しては、無償で公有地を貸与する政策を採用し、社会の矛盾を緩和した。この政策は後代でも踏襲されたが、名称は異なることもあった。

29. 酎金
ちゅうきん

漢代において、宗廟祭祀のために、諸侯が献上した黄金のこと。酎は、1月から8月にかけて3回に分けて原料を追加し、反復して醸造する良質の純酒のことで、宗廟祭祀に用いられた。前漢文帝の時代、毎年8月に首都長安で高祖廟を祀り献酎飲酎する際に、諸侯王と列侯が助祭のために封国の人口に応じて黄金を献上することが規定され、千口ごとに金4両を奉り、皇帝が自らこれを受け取ることとした。納められた黄金は、少府によって分量と成色が検査され、例えば不足があった場合は、王であれば県を削減され、侯であれば国を除かれた。

30. 榷酤
かくこ

古代の国家による酒の専売制度。また酒榷・榷酒とも呼ばれる。「榷」は、元々は丸木橋を指し、ここから独占の意味となった。酒と、酒を売買することは、共に「酤」と呼ばれた。前漢武帝の天漢三年（前98年）に始まり、昭帝以降は情勢に応じて廃置された。後代では、或いは政府が店を設けて専売し、或いは酤戸及び酤肆から酒税を徴収し、或いは榷酒銭を割り当て、政府の財政収入を増加させた。

31. 張楚
ちょうそ

秦末の農民起義のリーダーである陳勝が建立した政権。秦の二世元年（前209年）七月、陳勝と呉広は900人の戍卒を率い「無道を伐ち、暴秦を誅す」というスローガンを打ち出し、大澤郷（現在の安徽省宿州市）で蜂起し、秦末戦争の序幕を開いた。陳勝は陳県（現在の河南省淮陽県）を攻略した後に王を称し、「張楚」の国号を建てた。張大な楚国という意味で、これによって楚地の民を徴集した。秦の二世二年十二月、陳勝は戦闘に敗れて叛徒に殺害され、張楚政権は滅びた。

32. 巫蠱
ふこ

古代では、巫師が呪術によって人に害を加えることを巫蠱と呼んだ。「蠱」は毒虫のこと。前漢武帝の時代に、仇敵の名を刻んだ木偶を地下に埋め、呪詛を行う巫蠱が流行した。征和二年（前91年）、「巫蠱の禍」が発生した。太子の劉拠との間に遺恨のあった使者の江充が「劉拠が巫蠱を行い、武帝を呪詛した」と誣告したのである。劉拠は挙兵して江充を殺したが、武帝は軍を派遣してこれを鎮圧し、劉拠は敗れて自殺した。

33. 党錮
とうこ

後漢後期に宦官が専権を握ると、政治は暗黒となり、士大夫たちはこれを憎んだ。桓帝

の延熹九年（166年）、士大夫のリーダーであった河南尹の李膺が宦官の信任する者を誅殺したため、宦官から「太学の游士と朋党を結成して朝廷を誹謗している」と誣告された。桓帝は令を下して李膺ら200人以上を逮捕して獄に下した。翌年、彼ら党人は赦免されたが、終身の禁錮とされ、官に就くことができなくなった。霊帝の建寧元年（168年）、太傅の陳蕃と大将軍の竇武が執政となると、李膺ら党人を起用し、密かに宦官を誅滅しようと謀った。しかし事が漏れ、陳蕃と竇武は殺害された。翌年、霊帝は結党の名目で李膺ら100人余りを処刑し、連座した者は6〜700人に上り、親族や門生故吏はみな禁錮となった。黄巾起義が発生すると、党人たちは赦免された。

34. 五徳終始説

戦国時代後期の陰陽五行家鄒衍が創始した学説。この説では、世界は土・木・金・火・水の5種の元素によって構成されると考えられ、これを五徳と呼んだ。自然の変化と王朝の興衰はみな、五徳が相生し、相克する順序によって交替し、一周してまた初めに戻るとする。秦漢時代に最も流行し、統治者たちはこの説によって自身の統治の合法性を確立した。

35. 黄老無為

黄老は、戦国時代に出現した哲学・政治思想の流派。伝説中の黄帝と老子を創始者として尊んだことから、この名がついた。その思想は、実際には道家と法家の思想を結合させ、陰陽・儒・墨などの諸家の観点も採用して成立したものである。社会政治の分野では、黄老の学は、君主は「無為にして治」めること、すなわち自然に従い、能動的な行為と干渉を極力少なくして世を治めることを主張した。漢初は、秦が建立後間もなくに滅亡したという歴史的教訓と社会経済の凋弊という現状を鑑み、黄老思想が流行し、無為の治と民を休息させる政策を推進し、社会経済の迅速な回復と発展を促進した。

36. 王道・覇道

中国古代における君主の異なる2つの統治方法。古えでは、天下を有する者は王と呼ばれ、諸侯の長は覇と呼ばれた。春秋戦国時代、天下の統一が大勢の赴くところとなると、当時の人々は夏・商・周の3代の政を尊んで王道と呼び、これを仁義道徳によって天下を教化し治める方法であると考えた。また、春秋の覇者が武力・刑罰・権勢などに借りて統治を行う方法を覇道と呼んだ。儒家は、仁・義・礼・智・信と徳によって国を治めることを主張し、法家は、君主の集権と法によって国を治めることを主張した。このため後世では、王道・覇道は、儒・法両家の政治理念の代名詞となった。

37. 王制(おうせい)

すなわち天子の制度。王は、周王を指し、周の天子のこと。大一統理論の核心的内容であり、戦国秦漢に流行した。『荀子』と『礼記』には王制篇があり、周王の班爵・授禄・祭祀・養老などの制が記されている。そこでは、天下を統一した王（天子）のみが王制を用いることができ、諸侯などは礼を越えて用いることはできないと主張されている。

38. 大一統(だいいっとう)

春秋時代末より発展した王朝国家の理論であり、戦国秦漢時代に流行した。当時、統一国家の建立が歴史の趨勢であり、人心の向かうところであったことを反映したものである。大は、重視・尊重を意味し、一統は、天下の諸侯がみな周の天子に統(す)べられることを指す。その思想が最も早く体現されたのは、儒家の経典の『春秋』であった。『春秋公羊伝』隠公元年には「何ぞ王正月と言うや？一統を大にすればなり」とあり、後人はこれを「王者受命し、正月を制して以て天下を統べ、万物をして皆之を奉じて以て開始と為さしむ、故に大一統と言う」と解釈している。『漢書』王吉伝には、「『春秋』の以て大一統とする所の者は、六合風を同じうし、九州共に貫くなり」とある。後世では、全国を統一することを大一統と称し、一地方に拠ることを割拠と言った。

39. 封禅(ほうぜん)

古代の帝王が天地を祭る典礼で、受命して天下を治めたことを示す。泰山(たいざん)の上に土で壇を築き、天にその功を報ずることを「封」といった。また泰山のふもとの梁父(りょうほ)の丘で土を払って地を祭り、地にその徳を報ずることを「禅」といった。その説は戦国時代より起こり、斉や魯の思想家たちが統一の趨勢に適応するために提起した祭礼である。当時の人々は泰山が世界で最も高い山であり、受命の帝王は泰山の山頂で至高無上の上帝を祭祀しなければならないと考えていた。最初に真の封禅の大典を挙行したのは、秦の始皇帝である。その後、前漢の武帝や後漢の光武帝らが封禅の礼を挙行した。

40. 巡狩(じゅんしゅ)

天子が国都を離れ、領域内の諸侯の州郡を視察することを指す。また巡守とも書く。『尚書』舜典に由来する。戦国秦漢に流行した大一統の理論の一部であり、天子が統一された天下を擁していることを示す。秦の始皇帝や前漢の武帝は共にこの理論に没頭した。始皇帝は中国を統一した後、5度にわたって出巡し、最後の途上で病死した。

41. 明堂(めいどう)

古代の帝王が政教を宣明する場所。朝会・祭祀・慶賞・選士・養老などの大典は、みなここで挙行された。戦国秦漢時代に大一統の王制理論の重要な内容となったが、その形制（形状と構造）については、諸説紛々としている。王莽(おうもう)が古えに託して制を改めた際に、初めて明堂が建てられた。後漢は光武帝の中元(ちゅうげん)二年に、明堂・辟雍(へきよう)・霊台(れいだい)を建て、三雍宮(さんようきゅう)と呼んだ。明堂は都城の洛陽南郊に建てられ、ここで祭天の儀式が挙行された。隋唐でも明堂を建てる意図はあったが、武則天(ぶそくてん)の時代にようやく諸説を総合した明堂が建てられ、「万象神宮(ばんしょうじんぐう)」と号された。北宋の徽宗(きそう)は汴梁(べんりょう)の宮城内に明堂を建てた。明堂は中国の礼制建築に深遠な影響をもたらし、清の北京天壇(てんだん)の祈年殿(きねんでん)と国士監辟雍殿(こくしかん)は共に明堂建築を原型としている。

42. 辟雍(へきよう)

周の天子が貴族の子弟のために設けた大学で、礼楽を行い、徳化を宣することに用いられた。辟は「璧」に通ずる。円形の建築で、水池によって囲まれ、形が環璧のようであることから名付けられた。三雍宮の一つ。王莽は古えに託して制を改めた際に、辟雍を建てた。後漢では光武帝の中元二年に辟雍が建てられ、霊台の左にこれを置いた。後代でも霊台が設置され、皇帝はしばしば自ら辟雍に臨み、経義を講義した。

43. 霊台(れいだい)

古代の帝王が天意を知るために天文星象を観察する場所。三雍宮の一つ。その形制については、いくつかの説がある。王莽が古えに託して制を改めた際に、初めて三雍宮を建てた。後漢では光武帝の中元二年（57年）に三雍宮が建てられ、霊台を辟雍の右に置いた。また太常の下に霊台待詔(れいだいたいしょう)41人を設り、候星・候日・候風・候気・候晷景(きけい)（時間の観測）・候鍾律（音律の決まり）を分掌させた。後代もこれを踏襲した。

44. 讖緯(しんい)

中国古代の讖書(しんしょ)と緯書(いしょ)の総称。讖は、巫師や方士が編造した吉凶を預言する符験（証拠）或いは徴兆（前兆）の隠語・図記であり、戦国時代にすでに出現していた。緯は「経」に対する語で、方士化した儒者が神秘的な言葉によって儒家の経義を解釈したもので、前漢中後期に出現し、急速に流行した。その思想は陰陽五行の学説と董仲舒の天人感応説を交えたものであった。王莽や後漢の光武帝は図讖を利用し、その王朝交替の根拠とした。光武帝は正式に「図讖を天下に宣布し」、緯書を「内学」と呼び、経書を「外学」と呼ぶに至った。後漢時代には、図讖は早くも有識者たちの反対に遭い、南朝宋の大明(だいめい)中に初めて禁じ

られたが、禁絶されたのは宋代に入ってからであった。

45. 太平道(たいへいどう)

　後漢末の道教の一派。霊帝の熹平年間に、鉅鹿（現在の河北省平郷県）の人である張角が創始した。彼は「大賢良師」と自称し、杖を執って画符誦呪し（魔よけの札を書き呪文を唱え）、人々の病を治し、教義を広めた。十数年間に、信徒は数十万人まで拡大した。張角は信徒を三十六方に分け、将帥を設けて統率させた。「蒼天已に死す、黄天当に立つべし、歳は甲子に在り、天下大吉ならん」という讖語を宣伝し、中平元年（184年、甲子の年）に蜂起する準備を進めた。しかし密告により、蜂起の期日を早めざるを得なかった。義軍は頭に黄巾を戴いてこれを標識としたため、「黄巾軍」と呼ばれた。その後、起義軍は統治者たちに鎮圧されたが、太平道は民間で秘密裏に流伝した。

46. 五斗米道(ごとべいどう)

　後漢後期に創立された初期道教の流派の一つ。順帝の時代に、張陵が蜀の鶴鳴山中で創始し、「天師」と自称した。信者は米5斗を納めなければならなかったため、この名がついた。張陵の死後、子の張衡、孫の張魯に代々伝えられた。張魯は益州に政教一致の政権を樹立し、「師君」と自称し、20年以上にわたり割拠した。建安二十年（215年）、張魯は曹操の招降を受けたが、五斗米道は引き続き流伝し、後に道教の主要な流派である「天師道」へと発展した。後漢末の張脩、晋の陳瑞・孫恩・盧循らはみなこれを奉じて衆を集め、蜂起した。

47. 私学(しがく)

　私人が設立した学校のことで、官学に対する語。特に六経・諸子百家を教授する者を指し、師から弟子に伝受する方法で学問と思想を伝え、流派を伝承した。

48. 士大夫(したいふ)

　官僚及び知識人の汎称。先秦時代の大夫と士の爵位に由来する。秦漢時代は、秩六百石から二千石までの者が大夫、五百石以下二百石までの者が士であり、また官僚の総称でもあった。この他、一定の専門知識或いは学問を備えて仕進を求める学子も士と呼ばれた。後代には、次第に官僚・知識人の通称へと変わっていった。

49. 門生(もんせい)

　漢代では、転相伝授（先に入門した弟子から教えを受けること）された再伝弟子を指

た。前漢の武帝が「独り儒術のみを尊」んだ後、儒学は入仕の重要な道となった。公卿の多くは経学の大家の出身であり、学徒を招いて授業を行い、集まった学徒は数百人に上ることが常であった。自ら直接教授された者は弟子と呼ばれ、転相伝授した者は門生と呼ばれた。師傅と弟子・門生の関係は、現実においてはしばしば利害の相通ずる政治勢力へと発展した。後世には、門生は直接学んだ学生のことも指すようになった。

50. 故吏

もとの属吏を指す。秦漢時代、低級の官吏は国家が選抜するのではなく、長官自らが招聘して官職を与えたため、辟除或いは辟署と呼ばれた。漢初は、百石以上の掾史を任命する場合、報告しなければならなかった。後に長官自らによって辟除される者はみな百石とするよう改められた。これらの官吏は、自身を辟除した長官に感謝の念を抱き、声気相通じ、利害が一致する政治勢力を容易に結成した。

51. 方士

広く星相・求仙・医・占卜・相・遁甲・堪輿などの術に通じる者を指す。方とは、方技（伎）・方術を指す。術士とも呼ばれ、有方の士という呼び方もある。戦国時代に出現し、秦漢以降にやや盛んとなった。方士が最も多かったのは秦の始皇帝や前漢武帝の時代であり、政治上の政策決定に対しても重要な影響をもたらした。

52. 匈奴

戦国時代から魏晋時代にかけて北方の草原地域で活躍した遊牧部族。その起源についてはなお定論がなく、戦国時代に匈奴と呼ばれ始め、また胡と呼ばれた。遊牧を業とし、騎射に秀でていた。前3世紀末、近隣の各族を征服してモンゴル高原を統一し、国家政権を樹立した。その首領は「単于」と呼ばれ、単于の下は左部と右部に分かれていた。後漢の光武帝の建武二十四年（48年）、匈奴は南北両部に分裂し、北匈奴は1世紀末に後漢に敗れ、その一部は西遷した。南匈奴は後漢に服属し、両晋交替期に漢国と前趙国を建立した。

53. 大月氏

古代の遊牧部族名。月氏の一支で、もとは敦煌と祁連山の間で遊牧を営んでいた。前漢の文帝の初年、匈奴の攻撃を受け、西遷して現在のイリ河の上流域に至り、漢はこれを大月氏と呼んだ。文帝の後元三年（前161年）前後に、烏孫の攻撃を受け、また西遷して大夏（現在のアムダリア川上流）まで至った。おおよそ武帝の元朔年間（前129年或いは前128年）に、漢が派遣した張騫がこの国に至り、共同で匈奴を挟撃しようと連絡を取っ

たが、実現しなかった。前1世紀に、大月氏は5つの翕侯に分かれた。1世紀中葉、貴霜翕侯が他の4部を兼併し、貴霜王国を建立した。大月氏の族属問題については、学術界で諸説紛々としており、イラン系サカ族とする説を支持する者が多い。

54. 烏孫

漢代から北魏にかけての西域の国名。現在の新疆の天山北嶺のイリ河谷から中央アジアのイシク湖一帯に居住し、赤谷城（現在のキルギスのイシュティク）を都とした。もとは敦煌と祁連山の間に居住していたが、前漢文帝の後期に大月氏を駆逐し、その地に居住した。武帝は漠北に匈奴を破った後、江都王の娘の細君と楚王の孫の解憂を相次いで公主とし、烏孫の昆弥（王）に嫁がせ、和親を結んだ。烏孫は北魏の時代に柔然に敗れ、パミールに遷った。その族属についてはなお定論がなく、突厥族やアーリヤ族などの諸説がある。

55. 夜郎

漢代の西南地域にあった古国名。現在の貴州省西北・雲南省東北及び四川省南部の地域にあった。秦代及び漢初にはすでに定住農耕社会に入っていた。前漢武帝の建元六年（前135年）に使者を遣わしてこれを招撫し、元光四年から五年（前131～前130年）にその地に数県を置き、これが前漢による西南夷経営の始まりとなった。元鼎五年（前112年）、武帝が南越を征討した際、夜郎などが調遣に従わなかったため、翌年に兵を発してこれを平定し、その地に牂柯郡（治所は現在の貴州省関嶺プイ族ミャオ族自治県の境）を設置したが、夜郎の王号は残した。前漢後期、夜郎は句町などと連年交戦した。成帝の河平二年（前27年）、牂柯太守が夜郎王を殺害し、夜郎国は滅びた。

56. 高句麗

秦漢時代から唐代にかけて中国の東北地域と朝鮮半島に存在した民族及び政権。高句驪・句麗とも書く。一般的には、夫余人の一支と考えられている。およそ前漢時代に、高句麗人は現在の吉林省の渾江（古称は沸流水）一帯に居住し、南は朝鮮と接した。前漢武帝の元封四年（前107年）、朝鮮に4郡を建立した際に、高句麗県を設け、玄菟郡の治所とした。前37年頃に国家を樹立し、その後急速に拡大し、次第に周辺の夫余・沃沮・東濊及び漢の4郡を併呑した。中原王朝とは断続的に朝貢関係を結んだ。5世紀に全盛期に入り、現在の朝鮮半島の大部分と中国東北の南部地域を支配した。隋唐時代、高句麗は絶えず隋唐王朝と交戦して国力が衰微し、668年に唐朝と新羅の連合軍に滅ぼされた。

57. 玉門関

　古関名。前漢の武帝が河西四郡を設置して西域への道を開通した際に、初めて設置された。旧址は現在の甘粛省敦煌市西北にある小方盤城。西域から玉石を輸入する際にこの道を取ったことから名付けられた。中原地域にとっては西域への門であり、シルクロードで必ず通る道であった。漢代では都尉の治所となり、重要な軍事上の要衝であった。

58. 陽関

　古関名。前漢武帝の時代に初めて設置された。現在の甘粛省敦煌市西南の古董灘付近にある。玉門関の南に位置していたため、この名が付けられた。漢代では都尉の治所となり、西域に向かうための重要な要衝であった。

59. 西域

　漢代では、玉門関・陽関以西、葱嶺（現在のパミール高原）以東の、バイカル湖の東・南及び新疆の広大な地域を指した。天山山脈を境界として南北両部に分かれ、数十の大小様々な国家が分布した。前漢の武帝以前は、西域の各国は匈奴の支配下にあり、奴役を受けていた。武帝は匈奴を撃退した後、張騫を派遣して西域に出使させ、西域の各国と関係を結んだ。宣帝の神爵二年（前60年）に、西域都護府を設け、その治所を烏塁城（現在の新疆ウイグル自治区輪台県東）に置き、南北道を護らせた。こうして、西域は正式に漢の版図に入った。

60. 絲綢之道（シルクロード）

　一般的には、ユーラシア大陸北部の通商路、すなわち古代中国の長安（現在の西安市）を起点とし、甘粛・新疆を経て、中央アジア・西アジアに至り、また地中海の各国をつなぐ陸上の道を指し、後に出現した西南シルクロードと海上シルクロードとは区別される。前漢武帝の時代における張騫の西域出使より始まる。漢の都長安を起点とし、河西走廊を経て敦煌に至り、南北両道に分かれる。南道は崑崙山脈の北麓沿いに和田（ホータン）を経て疏勒（現在の新疆ウイグル自治区カシュガル市）に至り、北道はロプノールを経て天山山脈の南麓沿いに庫車（クチャ）・阿克蘇（アクス）を経て疏勒に至る。さらに疏勒からパミールを越え、或いは南のインドに向かい、或いは西のペルシャを経て地中海諸国に向かった。中国から西方へ運ばれた貨物の中で絹製品の影響が最も大きかったことから、この名が付けられた。シルクロードを通じて古代のユーラシアの国家と人々は互いに有無を通じ、友好的に往来した。

61. 伝(でん)

　古代の関津(かんしん)や駅站を通過する際に使用する証明書であり、通行証。先秦時代より始まる。あるものは繒帛(そうはく)などの絹製で、表面には2行にわたって文字が記された。これを2つに分けて各々一方を持ち、関津を出入する際に両者が合えば通過することができた。あるものは木製で、棨伝(けいでん)と呼ばれ、表面には符号が刻まれた。2つに分けた両者を合わせることを、合符と呼んだ。

62. 関市(かんし)

　古代の辺境の関所に設置され、対外貿易を行った市場であり、辺境での通商のことも指す。先秦時代より始まる。関市はもともと関と市の合称であり、後に関所のもとに設けられた市を指すことが多くなった。前漢時代では、匈奴と南越に対して関市が設けられ、前者は「胡市(こし)」とも呼ばれた。関市は政府によって厳格に管理され、定期定時に開放された。商人は政府が発布した符伝類の許可証を携帯しなければならず、規定された品種や数量に応じて交易し、禁制品の売買や、むやみに関を出て密輸を行うことは厳禁とされ、違反者は重罪に処された。

63. 烽燧(ほうすい)

　古代の辺塞(へんさい)で敵情を観測し警報するシステム。先秦時代より始まる。燧は、辺塞上に設置された亭(てい)の一種で、敵情を偵察し警報を発するために用いられた。烽は、積み上げた薪を燃やして煙火(のろし)を起こし、これを信号として警報を発した。漢代では北方の長城沿線に燧が設置され、燧は都尉府(といふ)に所属した。都尉は候官(こうかん)を管轄し、候官は燧を管轄した。燧は敵を発見すると、烽に点火して信号を発し、各烽は都尉府までそれを順に送り伝えた。

64. 和親(わしん)

　古代の王朝の君主が戦争を免れるため、婚姻の締結を通じて辺境の異民族の統治者と友好関係を打ち立てる方法の一つ。前漢の高祖より始まる。高帝六年(前201年)、匈奴が馬邑(ばゆう)(現在の山西省朔州市)を攻撃し、韓王信は敵わず投降した。翌年、高祖は32万の大軍を率いて征伐に向かったが、平城(へいじょう)の白登山(はくとさん)(現在の山西省大同市東北)で匈奴に7日間包囲され、思いがけない幸運により危機を脱した。高祖は大臣の劉敬(りゅうけい)の建議を採用し、匈奴と「和親」を締結し、宮女を選んで公主として単于に嫁がせ、毎年大量の絹・酒・食物を贈り、また関市を開いて貿易を行うことを認めざるを得なかった。その後、これが慣例となった。

中国歴史名詞 (四)

65. 大篆（だいてん）

漢字の書体。周の宣王の時代に太史の籒（ちゅう）が作成したと伝えられ、籒文（ちゅうぶん）或いは籒書（ちゅうしょ）とも呼ばれる。秦の統一後は大篆と呼ばれ、小篆（しょうてん）と区別された。

66. 小篆（しょうてん）

秦代に通行した書体。秦の統一後、各国の文字が異なっていたため、丞相の李斯（りし）らに命じて史籒の大篆を基礎としてこれを簡略化させ、完成した。また秦篆（しんてん）とも呼ばれ、後世では篆書（てんしょ）と通称された。

67. 隷書（れいしょ）

漢字の書体で、篆書を簡略化して成立した。秦より始まる。伝承によると、始皇帝の時代に徒隷（とれい）（刑徒）の程邈（ていばく）がこの種の書体に整理を加えたとされ、後世に程邈が隷書を創始したという説が見られるようになった。普遍的に使用されるようになったのは、漢魏時代である。

68. 簡帛学（かんぱくがく）

簡牘（かんどく）や帛書などの出土資料に対し、文字学・歴史学などの学科の理論を応用し、文字学・歴史学・考古学などの角度から総合的に分析を加える学問。

69. 睡虎地秦簡（すいこちしんかん）

1975年末、湖北省雲夢県の睡虎地秦墓から発見された秦代の簡牘で、11号墓からは1100枚以上の竹簡、4号墓からは2枚の木牘が出土した。竹簡の内容には、以下のものが含まれる。「編年紀（へんねんき）」〈秦の昭王元年（前306年）から始皇三十年（前217年）までの間の国家と墓主の家庭に関する大事年表〉、「語書（ごしょ）」（原題。南郡守（なんぐんしゅ）が属県に発給した文書）、秦律の一部の抄本〈「秦律十八種（しんりつじゅうはっしゅ）」・「効律（こうりつ）」（原題）・「秦律雑抄（しんりつざっしょう）」〉、「法律答問（ほうりつとうもん）」（秦律に関する問答式の解釈）、「封診式（ふうしんしき）」（原題。裁判文書の集成）、「為吏之道（いりのみち）」、「日書（にっしょ）」（原題。時日の禁忌）がある。木牘の内容は、家族あての書信である。墓葬年代は始皇三十年もしくはやや後であり、簡牘の多くは戦国末年の史事に関するものである。簡牘の内容は、秦代史の研究に大量かつ貴重な一次資料を提供することとなった。

70. 銀雀山漢簡（ぎんじゃくざんかんかん）

1972年に山東省臨沂市の銀雀山1号漢墓と2号漢墓から出土した前漢時代の竹簡。墓葬年代は武帝の在位期間に当たる。竹簡の字体は早期の隷書であり、書写年代は前漢の文（ぶん）

帝・景帝から武帝の初期に当たる。完簡と断簡は合わせて4942枚、他に数千点の断片がある。その内容には『孫子兵法』・『孫臏兵法』・『六韜』・『尉繚子』・『晏子』・『守法守令十三編』・『元光元年暦譜』などの先秦の典籍が含まれている。

71.『史記』

前漢の司馬遷が撰写した中国最初の紀伝体の通史。司馬遷は、左馮翊夏陽（現在の陝西省韓城市）の人で、字は子長。武帝の元封三年（前108年）に父の司馬談の職を継いで太史令となり、間もなく『史記』の撰修を開始した。後に、匈奴に敗れて投降した李陵を弁護したため、腐刑に処された。彼は発憤して著作に努め、「天人の際を究め、古今の変に通じ、一家の言を成さん」という志を立て、ついに『史記』を完成させた。『史記』は、もとは『太史公書』と呼ばれ、12本紀・10表・8書・30世家・70列伝を含み、計130巻、52万字余りに及ぶ。黄帝から前漢の武帝に至るまで、内容は社会の各方面に及び、美を偽らず、悪を隠さず、正統思想の束縛を受けず、2500～2600年間の歴史を真に迫って生き生きと再現し、「実録」と称えられている。この書は編年と記事の長所を集め、人物を中心とした紀伝体という新たな体例を創始し、以後の歴代の正史が従うところとなった。『史記』は、宋代の司馬光が編撰した『資治通鑑』と共に「史学の双璧」と称えられている。

72.『漢書』

後漢の班固が編撰した中国最初の紀伝体の断代史。班固は、扶風安陵（現在の陝西省咸陽市東北）の人で、字は孟堅。父の班彪が著した『史記後伝』65篇を基礎とし、20年余りを費やして『漢書』を編撰した。しかし未完成のまま、外戚の竇憲の事件に連座し、獄に下されて死去したため、妹の班昭が八表を書き継ぎ、馬続が「天文志」を補った。『漢書』の体例は、『史記』の基本を踏襲してやや改め、世家を列ねず、書を志に改め、「百官公卿表」・「刑法志」・「地理志」・「芸文志」を新たに作り、合計100篇とし、総文字数は80万字に達し、前漢の高祖から新の王莽まで230年の史事が記されている。後人によって120巻に分けられている。『漢書』は断代史の体例を創始し、『史記』に続く我が国古代における重要な史書である。ただしその歴史観は儒家思想の影響を深く受けており、是非の論断は司馬遷と異なる所が多い。

73.『四民月令』

後漢の崔寔が『月令』にならって著した書。崔寔（103年頃～170年頃）は、涿郡安平（現在の河北省安平県）の人で、字は子真といい、またの名を台、字を元始といった。郎や五原太守などの職を務めた。四民とは、士・農・工・商を指す。この書では、月ごと

に後漢時代の世家大族の生産活動や生活の活動が記されている。穀類・瓜果・蔬菜の栽培方法や、紡績・織染・醸造・製薬などの手工業について詳細な記録があり、当時の社会経済の状況を知るための重要な資料である。おおよそ宋代に失われ、現在は輯本がある。

74.『太初暦』

前漢武帝の太初元年（前104年）に造られた暦法。秦代及び漢初は「顓頊暦」をそのまま用い、十月を歳首としていた。しかし年代が久しく、漢代にはすでに時令と合わず、「朔晦に月見ゆ」という現象も起こっていた。そこで武帝が鄧平・唐都・落下閎らに命じて新暦を造らせ、太初元年に完成したため、この名が付けられた。また「八十一分律暦」とも呼ばれる。太初暦は、正月を歳首とし、初めて二十四節気を暦法に含め、中気のない月を閏月とした。また135か月に23回の食が起きるという周期を推算し、中国初の記載が完全な暦法となった。計188年間にわたり施行され、後漢章帝の元和二年（85年）にさらに精密な「四分暦」に改められた。

75. 李斯（？～前208年）

戦国末の楚の上蔡（現在の河南省上蔡県西南）の人。かつて荀子に師事して帝王術を学び、後に秦に入って官に就いた。秦王嬴政（すなわち秦の始皇帝）に六国を兼併し、天下を統一することを説き、また六国の君臣関係を離間させる計を献じ、官は客卿まで至った。秦王政の十年（前237年）、六国の客を駆逐する令が下されると、『諫逐客令』を上書し、秦王はこれを受け入れた。その後、廷尉に任じられた。秦の統一後、分封制に断固として反対し、全面的な郡県制の施行を主張し、法律・文字・度量衡などの制度の統一や施策の制定を主管し、或いは参与し、秦王朝の専制集権制度の主要な設計者となった。また、民間で収蔵されている『詩』や『書』などの百家の語を焼き、私学を禁止することを建議し、思想を統制した。こうして丞相に昇進した。始皇帝の死後、（宦官の）趙高の脅しと懐柔により、共同で始皇帝の少子の胡亥を二世皇帝に擁立した。後に趙高に疎まれ、謀反の誣告を受けて市中で腰斬に処された。

76. 蒙恬（？～前210年）

秦の将。秦王政の二十六年（前221年）、軍将となり、斉国を打ち破り、内史を拝した。始皇三十二年、蒙恬は命を受けて30万の大軍を率い、北に匈奴を駆逐し、河南の地（現在の内モンゴル自治区オルドス地域）を奪還した。また臨洮から遼東に至る長城の修築を主管した。弟の蒙毅も上卿の位に達した。始皇三十四年、始皇帝の長子の扶蘇は坑儒の件を諫めたことで降格され、蒙恬の軍の軍監とされた。始皇帝が死去すると、趙高は二

世皇帝として胡亥を簒立し、公子の扶蘇と蒙恬に死を賜った。扶蘇は自殺したが、蒙恬は抵抗し、殺害された。

77. 西楚覇王

項羽の自らに対する封号。項羽（前232～前202年）は、秦の下相（現在の江蘇省宿遷市）の人で、旧楚の貴族。秦末に叔父の項梁に従って呉県（現在の江蘇省蘇州市）で反秦の兵を挙げた。前207年、巨鹿の戦いで秦軍の主力を撃破した。前206年10月、秦が滅びると、項羽は18諸侯を分封し、自身は西楚覇王となり、梁・楚の9郡を統治し、彭城（現在の江蘇省徐州市）を都とした。その後、楚漢戦争が勃発し、漢王の劉邦に敗れ、烏江（現在の安徽省和県）で自刎した。わずか30歳であった。

78. 蕭何（？～前193年）

秦末の沛（現在の江蘇省沛県）の人。若い頃から秦の沛県の獄吏を務めた。秦の二世元年（前209年）、劉邦に従って反秦の兵を挙げ、劉邦の重要な補佐役となった。劉邦が漢王に封じられると、劉邦に三秦に出撃してこれを平定し、項羽と天下を争うよう勧め、また韓信を大将軍に推薦した。楚漢戦争時は丞相として関中を鎮守し、漢軍のために士卒と糧草を輸送した。劉邦は帝を称した後、蕭何の功が最大であったと評価した。蕭何はまた『九章律』の修訂や制度の草創を主管した。高祖十一年（前196年）には、呂后を助けて淮陰侯韓信を捕えた。高祖の死後は恵帝を補佐し、病により死去した。

79. 韓信（？～前196年）

秦末の淮陰（現在の江蘇省淮安市）の人。若い頃は家が貧しく、股くぐりの辱めを受けたこともあった。秦末戦争ではまず項羽のもとに身を投じたが重用されず、漢王の劉邦に帰順し、丞相の蕭何の推挙によって大将軍を拝した。劉邦に、関中に出兵して項羽と天下を争うことを建議した。楚漢戦争では、韓信は卓越した軍事指揮官としての才能を発揮し、独立した一軍を率い、魏・代・趙・燕・斉などの地を相次いで平定し、斉王に封じられた。漢の五年（前202年）、劉邦と垓下で軍を会し、項羽の軍を撃破して自殺に追い込んだ。蕭何・張良と共に漢興三傑と呼ばれている。漢の建立後、楚王に遷されたが、謀反の告発を受け、淮陰侯に降格された。高祖十一年に、再び謀反を告発され、呂后に殺害された。

80. 賈誼（前201～前168年）

前漢の洛陽（現在の河南省洛陽市北）の人。幼い頃から書を暗誦し、文章に長けているとして有名であった。20歳余りで文帝に召されて博士となり、博聞でよく意見を具申し、

破格の抜擢により1年に満たずして太中大夫となった。正朔（暦）を改め、服色を変え、礼楽を興し、法令制度を改革することを建議した。しかし重臣たちの反対に遭い、長沙王太傅に出任し、後に梁王太傅となった。匈奴の外患や諸侯王が強大であることなどの時弊に対して何度も上疏（上書）して対策を述べ、これらは後世に『治安策』と呼ばれた。その中で賈誼は、重農抑商を実施して穀物の備蓄を増加させること、多くの諸侯を建ててその力を弱め、諸侯王の勢力を削減することを説いている。彼の思想や主張は漢代の政治に深遠な影響をもたらした。梁王が落馬により死去すると、賈誼は自責の念から悲嘆にくれ、その1年後にわずか33歳で死去した。

81. 鼂錯（前200～前154年）

前漢の穎川（現在の河南省禹州市）の人。若い頃に申商刑名の学を修めた。文帝の時代に、命を受けて伏生から今文『尚書』を学んだ。後に博士・太子家令に遷り、「智嚢」と呼ばれた。匈奴の辺患や商人による農民の土地の兼併などの問題に対して相次いで上書し、徙民によって辺境を満たすこと、穀物を辺塞に納めた者に爵位を与え、或いは罪を免じることを建議し、文帝に採用された。景帝が即位すると、厚い信任を受けて実権を掌握し、御史大夫に遷り、多くの改革を実施した。『削藩策』を上呈し、諸侯王の封地を削減して中央集権を強固にすることに力を尽くした。景帝三年（前154年）、呉楚七国は鼂錯を誅殺することを口実として反乱を起こした。景帝は袁盎の建議を聴き入れ、鼂錯を処刑した。しかし七国は撤兵せず、ついに漢は反乱平定のための軍を発せざるを得なくなった。

82. 董仲舒（前179～前104年）

前漢の広川（現在の河北省棗強県）の人。『公羊春秋』を治め、景帝の時代に博士となった。武帝の時代に賢良に挙げられ、その対策が深く武帝の称賛を受け、江都王相を拝した。後に災異に関する言で罪を得て獄に下されたが、間もなく赦免され、再び胶西王相を拝した。その後、病と称して官を辞し、学問と著作に専心したが、朝廷は大事があるたびに人を派遣して諮詢した。その著作に『春秋繁露』がある。董仲舒は、大一統の国家の需要に適応するため、「独り儒術のみ尊び、百家を罷黜す」ることを提起し、また太学を建て、博士弟子を設け、経学を伝授させることを建議し、武帝に採用された。その学問は儒家思想を中心とし、陰陽五行の思想を交えたもので、彼が提起した「天人感応説」は王朝統治の合法性を作り上げる理論的根拠となり、後世に深遠な影響をもたらした。

83. 衛青（？～前106年）

前漢の河東郡平陽（現在の山西省臨汾市西南）の人。字は仲卿。もとの姓は鄭氏で、

母が前漢武帝の姉である平陽公主の家の婢となり、同母異父の姉である衛子夫が武帝の寵愛を受けたことから、姓を衛とした。元光六年（前129年）に車騎将軍を拝して以来、前後7度軍を率いて匈奴に出撃し、幾度も大功を挙げた。元朔二年（前127年）、河南の地を奪還し、長平侯に封ぜられた。元朔五年、匈奴の右賢王を撃破した功により大将軍を拝し、3人の子はみな侯に封ぜられた。元狩四年（前119年）、衛青と甥の霍去病は路を分けて匈奴に向けて出撃し、衛青の部隊は単于部に大打撃を与え、これを追撃して闐顔山の趙信城（現在のモンゴル国ハンガイ山脈南）まで到達し、大司馬を加えられた。衛青は、身分は貴く寵愛を受けたが、徒党を組んだり、私利私欲を図ったりすることはなかった。後に平陽公主を娶り、病死した。

84. 霍去病（？〜前117年）

前漢武帝の皇后、衛子夫の姉の子で、衛青の外甥。18歳で侍中に任じられ、前後6度匈奴に出撃した。元朔六年（前123年）、軽騎800を率いて匈奴2000余級を捕斬し、冠軍侯に封ぜられた。元狩二年（前121年）、驃騎将軍に任じられ、隴西に2度出撃し、匈奴3万余級を捕斬し、匈奴の右部に深刻な打撃を与えた。漢は河西に武威・張掖・酒泉・敦煌の4郡を設置した。元狩四年、左賢王部を大いに破り、7万余級を捕斬し、狼居胥山（現在のモンゴル国ヘンティー山脈）を封じ、瀚海（現在のバイカル湖）に臨んで帰還した。衛青と共に大司馬を拝し、その寵愛ぶりは衛青を超えるものであった。病により死去し、享年は30歳に満たなかった。

85. 桑弘羊（前152〜前80年）

前漢の洛陽（現在の河南省洛陽市東北）の人。商家の子で、暗算に長け、13歳で侍中となった。前漢武帝の中期、連年にわたり発動される対周辺民族との戦争と、度々興される大規模な土木建設により、国は財政的危機に陥った。桑弘羊は重用され、大司農中丞・大司農・捜粟都尉などの職を歴任し、中央の財政を統括した。塩・鉄・酒の官営、均輸・平準・算緡・告緡、貨幣鋳造の統一などの政策を相次いで打ち出し、成功をおさめ、歴史上に「民は賦（賦税）を益さずして、天下の用は饒たり」と称えられた。武帝の臨終の前に御史大夫に遷り、霍光ら4人と共に遺詔を受け、昭帝を補佐した。始元六年（前81）には、朝会で各地から集められた賢良・文学たちと塩鉄政策について激論を繰り広げた。翌年、昭帝を廃する策謀に参加したとして処刑された。

86. 霍光（？〜前68年）

前漢の河東郡平陽（現在の山西省臨汾市西南）の人。字は子孟。霍去病の異母弟。武帝

の時代に外戚として郎に任じられ、次第に昇進して奉車都尉・光禄大夫まで上った。その人となりは慎重で用心深く、武帝の厚い信任を受けた。武帝は臨終にあたり、僅か8歳の昭帝を立て、霍光は大司馬・大将軍を拝し、桑弘羊ら4人の大臣たちと共に遺詔を受けて輔政の任についた。昭帝の時代に博陸侯に封ぜられ、外孫が皇后となり、朝廷の実権を掌握した。昭帝の死後、昌邑王劉賀を帝に立てたが、間もなく廃位し、宣帝を迎えて擁立した。政権を掌握すること20年に及び、その輔政の期間は、武帝末年の「民に休息を与う」政策を引き続き推進し、「昭宣中興」に重要な効果をもたらした。霍光の死後、その家族は謀反の罪によって滅ぼされた。

87. 劉歆 (前50年頃～後23年)

前漢末の洛陽の人。字は子駿。後に名を秀、字を頴叔と改めた。前漢の皇族宗室で著名な経学家、目録校勘学者であった劉向の子。成帝の時代に、経に通じ、文章に秀でているとして黄門郎に任じられた。河平三年（前26年）、詔を受けて父と共に皇室が所蔵する秘書を整理した。父の死後、中塁校尉に任じられた。哀帝の時代に父が撰した『別録』を基礎とし、中国史上最初の図書分類目録である『七略』を編纂した。『春秋左氏伝』を発見したことから、古文経を大いに提唱し、『周礼』・『左伝』・『毛詩』・『古文尚書』などの古文経の博士を立てることを建議し、経学の今古文の争いを引き起こした。平帝の時代に王莽が執政となると、彼が古えに托して制度を改めるのを助けた。律暦を考定し、『三統暦譜』を著したが、これは世界最古の天文年暦の雛型とされている。王莽の簒奪後は国師となった。その後、王莽の謀殺に参与したが、失敗して自殺した。

88. 王充 (27～97年頃)

後漢の会稽郡上虞（現在の浙江省上虞区）の人。字は仲任。若い頃に家族をなくし、班彪に師事した。家が貧しかったため、市肆で書を読み、広く百家の言に通じた。一度州郡の属吏に任じられたが、後に郷里に帰って学問に潜心した。『論衡』85篇を著し、天地万物はみな「気」から構成されるとし、「君権神授」・「天人感応」・讖緯などの迷信を批判し、黄老思想を唱道し、自らその学問を「儒家の説に違い、黄老の義に合す」と称した。その観点は素朴な唯物主義思想を備えていた。認識論の上では、実際に見聞する感覚・経験を重視し、また理性的思惟を重視し、思考の独立を主張したが、運命論の限界を脱してはいなかった。

89. 張衡 (78～139年)

後漢の南陽郡西鄂（現在の河南省南陽市北）の人。字は平子。若い頃より文章に優れ、

京師に遊学し、五経六芸に通じた。天文・陰陽暦算・機械製作に長じていた。安帝の時代に徴召されて郎中を拝し、太史令に遷った。張衡は渾天儀を改良し、歯車と漏壺を相い連ね、星宿の出没を観測した。また候風地動儀を発明して地震の方位を測定し、これは世界最古の地震を観測する機械装置であった。その「製作は造化に侔し」と称えられた。著書に『霊憲』・『算網論』があり、天体の進化の原理を明解し、天・地は共に円形で、地は天の中にあり、止まることなく転動しているとする渾天説を主張した。その科学技術の分野における際立つ貢献により、国連の天文組織は太陽系の1802号小惑星を「張衡星」と命名した。また漢賦にも長じ、代表作に『二京賦』・『思玄賦』がある。順帝の時代に、尚書の官まで登った。

90. 蔡邕（？～192年）

後漢末の陳留郡圉（現在の河南省開封市陳留鎮）の人。字は伯喈。博学で、辞章・数術・天文を好み、音律に精通した。霊帝の時代に任官し、後に郎中を拝して東観で書を校し、議郎に遷った。熹平四年（175年）、経籍の文字に誤りが多く、また、俗儒が牽強付会し（見識の浅い儒者が都合のいいように理屈をこじつける）ていたことから、堂溪典・楊賜らと共に『六経』の文字を正定することを奏請し、霊帝の許しを得た。蔡邕は自ら文字を記し、石匠に四十六碑に刻ませ、これを太学の門外に立てた。後に宦官権臣に罪を得て、獄に下された。献帝の時代、董卓に徴召され、左中郎将まで昇進した。このため「蔡中郎」とも呼ばれている。後に董卓の一党であるとして、獄中で死去した。娘の蔡琰（蔡文姫）もまた文才によって世に知られている。

91. 鄭玄（127～200年）

後漢の高密（現在の山東省高密市）の人。字は康成。若い頃は吏となることを望まず、まず太学に入り、今文経の『京氏易』・『公羊春秋』及び『三統暦』・『九章算術』を学んだ。また、張恭祖に師事して『周官』・『礼記』・『左伝』・『古文尚書』などの古文経を学んだ。その後、関中に入り、馬融を師と仰いだ。遊学すること十数年、郷里に戻って弟子を集めて講学し、弟子は数千人に上った。間もなく党禍に連座して禁錮処分となり、ついに門を閉じて外出せず、経典の研究に潜心した。今古文を兼修し、群経に遍く注をつけた。『天文七政論』・『魯礼禘祫義』・『六芸論』・『毛詩譜』・『駁許慎五経異義』・『答臨孝存周礼難』などの著作があり、その合計は百万言余りに上り、世に「鄭学」と称された、漢代経学の集大成者である。古文は馬融と鄭玄によって世に広まった。後世の人々は、経学家の鄭衆を先鄭と呼び、鄭玄を後鄭と呼んだ。

(五) 魏晋南北朝

1. 五礼

吉礼・凶礼・軍礼・賓礼・嘉礼を合わせた呼び名。吉礼は、祭祀の礼であり、主に昊天上帝・日月星辰・風師雨師・五岳四瀆・山林川沢・祖先の祭祀に大別される。嘉礼は、喜慶の礼であり、主に宴会・婚礼・冠礼・朝賀・尊老養老などに大別される。軍礼は、軍事に関係する儀礼であり、練兵・命将出征・誓師（宣誓）・檄文の発布・勝利の慶賀などに大別される。賓礼は、賓客の応接及び外交使臣の儀礼である。凶礼は、すなわち賑災（災害救援）・弔唁（死者を弔う）・喪葬（葬式）などの儀礼である。五礼の内容は歴代王朝で存在したが、国家の制度としては、漢魏交替期に育まれ、西晋で確立し、両晋と南朝の宋・斉で成長し、南朝の梁と北魏の孝文帝以降に成熟した。

2. 三省

古代の3つの中央官署、尚書省・中書省・門下省の総称。尚書省は、後漢では尚書台と呼ばれ、魏晋以降に省と呼ばれるようになった。省全体の長官は尚書令、副長官は尚書左右僕射であった。その下には諸曹が設置され、それぞれ各種の事務の処理を担当した。魏晋南北朝時代、諸曹の名称及び数は一定ではなかったが、隋より吏・度支・礼・兵・刑・工の六部を定型とするようになった。門下は「黄門の下」を意味し、初めは宮禁内に設けられた官署で、皇帝の身辺に侍衛する官であった。後漢の門下には東・西・中の三寺があり、曹魏と西晋の門下には侍中省が設けられ、東晋では西省が増設され、南朝宋では集書省に改められた。これらの総称が門下省である。中書省は、曹魏で初めて置かれ、長官は中書監と中書令、その下には通事郎・著作郎などの官が置かれた。魏晋南北朝時代、三省の権力の大小や地位の高低には変化があったが、南北朝時代後期に至り、中書省が詔令を発布し、門下省が審査し、尚書省が執行するという権力の分業化が固定され始めた。

3. 典籤

官名。南北朝時代に設置され、また典籤師・籤師・主帥とも呼ばれた。典籤はもともと州府の文書を掌る小吏であり、南朝の劉宋時代から権力が重くなり始めた。南朝の劉宋では、幼年の皇子が地方に出て刺史や都督に任じられることが多かったため、信任する者を派遣して典籤とし、幼い地方長官が政事を処理することを補佐させることが必要であった。典籤を担う者は多くが寒人で、彼らは定期的に皇帝に地方の状況を報告し、地方長官の昇

進や罷免の重要な根拠となった。その後、典籤の権力は次第に重くなり、「諸州唯だ籤帥有るを聞くのみにして、刺史有るを聞かず」といわれるようになった。典籤は州刺史を人身的に支配することもあったが、このような状況は、南斉の明帝以降にようやく改変された。北朝においても各州に典籤が置かれたが、その権力は南朝にははるかに及ばなかった。隋唐や宋元時代にも典籤は存在したが、権力や機能のいずれにおいても南朝とは大きく異なった。

4．九品中正制

九品官人法とも呼ばれる。魏晋南北朝時代における官僚を登用し、士人を評価する制度。曹魏が創立し、各郡に中正、州に大中正を置き、州郡内の士人を上上・上中・上下・中上・中中・中下・下上・下中・下下の9つの等級に画分し、朝廷が官吏を選抜する対象とした。等級を画分する基準は、品評の対象者の家柄・出身・才能・品徳及び郷里における評価であった。中正はこれらに基づいて等級を確定し、評語を書き記し、また吏部は品状に基づいて高低や清濁が明確に異なる官職を授けた。西晋以降は、各級の中正はみな世家大族が担うようになり、人物を品評する基準は完全に家柄門資へと変わり、「上品に寒門無く、下品に勢族無し」という状況が形成された。隋代に九品中正制は廃止され、科挙制が行われるようになった。

5．清官

清要貴重な官（高級官）のこと。魏晋南北朝隋唐、どの時代にも清官の職があったが、その含むところは同じではない。魏晋南北朝時代の顕要清官は、士族高門のみが担うことができ、次の2種の状況があった。（1）地位が高く重要な官で、例えば尚書や中書など。（2）品階は高いが、政務は多くも重くもないもので、例えば秘書郎・秘書丞・校書郎・東宮侍郎・東宮通事舎人など。

6．濁官

清官に対する語で、品級が低く、業務が煩雑で、士族高門が担うに値しない官をいい、多くは士族次門或いは庶族寒人が就任した。例えば、南朝梁の官制では、流内九品十八班は清官であり、士族高門がこれを担った。また流外七班は濁官であり、寒微士人が就任した。

7．六条詔書

地方官吏の為政に求められた6条の基準であり、西魏時代に関中の大族蘇綽が宇文泰

のために起草し、制定した。その具体的内容は以下の通り。(1) 先ず心を治める、すなわち根本から民衆に対して治理を行うこと。(2) 教化を敦くし、純朴で人情に厚い社会の風潮をみちびくこと。(3) 地力を尽くし、経済を発展させること。(4) 賢良を抜擢し、政治を開明にすること。(5) 獄訟を恤み、善を勧めて悪を懲らしめ、賞罰を明らかにすること。(6) 賦役を均しくし、民衆の負担を軽減すること、である。宇文泰はこれを採用し、詔書の形で普及させ、また六条詔書及び計帳に通じていない者は官とはなれないことを規定した。

8. 土断

東晋南朝で実施された戸籍政策。土着していることをもって判断の基準としたことから、土断と言う。具体的には、現住地を基準として、人口を戸籍につけるという方法である。東晋十六国時代、北方の戦乱により大量の流民が次々と南遷し、人口の流動が頻繁に起こり、また規模も非常に大きかった。流民たちは、或いは豪強に従属して国家の戸籍には付けられず、或いは僑州郡県（流民のために仮に置かれた州・郡・県）の戸籍に登記されて税役減免の優遇を享受したため、国家の税収に深刻な影響をもたらした。朝廷は考課を明らかにし、税収を定めるため、幾度も土断政策を実施した。このうち影響が大きく、顕著な効果を挙げたのは、次の2度である。1度目は、大司馬桓温が実施したもので、哀帝の興寧二年（364年）の庚戌朔日に行われたことから、「庚戌土断」と呼ばれている。2度目は、劉裕が実施したもので、安帝の義熙九年（413年）に行われたことから、「義熙土断」と呼ばれている。その後、南朝宋・斉・梁・陳はいずれも土断を実施したが、その成果は微々たるものであった。

9. 宗主督護制

北魏初期の地方行政制度。宗主はすなわち豪強大族の首領のこと。十六国時代、戦乱が頻繁に発生し、中原地域の豪強大族は多くが集住して宗族勢力となり、塢壁（軍事防砦）に拠って自衛した。その宗族の領袖が宗主である。北魏の建国後、鮮卑族の部落の主が宗主に任じられ、地方を督護し、管理した。これが宗主督護制である。孝文帝が太和十年（486年）に改革を実施し、三長制を実行したことで、宗主督護制はついに廃止された。

10. 都督制

都督を長官とする軍事制度。その1つは都督中外諸軍事であり、曹魏の黄初三年（222年）に初めて置かれ、皇帝に代わって全国の軍を統率した。もう1つは都督一州或いは数州諸軍事で、曹魏の黄初二年（221年）に確立し、地方に設置された軍事管轄区の軍を統

率することを担い、また現地の州刺史を兼任し、軍事のみならず民政も管轄した。魏晋南北朝時代の軍事編制においては、これらの他に大都督・左右都督・都督・都督部大などの品級の異なる統兵官が置かれた。

11. 世兵制

　魏晋南北朝時代における主要な集兵形式の一種。三国時代に初めて実施され、両晋南北朝時代に流行した。士家制・兵戸制・軍戸制・営戸制・府戸制・鎮戸制など様々な呼称があるが、いずれも政府が一部の戸口を軍籍に編成するもので、丁男を終身の兵とし、代々継承させ、その家族を、或いは軍営に居住させ、或いは政府が指定する地域に集住させた。その身分地位は郡県の民戸よりも低く、政府による放免を経なければ、民籍に改められることはなかった。

12. 府兵制

　西魏で創始された兵制の一種。西魏の大統年間（535～551年）、宇文泰は鮮卑の部落の兵を主体とし、また広く関隴豪強の武装勢力及び中等・上等の財力を擁する漢族の農戸を募り、胡漢を混成した新型の軍を組織した。その組織系統は、六柱国－十二大将軍－二十四開府という編制であり、官兵はみな「胡」を姓とした。軍府を設置して兵を集め、統括したことから、「府兵」と呼ばれる。北周の武帝は即位後、令を下して府兵の地位を高め、「諸軍士を改めて侍官と為し」、また府兵を徴発する範囲を拡大し、均田農戸を従軍できるようにし、その民籍を軍籍に改めた。府兵は、服役時は軍府の現地に集結し、服役していない時は本郷で農業に努めた。また租庸調を免除され、輪番の服役には一定の期限があった。その地位は、明らかに前代の軍戸よりも優遇されており、士気が高く、戦闘力に富んでいた。府兵制は前後200年続き、唐の天宝年間（742～756年）に廃止された。

13. 北府兵

　東晋時代に、かつて郗鑒が南下した流民を組織した武装勢力を基礎とし、謝玄が京口（現在の江蘇省鎮江市）一帯の北方流民を召募し拡充して組織した強力な部隊。京口は徐州刺史の治所であり、また都督の軍府の所在地でもあり、首都建康の北に位置していたことから、「北府」と呼ばれた。北府兵は剽悍で戦闘に優れていることで有名であり、幾度も軍功を立てた。特に、淝水の戦いで前秦の「百万」の大軍（実際には歩兵と騎兵87万）を撃破し壊滅させたことで歴史に名を残した。京口が北中郎将の駐屯地であることから、「北府」と呼ばれたとする説もある。

14. 屯田制

封建的国有地の経営方法の一種。前漢武帝の時代に創始され、「屯田を以て西域を定め」た。後漢の光武帝の時代に至り、内地でも普及した。三国鼎立時代には、南北各地で大々的に実施され、曹魏の成果が最も大きく、孫呉がこれに次いだ。曹魏の屯田には、民屯と軍屯の2つの類型があり、典農系統（大司農・典農中郎将・典農都尉・屯司馬など）と度支系統（度支尚書・度支中郎将・度支都尉・営司馬など）に分かれて管理された。この2つの屯田における労働者の身分はそれぞれ異なり、前者は屯田民、後者は軍士と士家であった。また、搾取の方法と経営管理の方法も異なった。戦乱が毎年続き、農田が荒廃し、民が安心して生活できないという当時の歴史的条件のもと、屯田制は広く行われ、社会経済の回復と国家の実力の増強に積極的な効果をもたらした。

15. 占田課田制

西晋が280年の孫呉平定後に実施した、土地管理制度であり田賦課徴制度。占田制の規定は、男子1人あたり占田70畝、女子は30畝とする。農戸は占有する土地の額を自ら申告し、政府による登記を経て、所有権が認められた。課田制の規定は、丁男1人あたり課田50畝、丁女は20畝とし、次丁男はその半分、次丁女には課されなかった。実際の占田の多少を問わず、課田の定額によって田賦を徴収した。当時は「地に余羨有るも農さざる者衆し」という状況であった。占田課田制の実施は、土地を持たない、或いは少ない農戸に、自ら無主の荒地を開墾させ、屯田軍民には、西晋が屯田制を廃止した後も継続して耕作させ、また合法的に耕作地を占有させた。定額の畝数に田賦を課徴したことは、農戸が荒地の開墾に努めることを奨励し、耕地の拡大、農業生産の発展に利をもたらした。

16. 均田制

北魏の孝文帝の太和九年（485年）に創始された土地制度の一種。北魏の均田制の規定では、男夫1人あたり受田40畝、婦女は20畝とされ、奴婢も良民と同額であった。また民は年が課（15歳）に達すると田を受け、老免（70歳、一説に66歳）となる、もしくは死去すると田を返還した。丁牛は1頭あたり受田30畝、4頭を上限とし、有無に基づき還受した。初めて受田が行われる際、男夫は1人あたり桑田20畝或いは麻田10畝を受け、婦女はその半額とされた。正田の他、休耕のための倍田を受けることもできた。露田には還受があり、売買は不可であったが、桑田・麻田は代々受け継ぐことができ、若干の制限はあるものの売買が可能であった。政府は、毎年の土地の還受と登記管理の責任を負った。均田制の歴史的淵源は、北魏早期における「各々耕牛を給し、計口受田す」の実施と、中原でかつて実施された井田制・占田制である。均田制の実施は、土地の権属の再確認を通

じ、長期にわたる戦乱によって生み出された土地の紛糾と農田の荒廃の問題を解決した。また一部の国有地と無主の耕地を、土地を持たない、もしくは僅かしか持たない漢族と、内遷した少数民族の農戸に分配し、大量の自作農を扶植した。さらには、土地の占有・継承・譲渡を制限したことで、土地の兼併と土地の集中の悪しき発展をある程度抑制し、社会経済の発展に積極的な意義をもたらした。均田制は東魏北斉、西魏北周と隋を経て、唐の中葉に実効性を失うまで、前後300年続いた。

17. 士族(しぞく)

郡望を重んじ、門第を高く評価し、代々官につき、文才を継承し、法定の特権を享有する家族集団を指す。封建地主階級の特権階層である。士族には、高門と次門という高低の区別がある。現代の人々は高門を「門閥士族(もんばつしぞく)」或いは「門閥地主」と呼び、次門を次等士族或いは低級士族と呼ぶ。古籍中には、世族・勢族・甲族・高門・冠族・旧門・著姓・右姓など様々な呼称があるが、これらは通常、士族高門を指す。士族は主に、後漢の世家大族から発展したものであり、魏晋時代にはまた多くの新貴が生み出された。士族(主に高門著姓)は、政治・経済の面で特権を享有した。政治面では、高官へと進む仕途を独占した。経済面では、一定額の田地と国家の編戸を合法的に占有した。この他、学術面では経学や礼法を代々伝え、婚姻面では門当戸対(もんとうこたい)の原則が厳しく守られ、庶族とは通婚せず、自身の文化と社会における優越の地位を保持した。士族の発展は、東晋時代に最盛期に到達し、南朝時代には次第に下り坂を進んでいった。北朝は少数民族が権力を掌握したため、士族の勢力は南朝の強大さには及ばなかった。隋唐時代、科挙による官吏登用が制度化されてもなお、士族は相当の政治的地位を保ってはいたが、仕途の独占は失われた。また経済面では国家の編戸を占有する特権を失った。文化面では、一部の士族が進士に合格し、経学を軽んじて詩賦を重んじる傾向が見られるようになった。このように、政治的・経済的地位が凋落し、文化的優勢も失われ、婚姻面では庶族との通婚を禁じる秩序が打ち破られた。五代以降、士族の勢力は完全に消滅した。

18. 庶族(しょぞく)

士族と身分地位の面で「較然として別有る」(『宋書』恩倖伝(おんこう))家族集団を指す。魏晋南北朝時代、家族内に官に出仕した者がいない、もしくは寒官を務める者しかいないものを指す。その社会的身分には、一般の地主階層と商工業者及び編戸の農民が含まれる。庶族は、国家が規定した賦役を負担し、出仕者も清要官や品秩の高い寒官を務めることはできなかった。『南史』王球(おうきゅう)伝に「士庶の区別は、国の章なり」とあるように、庶族に対する等級差別は法で定められているのみならず、両晋とくに東晋時代に盛んとなり、社会の風

潮となった。南朝時代に、庶族出身の官吏が機密を握るようになり、地位は高くはないものの権限は重くなり、皇帝の信任を深く受けるようになった。劉宋時代には、庶族出身者が少なからず高官の列に入り、士族が高官を独占するという情勢に変化が見られ始めた。梁の武帝が経や詩賦に通ずる士を採用し、北周が出身を問わず「賢良を擢する」官吏登用政策を実施すると、庶族地主の政治的地位は一歩上昇した。隋唐の科挙制度は、庶族が入仕するために好都合の門戸を開いた。唐朝では、宰相の高位に上った者のおよそ半分が庶族出身であった。

19. 門閥(もんばつ)

すなわち門第閥閲(もんだいばつえつ)。門第とは、家族の世系と社会の声望を指す。閥閲とは、功績と年功(かくかく)を指す。門閥は、初めは代々高位高官につき、名望が赫赫たる家族を指し、魏晋時代では官僚の仕進と緊密に関係するのみであった。秦漢時代の入仕の途は、未だ門第閥閲の制限を受けておらず、多くの素族寒門出身者が公卿の位に達した。後漢時代には、官吏登用の手段である察挙(さっきょ)徴辟(ちょうへき)が世家大族によって独占され、士を選ぶに族姓閥閲を論じ、貢薦(こうせん)には必ず閥閲を先にするようになり、次第に門閥の観念が形成され始めた。魏晋南北朝時代には、士族のうち高門勢族を指す呼称として用いられるようになり、中正から人品を二品と評定され、その父や祖先が五品以上の清要顕職(せいようけんしょく)を歴任した者をこう呼んだ。東晋では、門閥が朝政の大権を掌握し、皇権を統御するに至ったため、歴史上「門閥政治」と呼ばれている。

20. 次門(じもん)

士族内の家柄が低い門戸であり、低級士族・次等士族とも呼ばれる。中正より人品を三品から九品と評定され、その父や祖先が官位八品以下九品以上を歴任した者をこう呼んだ。次門出身の士人は、寒士と呼ばれる。寒士はまた免役の特権を享受したが、品級の高い清要官職に就任することはできず、士族高門からは差別と抑排を受けた。

21. 役門(えきもん)

国家の徭役を負担する門戸。庶族地主・商工業者と編戸農民が含まれる。徭役を徴発する際に、三丁抽一(成人3人から1人を徴発)・五丁抽二(成人5人から2人を徴発)とされる三五門も役門に属する。役門出身者は寒人であり、九品以上の官職の在任中は免役となったが、職を離れると再び服役した。

22. 郡姓
　一郡中の大姓望族。魏晋南北朝時代では、太原の王氏・琅邪の王氏・清河の崔氏・博陵の崔氏・范陽の盧氏・趙郡の李氏・滎陽の鄭氏が山東郡姓の首であり、京兆の韋氏・杜氏、河東の裴氏・薛氏・柳氏、弘農の楊氏が関中郡姓の首であった。北魏の孝文帝が姓族を定めた後、高門士族の系列に入った漢人大族もまた郡姓と呼ばれた。

23. 鮮卑八姓
　拓跋鮮卑の8つの高等姓族。八姓は前後で変化があり、区別される。北魏の建国以前、献帝拓跋隣は国人を七分し、自身の7人の兄弟にそれぞれ統括させた。すなわち長兄を紇骨氏とし、後に胡氏と改めた。次兄を普氏とし、後に周氏と改めた。三兄を抜抜氏とし、後に長孫氏と改めた。長弟を達奚氏とし、後に奚氏と改めた。次弟を伊樓氏とし、後に伊氏と改めた。三弟を丘敦氏とし、後に丘氏と改めた。末弟を侯氏とし、後に亥氏と改めた。道武帝の建国後には、すでに八国姓族は区分し難くなっていた。孝文帝が姓族を定めた後には、穆（もとの丘穆陵氏）・陸（もとの歩六孤氏）・賀（もとの賀頼氏）・劉（もとの独孤氏）・樓（もとの賀樓氏）・于（もとの勿忸于氏）・嵇（もとの太洛稽氏）・尉（もとの尉遲氏）が鮮卑の新たな八著姓となった。

24. 関隴集団
　歴史学者の陳寅恪が、西魏・北周・隋・唐の統治者集団の特徴を概括した用語。地域的には、「関」は関中（現在の陝西）を指し、「隴」は隴右（現在の甘粛）を指す。北魏の分裂後、代北の武川鎮の鮮卑が関中に進入し、西魏政権を建立した。当時、西魏の実力は東魏よりも弱かったため、統治者たちは有効な施策を取る必要に迫られ、関隴地域の漢族の豪強と緊密に結合し、堅固な政治的軍事的統一体を結成した。北周が西魏に代わり、また北斉を滅ぼして北方を統一した後、彼らはさらに山東の世家大族と結合した。こうして関隴集団はさらに北方の政治的代表性を備えることとなり、隋唐の統治者集団としての基礎が定まった。

25. 部曲
　部曲は、秦漢時代にもともと軍事編制の単位であった「部」と「曲」を合わせた呼び名。後漢末、部曲制のもとにある士兵の主将に対する人身従属関係が次第に強まり、主将の私的な勢力へと変成した。こうして「部曲」は、「身は主に系く」士兵の呼称となった。魏晋以降、戦乱が頻繁に発生し、多くの農民が武装した大族豪強の保護のもとに身を投じ、彼らの私的な部曲となり、また家兵と呼ばれた。このような農民はますます多くなり、次

第に耕戦が結合した生産者となり、軍事的性質に変化が生じた。魏晋南北朝時代の部曲は、従属性が非常に強い労働者となった。唐代に至っても部曲はなお存在し、主に農業生産と家内労働に従事し、人身の自由はなく、婚姻についても主人の制限を受けた。

26. 仏図戸

北魏の寺院における奴隷と身分が同様の労働者。北魏の文成帝の時代、沙門統の曇曜は、重罪を犯した民及び官奴を「仏図戸」として諸寺の掃洒に供し、また寺院のために田の耕作に従事させることを提起し、この議を文成帝が認可した。

27. 僧祇戸

北魏の仏寺に従属した農戸。北魏は皇興二年（468年）、南朝劉宋の青・斉二州を攻め破り、その民衆を平城西北の新城に遷し、平斉戸とした。沙門統の曇曜は、平斉戸と軍戸のうち毎年粟60斛を僧曹に納める者を「僧祇戸」とし、納入された粟を「僧祇粟」とし、凶作の年に飢民に賑給するために用いることを奏請した。これより、北魏では僧祇戸が各州鎮にあまねく広まった。

28. 五胡

鮮卑・匈奴・羯・氐・羌の5つの古代の少数民族を指す。鮮卑は、東胡の一支であり、漢初の大部分は匈奴の統治下にあった。匈奴の勢力が衰えた後、鮮卑の各部は匈奴の故地に進入を開始した。後漢の桓帝の時代に、鮮卑の首領である檀石槐が東は遼東より西は敦煌に至る広大な部落連盟を建立した。段部・慕容・乞伏・禿髪・拓跋・徒何の各部はみな鮮卑である。東晋十六国時代には、慕容・乞伏・禿髪が相次いで東北・華北・西北で政権を樹立した。南北朝時代、拓跋部が建立した北魏が北方を統一した。匈奴は、前3世紀前後にゴビ砂漠の南北で勃興し、その最盛期の領域は、東は遼河、西はパミール、北はシベリア、南は長城まで及んだ。前漢はその初期に匈奴との和親を余儀なくされたが、武帝の時代に大規模な匈奴北伐が行われると、匈奴の勢力は次第に弱まり、内部分裂によって一部が漢朝に降った。後漢の建武二十四年、匈奴は南北に分裂し、南匈奴は漢に内属し、北匈奴は西遷した。後漢末から三国時代にかけて、曹魏は内遷した匈奴を5部に分け、これを現在の山西省の境域内のいくつかの郡県に散居させた。十六国時代には、その分支である屠各胡・盧水胡・鉄弗匈奴がそれぞれ政権を樹立した。羯は羯胡とも呼ばれ、その来源については、中央アジアの康居国（現在のバルハシ湖とアラル海の間）とする説と、小月氏とする説がある。漢魏時代には河西及び山陝などの地に散居し、人口は数十万に達した。その人々は深目・高鼻・多鬚で、少数民族としての特徴が明確であった。十六国時代

に、後趙を建立した。氐人は、甘粛・四川北部に居住し、前漢武帝の時代に氐人の居住地域に武都郡が設けられたため、彼らは早くから漢文化と接触し、五胡の中では漢化の度合いが高かった。東晋十六国時代の前秦・後涼・仇池国は、いずれも氐人が建てた政権である。古代羌族の歴史は、殷周時代まで遡ることができ、当時は羌方と呼ばれた。戦国時代から秦にかけて、羌人は現在の青海・甘粛・四川の西北地域に分布した。前漢初め、匈奴の脅威により、一部の羌人は漢王朝の保護を求め、内遷して隴西郡南部の辺塞まで至った。武帝は河西を開き、護羌校尉を設置した。後漢時代には、さらに大量の羌人が遷され、現在の甘粛省臨洮・甘谷及び陝西省の渭水流域まで至り、漢人と雑居した。十六国時代には、羌人の姚萇が後秦政権を建立した。東晋時代には、宕昌・鄧至・白蘭などの羌部が勃興して政権を樹立し、以降はそれぞれ北魏・北周・南朝に臣属した。

29. 狄

先秦時代に北方に分布していた古代の民族。春秋時代には河北・陝西・山西一帯に分布し、赤狄・白狄・長狄などが含まれた。種姓が多いことから、「衆狄」とも呼ばれた。春秋時代末の中山国は、白狄が建てた政権である。魏晋南北朝時代には、北方の少数民族を総称して「戎狄」・「北狄」と呼んだ。

30. 柔然

古代の北方少数民族。茹茹・芮芮・蠕蠕とも呼ばれる。4世紀に、拓跋鮮卑が建てた代国に服属した。拓跋鮮卑が北魏を建立した後、柔然は転じて陰山一帯まで至った。北魏の天興五年（402年）、首領の社崙が漠北を統一し、東は大興安嶺より西はアルタイ山脈に至り、南はゴビ砂漠、北はバイカル湖の南に達する広大なハン国を建立し、社崙は丘豆伐可汗を自称した。柔然の経済は遊牧を主とし、冶鉄・造車・製革などの手工業があった。後に国内の高車族が独立すると、柔然の勢力は次第に衰えていった。北魏の正光元年（520年）、柔然で内乱が発生し、可汗の阿那瓌が北魏に降った。北魏の分裂後、柔然は復興し、東魏と西魏が争うとこれと和親し、取り入った。北朝末、柔然は突厥に併呑された。

31. 高車

古代の北方少数民族。またの名を敕勒・赤勒・鉄勒という。車の製造に長け、車輪が高大で輻（スポーク）の数が多かったことから、この名を得た。その民族の来源については、匈奴に由来するとする説と、丁零に由来するとする説がある。北魏初期、幾度も道武帝の征伐を受け、また太武帝によって10万余戸が漠南に遷徙された。孝文帝の時代、願わぬ南征の詔を受けたため、その首領は族人を率いて北上し、柔然に投じた。柔然の可汗豆崙

の時代、高車副伏羅部の首領阿伏至羅は衆を率いて柔然から離脱し、西に移動して現在の新疆ウイグル自治区トルファンまで至り、高車王国を建立した。その後、何度も柔然と争い、柔然の勢力を大きく削った。唐代の西北の薛延陀部と回紇部は共に高車の後裔である。

32. 胡人

魏晋南北朝時代の北方及び西域の各族の総称。秦漢時代は匈奴を指し、匈奴以東の各族は東胡と呼ばれた。唐朝では新疆・中央アジア・西アジアのペルシャ語系の西域各族を指した。

33. 賨人

古代の巴族の一支。現在の重慶の境域内にあった古巴国に属し、その民俗は勇猛剽悍であったという。秦が巴国を滅ぼした後、賨人は現在の嘉陵江流域に分布した。前漢の高祖劉邦が漢王であった時代に、賨人は徴募されて軍に入り、関中平定の戦いで多くの戦功を立てた。そのため、劉邦は賨人の羅・朴・督・鄂・度・夕・龔の7姓に租賦免除の待遇を与えた。後漢末に張魯が漢中に割拠し、鬼道をもって民を教え導いた際、賨人は祈祷師を敬い信奉していたため、彼を奉じる者が多かったという。曹操が漢中を占領した後、一部の賨人は略陽（現在の甘粛省天水市北）に遷徙した。魏晋南北朝時代の巴渝舞は、劉邦が楽府に命じて賨人の舞踊を学ばせたものが流伝したものである。

34. 山越

古代の族名。その先祖は、戦国・秦漢時代に現在の広東・福建・浙江・江西・安徽の地域に分布した越人である。後漢末から三国時代にかけて、彼らは大山の奥深くに進入し、峻険な山々を阻となし、政府の管理から離脱し、租税を納めなかった。二国の孫呉の時代に、一部の人々は深い山々から追い出され、国家に税を納めて服役する編戸斉民となった。隋唐及び宋では文献中に見えることは稀になり、宋朝以降は歴史上から消え、全て漢族と融合した。

35. 名士

後漢時代、名士とは社会的声望と影響力が非常に大きい官僚或いは士大夫を指した。魏晋南北朝時代では、玄学や文学などの分野で影響力のある人物を指した。玄学の名士には、「正始名士」のように時代によって命名されたものや、竹林名士のように士人の団体から命名されたもの、中朝名士（東晋の人々は本朝を中朝と呼んだ）のように王朝によって命名されたものがある。魏晋時代には玄学が盛行し、学者・官僚・貴族のみならず僧侶まで

もが名士の列に加わった。南北朝後期には、玄学の風は弱まり、名士は多くの場合、文人学者の中で造詣が深く、社会的声望がある人物を指すようになった。

36. 玄学(げんがく)

　魏晋南朝で流行した社会思潮。玄学は『老子』・『荘子』・『周易』を経典とし、有無・本末・動静・名教と自然などの関係を論じた。玄学は時代ごとにそれぞれの特徴がある。曹魏の正始(せいし)年間では、何晏(かあん)・王弼(おうひつ)などが「貴無」を提唱し、自然を本とし、名教を末とすることを主張し、無為によって天下を治めることを宣伝した。また阮籍(げんせき)・嵇康(けいこう)は礼法を毀棄し、「名教を越えて自然に任す」こと、自然に任せることを通じて無君無臣の「自然」社会に到達することを主張した。魏晋交替期には、裴頠が「貴無」に反対して「崇有」を主張し、寄生思想と縦欲主義に反対した。向秀(しょうしゅう)・郭象(かくしょう)は「名教即自然」、君臣・上下は天理の自然であると主張した。魏晋時代に玄学は盛行し、多くの士族官僚たちが次々と玄談を務めとし、「清談誤国」という現象(哲学的論議をするばかりで国政を誤ちに導くこと)が出現するに至った。東晋以降、玄学は次第に仏教学と合流し、政治家たちも玄学と政治を分け、儒学をもって国を治め、清談をもって玄に至るようになり、玄学の風は次第に弱まっていった。

37. 建安七子(けんあんしちし)

　後漢末建安時代の7人の文人。孔融(こうゆう)・陳琳(ちんりん)・王粲(おうさん)・徐幹(じょかん)・阮瑀(げんう)・応瑒(おうとう)・劉楨(りゅうてい)を指す。孔融(153～208年)は、後漢の魯国(治所は現在の山東省曲阜市)の人で、字を文挙(ぶんきょ)といい、孔子の20世の孫にあたる。若い頃より聡明で学を好み、侍御史(じぎょし)・司空掾(しくうえん)・虎賁(こほんちゅう)中郎将(ろうしょう)を歴任した。董卓が少帝を廃位して献帝を擁立した後、その意に従わず、北海相(ほっかいしょう)に出任した。曹操が献帝を奉じて許(現在の河南省許昌市)に遷都すると、孔融は将作(しょうさく)大匠(たいしょう)・少府(しょうふ)に任じられた。しかし幾度も曹操の意に逆らったため、後に無実の罪に陥れられて殺害された。陳琳(?～217年)は、後漢の広陵(現在の江蘇省揚州市)の人で、字は孔璋(こうしょう)。初めは何進の主簿となり、董卓の乱が発生すると、難を避けるため冀州の袁紹(えんしょう)のもとに至った。袁紹のために曹操討伐の檄文を作成したが、袁紹が敗れると曹操に降り、司空軍謀祭酒(しくうぐんぼうさいしゅ)に任じられ、軍国の書檄を起草した。王粲(177～217年)は、後漢の山陽郡高平(現在の山東省鄒城市西南)の人で、字は仲宣(ちゅうせん)。後漢末の大乱では、まず荊州に向かって劉表に従い、後に曹操に帰順し、丞相掾(じょうしょうえん)・侍中(じちゅう)を務めた。詩賦に長じ、著作に『漢末英雄記』(かんまつえいゆうき)がある。徐幹(171～218年)は、後漢の北海郡劇県(現在の山東省昌楽県西)の人で、字は偉長(いちょう)。司空軍謀祭酒掾属・五官中郎将文学(ごかんちゅうろうしょうぶんがく)を歴任した。著作に『中論』(ちゅうろん)20篇がある。阮瑀(165年頃～212年)は、後漢の陳留郡尉氏(現在の河

南省に属する）の人で、字は元瑜。若い頃より蔡邕に従って学び、後に曹操の司空軍謀祭酒に任じられ、軍国の書檄を起草した。詩文に優れ、曹丕から深く称賛を受けた。応瑒（？～217年）は、後漢の汝南郡南頓（現在の河南省項城市西）の人で、字は徳璉。代々儒学を伝える家の出身で、文章に優れていることで有名であった。初め曹操の丞相掾属となり、平原侯庶子に転じ、後に五官将文学となった。劉楨（？～217年）は、後漢の東平郡寧陽（現在の山東省東平県東）の人で、字は公幹。若い頃より才学をもって名を知られた。曹操の丞相掾属を務めたが、曹丕の夫人の甄氏を平視したことが無礼と見なされ、罰輸として作部の仕事をさせられた。後に免じられて吏となった。詩文に優れ、その五言詩は曹丕から当時において妙絶であると称賛された。

38. 竹林七賢

　魏晋交替期の7人の名士。阮籍・嵆康・山濤・向秀・劉伶・王戎・阮咸を指す。世俗を避け竹林での交遊を楽しんだとされることから、東晋南朝の人々から竹林七賢或いは竹林名士と呼ばれた。阮籍（210～263年）は、曹魏の陳留郡尉氏（現在の河南省に属する）の人で、字は嗣宗といい、大将軍従事中郎・散騎常侍を歴任した。魏晋交替の際には、酒に浸り、玄を談じ、ほしいままに振る舞い、自らを保った。歩兵営中のよい酒に近づくために自ら求めて歩兵校尉となったことから、世の人々から「阮歩兵」と呼ばれた。『達荘論』・『大人先生伝』及び『詠懐』詩などの著作がある。阮咸は、生没年不詳。字は仲容といい、阮籍の甥で、2人あわせて「大小阮」と呼ばれた。礼法に拘らず、ほしいままに振る舞い、常に弦歌酣宴を楽しみとし、音楽に精通し、琵琶の演奏に長けていた。散騎侍郎・始平太守を歴任した。嵆康（224～263年）は、曹魏の譙国銍県（現在の安徽省宿州市西南）の人で、字は叔夜。曹操の曽孫の長楽亭主を妻に娶り、中散大夫を拝したことから、世の人々から嵆中散と呼ばれた。養生をよくし、老荘に通じ、属文に長け、音楽に精通し、「明教を越えて自然に任す」ことを提唱した。山濤からの任官の推薦を拒絶し、これと絶交した。また鍾会の人となりを軽視し、無礼な対応をしたことがあり、これが原因で陥れられ、殺害された。劉伶は、生没年不詳で、西晋の沛国（治所は現在の安徽省濉渓県西北）の人。字は伯倫。建威参軍となり、後に朝廷の策問に答えた際に皇帝の旨意と合わなかったために免官された。老荘を尊び、儒家の礼法を軽視し、飲酒を好み、『酒徳頌』を著した。王戎（234～305年）は、西晋の琅邪郡臨沂（現在の山東省臨沂市北）の人。字は濬沖。吏部黄門郎・散騎常侍・河東太守・荊州刺史・豫州刺史・建威将軍を歴任した。平呉の役に参加し、孫呉の平定後は太子太傅を拝し、中書令に転任し、光禄大夫を加えられ、尚書左僕射・司徒に遷り、七賢の中では高官となった。その人となりは吝嗇で財を好んだため、当時の人々から誹謗された。向秀（227年頃～272年）は、

西晋の河内郡懐県（現在の河南省武陟県西南）の人で、字は子期。黄門侍郎・散騎常侍を歴任した。「貴無」に反対し、名教即自然を主張し、王弼の儒を以て道に合わせるという考えとは異なり、道を以て儒に合わせることを強調した。『荘子』に注をつけたが未完のまま死去し、後に郭象がこれを基礎として完成させた。現存する『荘子注』は、一般的には向秀と郭象2人の作品と考えられている。山濤（205～283年）は、西晋の河内郡懐県の人で、字は巨源。山濤の大叔母が司馬懿の岳母であったため、司馬昭が大将軍を務めた際に山濤はその従事中郎に任じられた。吏部尚書・尚書右僕射・司徒などの職を歴任した。彼もまた七賢の中では高官に至った人物である。

39. 何晏（？～249年）

曹魏の宛（現在の河南省南陽市）の人で、字は平叔といい、後漢の外戚何進の孫。曹操に養育され、金郷公主を娶って妻とした。化粧で扮装することを好んだことから、「傅粉何郎」の呼び名がある。才弁があり、詩賦に長じ、浮華を好んだ。尚書に任じられて選挙を主管した際、彼が採用した官吏はみなその職で称えられたという。三国時代の玄学を代表する人物であり、儒家の名教と道家の無為自然を混ぜ合わせ、「有名」の万物の来源は「無名」の「道」にあると考えた。政治上は曹氏の一党に属し、高平陵の変の後に司馬懿に殺害された。

40. 杜預（222～285年）

西晋の京兆杜陵（現在の陝西省西安市東南）の人で、字は元凱。司馬昭の妹を娶って妻とした。尚書郎・河南尹・秦州刺史・鎮南大将軍・都督荊州諸軍事・度支尚書を歴任した。その任期の間に卓越した政績を挙げたことから、「杜武庫」の美称がある。孫呉を討伐して天下を統一することに力を尽くし、孫呉平定の戦争で功を挙げ、当陽県侯に封じられた。呉を平定した後、荊州で水利を興修し、漕運を開通した。晩年は儒家経典の研究に専心し、「『左伝』癖」があると自称した。『春秋左氏経伝集解』・『春秋釈例』・『春秋長暦』などの著作がある。

41. 王弼（226～249年）

曹魏の高平（現在の山東省鄒城市西南）の人で、字は輔嗣。影響力のある玄学者であり、何晏・夏侯玄らと共に、歴史上「正始の音」と呼ばれる玄学清談の風を開いた。王弼は経学を代々伝える家の出身で、深く経学の修養を備え、老荘を好んだ。そのため、両者を結合し、経学は彼の手で哲理に偏重した玄学へと変成された。『老子注』・『老子指略』・『周易注』・『周易略例』・『論語釈疑』などの著作があり、有無・本末・動静・自然と

名教の関係などについて論述した。このうち『論語釈疑』はすでに失われている。王弼は、思想面では「貴無」・「援老入儒」の儒道合一を主張した。政治面では名教は自然より出ると主張し、「君を以て民を御し、一を執り衆を統ぶ」とした。多才であったため当時の人々から感服されたが、才を恃んで傲慢であったため人々から非議された。

42. 王羲之

生没年には321～379年と303～361年の2説がある。東晋の琅邪郡臨沂（現在の山東省臨沂市北）の人で、字は逸少。王導の従子であり、太尉の郗鑒の娘婿となった。官は右軍将軍に至り、同時代の人々からは「王右軍」と呼ばれた。王述のもとで官にあることを願わず、病と称して職を辞し、会稽に居を定めた。書道に優れ、幼い頃より衛夫人に従って学び、その後多くの人から長所を吸収し、諸家の書体に精通した。特に隷書・正楷・行書に優れ、後代に書聖と尊ばれた。

43. 道安（314～385年）

十六国時代の常山郡扶柳（現在の河北省冀州区）の人で、俗姓は衛氏。12歳で出家し、田舎で労働すること3年、僅かの怨色もなかったという。後に鄴城に入って仏図澄に師事した。興寧三年（365年）に襄陽に赴き、かの地に居住すること15年、仏教の経典を整理・校閲し、仏教の教規を制定し、僧侶が釈を姓とすることを定め、仏法を弘揚した。太元四年（379年）、長安に至り、般若学の経籍を翻訳し、講授した。東晋南北朝時代において最も多くの著述を残した仏教学者である。

44. 慧遠（334～416年）

東晋の雁門郡楼煩（現在の山西省寧武県西）の人で、俗姓は賈氏。六経に通じ、老荘に精通していた。21歳で出家し、釈道安の弟子となった。当時中原は戦乱であったため、道安に従って各地を転々とした。太元三年（378年）に道安のもとを辞して廬山に向かい、東林寺に居を定めた。30年以上の間、弟子を西方に派遣して流沙に取経に向かわせ、また罽賓国の僧侶僧伽提婆の訳した『阿毘曇心経』を求め、序を作り、廬山で蓮社を結成した。後世では浄土宗の祖として奉じられた。『沙門不敬王者論』・『般若経問論序』・『明報応論』などの著作がある。

45. 鳩摩羅什（344～413年）

十六国時代の後秦の僧侶。原籍は天竺であり、父は亀茲の国相、母は亀茲の公主であった。鳩摩羅什は7歳で出家し、小乗・大乗の教義に精通していた。前秦の苻堅はその

名声を聞き、呂光を派遣して軍を率いて亀茲まで迎えさせた。しかし苻堅が淝水の戦いで敗れたため、呂光のもと涼州に18年の長きにわたり滞留した。後秦の弘始三年（401年）、姚興は人を派遣して鳩摩羅什を長安に迎え、国師の礼で待遇し、彼のために長安の西南に逍遙園を開き、鳩摩羅什はそこで仏経を翻訳・宣講した。鳩摩羅什の訳経は謹厳かつ正確であるのみならず、流暢優美であり、中国における著名な仏経翻訳家となった。翻訳した経・論は74部・384巻に及び、39部・313巻が現存する。彼が訳した観宗三論すなわち『中論』・『百論』・『十二門論』は、後世の三論宗の主要な経典となった。

46. 顧愷之（345年頃～406年）

東晋の晋陵郡無錫（現在の江蘇省に属する）の人で、字は長康、小字を虎頭といった。相次いで大司馬桓温と荊州刺史殷仲堪の参軍となり、東晋の末年に散騎常侍となった。多才多芸で、絵画の技術に極めて優れていた。人物・仏像・山水に長じ、人物を描く際には真に迫るのは目であると考え、人物画を完成させるに当たり、ある時は数年間目を描かなかったという。顧愷之には才絶・画絶・癡絶の三絶があったと伝えられている。享年は62。文集及び『啓蒙記』が世に伝わる。今に伝わる『女史箴図』は、その早期の摹本とされる。

47. 寇謙之（365～448年）

北魏の上谷郡昌平（現在の北京市昌平区東南）の人で、字は輔真。若い頃より張魯の五斗米道を信奉し、後に嵩山に入って7年間道教を修煉した。明元帝の神瑞二年（415年）、太上老君から「天師」の号を授かり、「道教を清整し、三張（張陵・張衡・張魯）の偽法を除去する」ことを命じられたと自称した。この名目のもと原始道教に改造を加え、「礼度」を主要な内容とし、礼拝・煉丹を主要な形式とし、「佐国扶民」を宣伝した。司徒の崔浩によって太武帝拓跋燾に推薦され、その支持のもと、平城に天師道場を建て、楽章を指定し、誦戒新法を打ち立て、「新天師道」と称した。また、太武帝を太平真君と呼び、自身は上天の命を受けて太平真君を補佐すると称した。拓跋燾はこれを信じ、年号を太平真君に改め、こうして道教は北魏で広く流行した。

48. 陶淵明（365～427年）

潯陽郡柴桑（現在の江西省九江市西南）の人。字を元亮といい、一説に名を潜、字を淵明といい、人々から靖節先生と呼ばれた。晋の大司馬陶侃の曽孫。若い頃より高趣があり、『五柳先生伝』を著して自身になぞらえ、当時の人々から実録と呼ばれた。初めは東晋の江州祭酒に任じられ、後に鎮軍・建威参軍及び彭澤令となった。郡の派遣した督郵が

県にやって来た際、吏は束帯してこれを迎えるよう言ったが、陶淵明は僅か五斗の米のために腰を折ることを願わず、その日のうちに印綬を解いて職を去り、『帰去来』を賦してその志を遂げた。宋の世では再び仕えることを肯んじなかった。著した文章には、みなその年月が題されているが、義熙以前は晋の年号が明書され、永初以降は甲子のみが記されている。「意中に景有り、景中に意有り」という田園詩を創始した。また『捜神後記』10巻を著し、文集が世に伝わっている。

49. 崔浩（381～450年）

　北魏の三朝に仕えた重臣であり、清河郡東武城（現在の山東省武城県西北）の人。字は伯淵。若い頃より文学に秀で、経史に通暁した。道武帝の天興中、給事秘書に任じられ、著作郎に転任した。書に巧みであることから、常に道武帝の左右に置かれた。明元帝の時代に博士祭酒を拝し、皇帝に経書を教授した。左光禄大夫を授けられ、従軍して謀主となり、軍国の大謀に参議した。太武帝の始光年間、太常卿を拝し、夏・北涼・柔然の討伐の計画に参与し、朝廷の儀礼を制定し、軍国の詔書を起草し、官は司徒に至った。また道教を信奉し、太武帝に天師道士の寇謙之を推挙し、廃仏を勧めた。後に命を受けて秘書事を兼任し、史職を総理し、国史の修撰を担った。史書に拓跋鮮卑の早期の歴史を記し、またこれを石碑に刻んで衢路に立てたが、鮮卑貴族たちから国の悪事を暴露し広く伝えたという罪で弾劾され、自身は殺され、一族も滅ぼされた。

50. 陸修静（406～477年）

　南朝宋の呉興郡東遷（現在の浙江省湖州市東）の人。字は元徳といい、道士。幼い頃より儒書を習い、また象緯を究めた。若い頃に家を棄てて道を修め、方外の游を好んだ。後に盧山に隠居し、教法に精通した。明帝の泰始二年（467年）、命を奉じて建康に赴き、崇虚館で道経を広く収め、真偽を弁別した。七年にまた『三洞経書目録』を選定した。南朝天師道の改革に力を尽くし、仏教の思想・儀節を吸収し、系統的な道教の斎戒儀範を創立した。死後、簡寂先生の諡号を贈られた。北宋の宣和年間に丹元真人に封ぜられた。著書に『太上洞玄霊宝衆簡文』・『洞玄霊宝五感文』・『陸先生道門科略』・『道徳経雑説』・『霊宝道士自修盟真斎立成儀』などがある。

51. 范縝（450年頃～510年頃）

　南朝梁の南郷郡舞陰（現在河南省沘陽県西北）の人で、字は子真。晋の安北将軍范汪の六世の孫。若い頃に家族をなくし、貧窮し、名儒の劉瓛に師事し、広く経史に通じた。斉に仕えて昇進を重ね、尚書殿中郎・領軍長史まで至った。その性格は耿介で、権貴

を畏れなかったため、しばしば当権者の排斥を受けた。因果を信じず、『神滅論』を著した。斉の竟陵王蕭子良は僧を集めてこれを難じたが、屈服させることはできず、高官をもって勧誘したが、動じなかった。梁の武帝の時代に中書郎・国子博士に任じられ、在官のまま死去した。文集10巻がある。著作は多くが失われ、『神滅論』・『答曹舎人』などが現存する。

52. 陶弘景（456～536年）

南朝梁の丹陽郡秣陵（現在の江蘇省南京市南）の人で、字を通明といい、自ら華陽隠居と号した。葛洪の『神仙伝』の影響を受け、幼い頃より養生の志があった。陰陽五行・天文地理・医書本草に精通していた。後に句容の句曲山に隠居し、東陽の孫游岳から符図経法を受けた。南斉末、図讖を引用して蕭衍を助けたことから、蕭衍に重んじられ、朝廷は吉凶や征討の大事があるごとに使者を遣わして彼に諮詢したため、人々から「山中宰相」と呼ばれた。死後に貞白先生の諡号を贈られた。その思想は老荘哲学と葛洪の神仙理論を源とし、儒家と仏教の観点を交え、儒・釈・道三教の合流を主張した。著書に『真誥』・『真霊位業図』・『効験方』・『肘後百一方』・『神農本草』・『天儀説要』などがある。

53. 劉勰（465年頃～532年頃）

南朝梁の東莞郡莒県（現在の山東省莒県）の人。字は彦和といい、代々京口に居住した。若い頃に家族をなくし、志に篤く学を好んだ。天監初めに奉朝請より家を起こし、官は歩兵校尉・東宮通事舎人まで至り、昭明太子蕭統に深く重んじられた。若い頃より沙門の僧祐に頼り、広く経論に通じ、仏理に長じ、建康の寺塔及び名僧の碑志の多くは彼によって撰された。後に定林寺に出家して慧地と改名し、間もなく死去した。著書に『文心雕龍』50篇があり、これは現存する中で中国最古の文学の批評と創作討論の専著である。

54. 蕭統（501～531年）

南朝梁の人。字は徳施、小字は維摩という。梁の武帝の長子で、天監元年（502年）に太子に立てられたことから、昭明太子と呼ばれている。山水を好み、文学に優れていた。当時、東宮には3万巻近くの蔵書があり、また名士たちが集い、その文学の盛は晋宋以来未曽有のものであった。彼は、常に典籍について討論し、古今について検討し、時間があれば著述に費やした。死後に昭明の諡号を贈られた。その著書に『正序』・『文章英華』及び文集20巻がある。『文選』30巻（伝世の唐・李善注本は60巻に分けられている）は、中国に現存する中で最古の文章の総集である。

（六）隋唐

1．天可汗（テングリカガン）

突厥諸部落による、唐の天子に対する尊称。唐の太宗より始まる。貞観二十年（646年）、薛延陀が亡びると、その統治から離脱した突厥別部の鉄勒諸部落は、霊州で太宗に謁見し、共同で太宗に「天可汗」の称号を奉り、また「参天可汗道（突厥－唐間の直道）」を開いて長安との往来を求めた。唐の太宗がこのように前代の帝王たちが経験したことのない「天可汗」となったのは、彼が領内の少数民族に対して開明的な政策を施行した結果である。以後、唐朝が西北諸政権の首領たちに詔を伝える際には「天可汗」の印璽が用いられた。

2．三省六部

隋唐時代から遼宋時代における最上級の中央政府機構。三省とは、中書省・門下省・尚書省を指し、六部とは、尚書省に属する吏部・戸部・礼部・兵部・刑部・工部を指す。三省はそれぞれ後漢と三国時代に形成され、その後、組織の形と権力の面でそれぞれ変遷があり、隋代に初めて整備され、画一化された。中書省は、皇帝の意向を受けて詔勅を起草することを担った。門下省は、朝臣の奏章をただし、中書の詔勅を再審査することを担い、封還（差し戻して執行を拒否すること）と駁正（差し戻して修正を求めること）を行うことができた。尚書省は、六部を総領し、詔勅などの政令の執行を貫徹することを担った。三省は分業化され、互いに制約し合い、共同で国家の大政を掌管した。唐の中葉以降、遼宋に至るまで、三省六部の権力・地位にはそれぞれ変化があり、金・元・明初に至ると一省六部のみが設けられるようになり、明の洪武十三年（1380年）以降は、六部が三省六部制に取って代わった。

3．循資格

資序（官のランク）に基づいて昇遷させる選官制度。唐初は、選官の際に資序を論じず、また州県の等級にも高低がなかった。そのため、選官の際にある者は大州大県から小州小県へ、都に近い州県から遠い州県へと遷ることがあり、また低層の州県の長官を長期にわたって務めて、遷ることができない者もいた。開元十八年（730年）、吏部尚書の裴光庭が改革を進め、州県の等級を制定し、官吏任用の際の制限を規定した。すなわち、官が高い者は選任の機会は少なく、官が低い者は多くした。また定員を満たすことを要とするのみで、賢愚を論じず、一律に官を授け、低級の官から高級官へと順に級を昇進させることとし、踰越することはできないようにした。この種の「資に循がい」昇進させる制度では、

「格」の形式が人々に公示されたため、「循資格」と呼ばれている。後代も多くはこの制度に従った。

4. 節度使
　唐代より設置され始めた地方の軍政の長官であり、朝廷から旌節（旗と竹の杖。賞罰を行う権限の象徴）を賜ったことから、この名がある。唐の高宗・武后の時代に、辺境地域に固定化された駐屯地と比較的大きな兵力を擁する軍鎮が次第に形成された。諸軍鎮の大軍区を統率する軍事長官は、睿宗の景雲二年（711年）に至り、「節度使」の職銜（職位と称号）を持つようになった。開元・天宝年間には辺境沿いに9つの節度使区が形成され、それぞれ所轄の州・軍・鎮を統領した。天宝以降は民事を管理する采訪（観察）使を兼ねることが通例となり、ここにおいて軍・民・財の権限を一身に集めることとなった。唐代後期は、内地にも多くの節度使が設置された。このうち河北三鎮の節度使は、朝廷から相対的な独立状態を保っていた。五代にはさらに多くが設置されるが、情勢に応じて廃置され、宋代の太宗の太平興国二年（977年）以降は次第に虚銜となっていった。遼・金代では、大州と節鎮に多く設置され、また部落節度使も置かれた。節度使は、元代に廃止された。

5. 藩鎮
　「藩」は保衛、「鎮」は軍鎮の意。唐の初め、辺境に軍鎮を設け、京師の防衛拠点とし、周辺の遊牧民族の侵入を鎮圧させた。玄宗の開元・天宝年間に、次第に十大軍鎮が形成され、「藩鎮」と通称され、「方鎮」とも呼ばれた。藩鎮の大きなものは十数州を統べ、小さいものも数州を有した。その長官は多くが節度使であり、軍政の大権を掌握した。唐代後期に設置された数十の藩鎮の中には、河北三鎮のように中央の命をきかず、相対的に独立したものもあった。また、現在の山東・河南・山西のいくつかの藩鎮は傲慢で制し難かったが、四川・陝西・江淮以南の藩鎮は朝廷の政令に聴き従った。藩鎮間においてもまた、或いは戦争が絶えず、或いは連合して命に抗い、割拠の情勢が形成され、それは五代十国時代まで続いた。北宋以降は、軍政の実力を備えた藩鎮が再び現れることはなかった。

6. 枢密使
　官名。唐の代宗の永泰年間（765～766年）に初めて宦官を用いて「枢密を掌らしめ」、憲宗の時代に左右の枢密使を置いた。初期はただ皇帝と宰相ら朝臣との間で文書を伝達するのみであったが、次第に地位が高くなり、両神策軍中尉と合わせて「四貴」と呼ばれ、皇帝を擁立し、宰相を任免し、軍国の要務を処理するようになった。昭宗の末年（903年）、

朱全忠が宦官を尽く誅殺し、初めて朝臣がこの職に任じられた。後梁では崇政院使と改められたが、後唐は旧に復して枢密院長官とし、その権限は宰相を抑えた。五代の枢密使は常に武官が任用されるようになり、軍事を専門的に掌る傾向が形成された。宋代に至ると、最上級の軍事長官となり、宰相と共に朝政を取り仕切った。遼・金・西夏もこれを設置したが、元代では虚職となり、元末に枢密院は次第に撤廃され、廃止された。

7. 南衙北司

　官署の別称。唐代の三省六部などの中央官署は、長安城の宮城（皇帝の居住部）の南にある皇城内に位置したため、宰相を首とする政府機構は南の衙門（役所）「南衙」と呼ばれ、後に朝官を指すようになった。一方、宦官のいる内侍省、及び使職を担う各官署はみな、長安城の皇城の北にある宮城内にあり、またその衙門の多くは「司」と呼ばれていたため、宦官が掌握する諸機構は「北司」と呼ばれ、後に宦官を指すようになった。朝官と宦官の闘争もまた、「南衙北司の争い」と呼ばれた。

8. 科挙制

　試験によって官吏を選抜する制度であり、出身や背景を問わず、公平な競争を提唱することを特色とした。南北朝時代に萌芽し、隋代より始まり、科を分けて人を挙げたことから、この名がついた。隋の煬帝は、秀才科と明経科を基礎とし、進士科を新設した。このことが、科挙制確立の指標とされる。唐朝の科挙は、常科と制科とに分かれ、及第後に出身の身分を獲得し、しかる後に吏部の試験を経て官を授かることができた。最も地位が高いのは、進士であった。宋代の科挙は、さらに完成されたものとなった。科目は進士・明経・明法を主とし、解試・省試・殿試の3級に分かれ、主に儒家の経義を試験し、及第すると官を授かった。後代は多くがこれに従い、明代に至ると童試・郷試・会試・殿試に分かれ、合格者はそれぞれ生員（秀才と俗称された）・挙人・貢士・進士と呼ばれた。進士は三甲に分かれて官を授かり、このうち第一甲の3名は、状元・榜眼・探花と呼ばれた。清も明の制度を踏襲したが、この制度は光緒三十一年（1905年）に廃止された。

9. 郷試

　科挙の試験の1段階で、通常は8月に行われることから、「秋闈」とも呼ばれた。唐宋時代には、「郷貢」と「解試」があり、州と府が主催した。金代には、県試が郷試とされ、県令が試験官を担い、合格者は府試を受験することができた。元代の郷試は通常、行省が実施した。明朝の規定では、郷試は3年に1度、8月に両京及び各省で一斉に行われた。試験は3次に分けられる。1次は四書の義3問と経義4問、第2次は論1篇、第3次は経

史策5問である。主な試験官は、皇帝自らが派遣した。各省でそれぞれ採用し、科ごとに合格者数に一定の制限があった。合格者は挙人となり、成績第1位の者は解元とされた。挙人は生涯その資格を有した。合格して挙人となった者だけが、会試に参加することができ、合格すると進士となった。挙人は、幾度も試験を受けて不合格であった場合、吏部に申請して任官することができたが、その仕途は通常の進士の昇進には及ばなかった。

10. 会試

　科挙の試験の1段階で、士子（受験生）が京師に会したことから、この名がついた。春に礼部が主催したことから、「春闈」・「礼闈」とも呼ばれた。唐宋時代には省試があり、遼代には礼部試があり、これらは後代の会試と近似している。会試の名称は金に始まり、府試に合格した者が会試に参加した。元代の会試は通常、郷試の翌年に行われた。明代の規定では、会試は3年に1度、郷試の翌年の2月9日・12日・15日の3度に分けて行われた。明初の会試は、南北に分けることなく合格者を採用していたが、洪熙元年（1425年）に、会試の合格者は南人60％、北人40％とすることが規定された。宣徳・正統年間には、南・北・中の3つに分けられ、その人数は臨機応変であった。会試の成績第1位は会元とされた。会試の合格者は、殿試に参加し、進士となった。

11. 殿試

　殿試は、科挙の試験方法の1つであり、「御試」・「廷試」・「親試」とも呼ばれる。唐の武則天が洛城殿で貢士に策問したことが、殿前試士の始まりである。宋は、殿試を士大夫の入仕の最上級の試験とした。挙人は省試に合格した後、殿試を受けることでようやく真に登科したと認められた。殿試では、1日の内に詩・賦・論題の試験が行われたが、熙寧三年（1070年）に時務策（政治の要務に関する方策を答えさせるもの）の試験に改められた。挙人が納巻した後、試巻は封彌・謄録され、試験官に送られて批閲され、等級が定められた。殿試が終わると、皇帝が唱名の儀式を主宰し、合格者は等第の高低（成績順）により本科及第・出身・同出身を授かり、釈褐授官（「褐〈粗末な服〉を釈く〈脱ぐ〉」という意から、初めて仕官すること）された。こうして中榜者（合格者）は、「天子門生」となったのである。

12. 使職差遣

　「差遣」は、ある本官が派遣され、本官の所管するものではない事務を掌管することを指す。「使職」は、「使」を名とする職銜を指す。使職差遣の出現は、唐代の中央集権強化及び社会問題が日増しに複雑化していったことと関係がある。低品官の「同中書門下三品」

を宰相としたことは、一種の「差遣」である。「差遣」としてより多く見られるのは使職であり、地方の軍政（節度使・観察使）、経済財政（度支使・塩鉄使）、宦官（枢密使・内諸司使）の3つの系統が形成された。これらの使職は固定化された官職であるが、品秩はなく、その待遇は本官の品秩によって決定された。「使職差遣」は、唐代後期に三省六部体制の一部の職掌を分割し、その発展の傾向は宋代まで続いた。

13. 門蔭（もんいん）

父祖の官位に応じて入仕の資格を取得することを指す。おおよそその起源は漢代にあり、両晋代に完備し、北朝後期に衰微した。隋唐時代に科挙制が建立された後も、科挙による入仕と並行した。唐代の門蔭制は、以下のような内容であった。一品の子は、正七品上の官を得、二品の子は、正七品下の官を得ることができた。以下同様に、従五品の子が従八品下の官を得るまでに至る。また、三品以上は曽孫まで、五品以上は孫までを蔭することができ、孫は子よりも一等低く、曽孫は孫よりも一等低い官を得ることができた。その他の爵・勲官・贈官の蔭法も、相応の規定があった。後代においてもなお門蔭入仕の道は維持されたものの、科挙制度が発展し完全なものとなるに従い、その数と地位は大幅に下降していった。

14. 朋党（ほうとう）

古代の政務において、ある種の利益のために結成された政治集団を指し、そこには蔑みの意味合いが含まれる。同様の集団の中で、通常は「小人」・「邪人」が結成したもののみが「朋党」とされる。また、その「之を言わば則ち悪むべく、之を尋ぬれば則ち迹無し」によって政治闘争における互いの攻撃の口実となった。朋党は歴代王朝で存在したが、特に漢・唐・宋・明で盛んであった。唐代では朋党の争いが幾度も発生し、そのうち最も有名なものが40年余り続いた「牛（僧孺）李（徳裕）党争」である。歴代の政治家たちは、朋党の問題に対して様々な見解を発表しており、中でも欧陽脩の『朋党論』が最も知られている。

15. 『天聖令』（てんせいれい）（附唐令）

宋代の法典。宋の仁宗は、天聖初年に詔により『令』の編修を命じた。こうして参知政事の呂夷簡らは『唐令』を底本とし、『唐令』の基礎の上に宋代の実状を斟酌して修訂を加え、また廃棄する不用な『唐令』を現行の令文の後に付し、天聖七年（1029年）に完成させ、十年に頒布し実行した。その後、『天聖令』は散佚してしまったが、1998年に浙江省寧波市の天一閣博物館が明抄本の『天聖令』の残本1冊10巻計12篇の令文を発見し

た。唐宋の『令』の本文はそれまで世に存在しなかったが、この令が宋・唐両朝の令文を含み重要な史料的価値を備えていたため、発見されるや学術界の注目する所となった。

16. 神策軍

　唐代後期における主要な禁軍（皇帝の直属軍）。もとは隴右節度使に属していたが、安史の乱後に陝州に駐屯し、衛伯玉を兵馬使、宦官の魚朝恩を観軍容使とし、後に魚朝恩の掌握するところとなった。広徳元年（763年）、吐蕃が長安に進犯し、代宗が陝州に逃れると、魚朝恩はこの軍を率いて代宗を護衛して長安に帰還し、以来禁軍となった。徳宗は文武の臣僚を信任せず、宦官に命じて左右の神策軍を分領させ、また左右護軍中尉を設けて実際にこれを掌握させ、その軍事力を15万に拡大した。宦官が神策軍を統御し、また長安城と関中地域を支配したことは、宦官集団の長期にわたる専制という局面を造成した。昭宗末（903年）に朱全忠が宦官を誅殺するに至り、神策軍は解散した。

17. 折衝府

　唐代における府兵制の主要な機関。府兵制は「軍府」を基礎組織とし、隋及び唐初は驃騎府或いは鷹揚府という名であったが、唐の太宗の貞観十年（636年）に折衝府と総称されるようになり、折衝都尉を長官とした。折衝府は、人数により3等に分けられ、府の下には団・隊・火が設けられ、兵士は衛士と通称された。折衝府の総数は600余りあり、各地に分布し、このうち3分の1が関中に置かれた。諸府の衛士は中央の十二衛及び東宮六率に分属し、平時は輪番で長安に赴いて宿営を担い、戦時は折衝都尉に率いられて出征した。折衝府は、唐初では重要な機能を備えていたが、その後、衛士の逃亡が増加し、欠員を補充できなくなり、兵がなくとも交代することとなり、遂に天宝八載（749年）に兵を発することが停止された。ここにおいて、府兵制は徹底的に破壊されたのである。

18. 宮市

　唐代、宦官が市場で宮中の日用品を買い付け、低価格での購買を強要し、民衆から物品を略奪したことを「宮市」と呼んだ。その被害が最も深刻であったのは、徳宗の貞元年間（785～805年）であった。当時、宦官は「勅使」の名義によって長安の東西両市に赴き、価格の10分の1も支払わず、また売人に物品を宮殿まで運送する「脚銭」を支払わせ、売人は往々にして手ぶらで帰ることとなった。白居易の『売炭翁』の詩には、この状況がよく描かれている。宮市は順宗の即位（805年）後に廃止された。

中国歴史名詞（六）

19. 租庸調
そようちょう

　唐朝前期に実施された賦税制度。租は穀物、調は布帛、庸は役に代えて納める絹である。北魏は均田制を実施すると共に、これに適応する租庸調制度を制定し、北斉はこれを踏襲した。隋朝は、一夫一婦が毎年租粟３石、調布１匹（４丈）或いは布１端（５丈）、綿３両或いは麻３斤を納め、丁男は１ヵ月間服役することを規定した。唐朝は、各丁が毎年租粟２石、調絹２丈（或いは布２丈５尺）、綿３両（或いは麻３斤）、を納め、20日間服役すること、服役しない場合は１日を絹３尺に換算して収取すること（「庸」と呼ばれる）を規定した。租庸調制は人丁を基本とし、唐初の自作農が一定の面積の土地を占有していたことを基礎として制定された。土地の兼併が発展するにつれ、農民は破産して逃亡し、戸籍の不実さは深刻となり、遂に780年に両税法に取って代わられた。

20. 突厥
とっけつ

　中国古代に北方と西北で突厥語を操った民族、及び彼らが建立したハン国の名称。６世紀初め、突厥は柔然が衰微してゆく機会に乗じて勢力を発展させ、552年に伊利可汗が初めて突厥ハン国を建立した。最盛期の領域は、東は遼海、西はカスピ海に至り、北はバイカル湖、南は漠北まで及んだ。583年、突厥は東西に分裂した。東突厥は、前後２つのハン国に分けられる。前ハン国は、隋末から唐初に最も強勢となり、隋の煬帝を雁門に包囲し、唐の太宗には渭水で盟約締結を迫ったが、629年に唐の将軍李靖に滅ぼされた。後ハン国は、683年前後に興起し、武周時代に北辺の大患となったが、744年前後に回紇に滅ぼされた。西突厥は、651年前後に数十万の兵を擁し、唐の庭州に進攻したが、658年に唐の将軍蘇定方に滅ぼされ、唐はその故地に２つの都護府を設置した。西突厥可汗の後裔は、742年以降は記録に見えない。

21. 回紇
かいこつ

　中国古代における北方及び西北の民族の一つであり、また彼らが建てたハン国の名称。回紇はもともと鉄勒諸部の一つであり、突厥の統治を受けていた。東突厥の前ハン国が滅亡した後、回紇は漠北を占有し、唐の冊封を受けて瀚海都督となった。744年、後突厥ハン国を攻め滅ぼし、回紇ハン国を建て、唐の封を受けて懐仁可汗となった。788年には、名を回鶻と改めた。安史の乱の際に唐を助けて両京を奪還し、その後、唐と近密に交流したため、唐の文化の影響を多大に受けた。840年前後にキルギスに滅ぼされ、余衆は一部が唐に降った他、３つに分かれて西遷し、多くの回紇ハン国を建立した。甘州回紇ハン国は、890年代に建立され、1026年以降に西夏に滅ぼされた。高昌回紇ハン国は、981年前後に建立され、13世紀初めにモンゴルに称臣した。元代では、「回紇」はイスラム教

を信奉する西域の突厥語諸部族を広範に指すようになり、高昌回紇に対してはこれを「畏兀児(ウイグル)」と呼んだ。

22. 吐蕃(とばん)

　7世紀から9世紀にチベット族がチベット高原に建てた政権で、その君主は「賛普」と号した。629年、ソンツェン・ガンポが賛普の位を継承し、チベット高原を統一し、現在のラサに都を建て、唐・インド・ネパールと友好的な交流を展開し、640年に文成公主(ぶんせいこうしゅ)を迎えた。唐の高宗・武則天の時代に、吐蕃は外に向けて兵を用い、唐の隴右の脅威となり、唐と西域を争奪した。安史の乱の際、唐が西北の精鋭兵を東方に派遣して乱を平定しようとしたため、吐蕃はその虚に乗じて隴右と河西を拠有し、さらに安西と北庭を占領し、支配域は最大となった。790年以降はその勢力は弱まり、823年に唐と会盟してラサに『唐蕃会盟碑(とうばんかいめいひ)』を立てた。846年以降、内部対立が勃発し、その政権は瓦解した。

23. 吐谷渾(とよくこん)

　青海(せいかい)及びその周辺地域で活動した民族であり、また彼らが4世紀から7世紀にかけて建てた政権の名称。唐代後期には退渾或いは吐渾とも呼ばれた。吐谷渾はもともと鮮卑の前燕(ぜんえん)の王族であり、西遷して陰山に至り、青海・甘南・川北まで勢力を拡大した。530年代から90年代初めにかけて、河汗の夸呂(かろ)が青海湖西の伏俟城に都を置き、しばしば隋との間に衝突が発生した。609年、隋は吐谷渾を大いに破り、その地に西海など4郡を置いた。隋末唐初、伏允(ふくいん)可汗が故地を回復し、絶えず辺境を侵犯したが、635年に唐の将軍李靖に撃ち破られた。663年、吐谷渾は吐蕃に滅ぼされ、その残部は東の涼州に奔(はし)り、さらに東遷して朔方・河東などの地に遷り、唐末五代には代北吐渾と称し、後に契丹の統治を受けた。

24. 靺鞨(まっかつ)

　隋唐時代に東北で活動した民族で、それ以前は粛慎(しゅくしん)・挹婁(ゆうろう)・勿吉(もっきつ)と呼ばれた。南北朝時代、勿吉各部は現在の長白山(ちょうはくさん)以北・松花江(しょうかこう)・黒竜江(こくりゅうこう)とウスリー江の広大な地域に分布し、次第に隆盛となっていった。隋代には靺鞨と呼ばれ、数十の部落があり、主なものとして粟末(ぞくまつ)・黒水(こくすい)・白山(はくさん)などがあった。黒水部は最北に位置し、勇健をもって知られ、唐の玄宗の時代にその地に黒水都督府が置かれ、その首領は李姓を賜った。粟末部は最南に位置し、比較的先進的で、隋の煬帝の時代に現在の遼寧省朝陽市に移住した。7世紀末、粟末靺鞨の首領大祚栄(だいそえい)が粟末部の貴族を主体として、渤海(ぼっかい)政権を建立した。黒水及び他の靺鞨はみな渤海に従属した。

25. 本教（ボン教）

苯教とも書く。チベット族の原始社会時代に生まれたシャーマニズムの一種で、鬼神精霊や自然物を崇奉し、祭祀と占卜を重んじた。仏教が伝わる以前、吐蕃の社会において支配的地位を占めていた。宮廷内におけるボン教のシャーマンの地位は非常に高く、朝政を左右した。7世紀以降、仏教と長期にわたって対立したが、8世紀以降は賛普ティソン・デツェンの「興仏抑本」により、勢力は次第に衰えていった。一部の教徒は次第にチベット仏教に類似する教派へと発展した。一方、仏教はボン教の儀式といくつかの神祇を吸収し、10世紀後半にはチベット仏教が形成された。

26. 禅宗

中国仏教の宗派の一つで、禅定を修習することを主とするためこう呼ばれる。参究（参禅し真理を究めること）の法により、心性の本源である仏性を徹見することを主張した。伝統的な言い伝えでは、北朝時代に天竺の僧の菩提達磨が創始したとされる。五祖の弘忍以降、神秀を中心とする北宗と、慧能を中心とする南宗に分かれた。北宗は「漸修」を主とし、南宗は「頓悟」を主とした。後に、南宗は慧能の弟子神会による弘通と唐王室の援助を経て、禅宗の正系となり、その下は潙仰・臨済・曹洞・雲門・法眼の5家に分かれた。宋代以降も世に伝わったのは臨済と曹洞の2家のみであり、また遠く朝鮮・日本に伝播した。中唐より禅宗は大いに盛んとなり、禅意は日常生活中に浸透し、宋明理学に対して大きな影響をもたらした。

27. 浄土宗

中国仏教の宗派の一つ。阿弥陀仏の浄土に往生するという法門を専修したため、この名が付けられた。東晋の慧遠が浄土宗の初祖として奉られているが、実際に浄土宗の立宗の基礎を定めたのは北魏の曇鸞であり、曇鸞の法系を継承して浄土宗を弘通したのは唐代の道綽と善導である。この宗派は『無量寿経』・『観無量寿仏経』・『阿弥陀経』を三大経典とし、西方の浄土に往生するためには、仏力を引き寄せなければならないと考え、念仏を修行方法の一つとした。修行が簡単であるため、社会で広く流行し、唐代には、日本に伝わった。宋初以降、禅宗・天台宗・律宗の学者たちの多くが浄土宗を兼修し、また浄土宗を専修する者も多かった。

28. 天台宗

中国仏教の宗派の一つ。陳・隋の間に天台山（現在の浙江省天台県内）の僧侶智顗が創始したため、この名が付けられた。『法華経』を主要経典としたため、「法華宗」とも呼

ばれる。智顗は、南北朝時代における南北宗派の対立を取り除き、統一王朝の需要に適応するために、この宗派を創立した。彼は隋代の帝王と親密であったため、推崇を受け、天台宗は隆盛を極めた。この宗派は、一切の事物は法性真如が顕現したものであり、中・仮・空の三諦の円融という観点から世界を解釈することを唱えた。その観法は「一心三観」・「一念三千」であり、「心」がなければ一切がないとした。9世紀初めには日本にも伝わったが、会昌の廃仏（845年）の後に衰微した。

29. 華厳宗

　中国仏教の宗派の一つ。『華厳経』を経典としたことから、この名が付けられた。この宗派の実際の創始者である法蔵が賢首大師と号したことから、「賢首宗」とも呼ばれる。また「法界縁起」を発揮することを旨趣としたことから、「法界宗」とも呼ばれる。後人は杜順を一祖、智儼を二祖とした。三祖の法蔵は華厳の学説を弘通し、皇帝の武則天及び多くの朝廷の貴族たちと交流して武則天の尊崇を獲得し、その著作は大いに世に広まった。その後は、四祖の澄観と五祖の宗密がいる。この宗派は、「一真法界」が宇宙万有の本であり、「円融無碍」を認識の最高境界と考える。7世紀後半には朝鮮にも伝わったが、会昌の廃仏の後に衰微した。

30. 律宗

　中国仏教の宗派の一つ。戒律（「戒」は人格を育てるための道徳規範で、「律」は仏法を正しく伝えるために守るべき規則）を研習し伝持することを主としたことから、この名がつけられた。また『四分律』に依拠したことから、「四分律宗」の名がある。この宗派の創始者である道宣が終南山（現在の陝西省西安市南）に住んだことから、「南山宗」とも呼ばれる。漢地における戒律の翻訳と受戒の実施は、曹魏の時代に始まる。唐の道宣に至り、信徒の明戒・受戒を規範とすることが宗旨となり、戒儀が制定され、戒壇が設けられ、広く著述が行われた。道宣と同時代の者として法励・懐素がおり、律宗三家と呼ばれる。後に道宣一系（南山）のみが伝承され盛んとなり、絶えることなく続いている。この宗派は、一切の諸戒を「止持（様々な悪を防ぐこと）」・「作持（様々な善を行うこと）」の2類に帰し、主要な学説は戒体論である。8世紀に、律僧の鑑真がこれを日本に伝えた。

31. 拝火教

　祆教と俗称される。ペルシャのゾロアスター教を源とする。この宗教は、世界には善と悪の源である光と闇があり、人々は悪を捨てて善に従い、光を崇拝すべきであると考え、火や光、日月星辰を敬拝した。中国に伝わった後は、火祆教・祆教・拝火教・波斯教など

中国歴史名詞（六）　103

の名称がある。おおよそ南北朝時代に新疆を経て、ペルシャ商人によって中国に伝わった。その後、神像（天神）を祈祷するという変化が見られた。唐代には、両京及び西部の諸州に多くの祆祠が建てられ、中央は薩宝府(さっぽうふ)を設けてこれらを管理した。信奉者は主に在華の胡人であった。会昌の廃仏の際に禁じられた。南宋以降は、拝火教に関する記録はまれとなった。

32. 摩尼教（マニ教）

またの名を「明教(めいきょう)」という。3世紀にペルシャ人のマニが創始した。その教義は、ゾロアスター教と仏教、キリスト教を交えたもので、「二宗三際」を宣揚した。二宗とは、光と闇である。三際とは、初際・中際・後際の三段のことであり、この三段階を経た後に、光が闇に勝利すると考えられた。武則天の延載(えんさい)元年(694年)に払多誕(フターダーン)が来朝した。これが、マニ教が中国に伝わったことを示す明確な記録である。ただし唐の朝廷は、胡人の信奉のみを許可した。この宗教は、回紇に伝わった後に大いに尊崇を受け、回紇の勢力拡大にともない、唐の長安及び多くの府州で「大雲光明寺(だいうんこうみょうじ)」と呼ばれる寺院が建立された。会昌の廃仏の際に禁じられたが、その後も民間で秘密裏に伝わり、朝廷に対する反抗闘争の宣伝や組織作りの道具とされた。

33. 敦煌文書(とんこうもんじょ)

主に1900年に甘粛省敦煌市の莫高窟蔵経洞(ばっこうくつぞうきょうどう)（現在は17窟と編号されている）で発見された、様々な文字の古写本（他に少数の刻本と拓本もある）を指す。最古のものは4世紀、最も遅いものは11世紀であり、大部分は中唐から宋初にかけて記された。文書の総数は6万点以上あり、仏典が90％を占める。仏典以外のものは、経史子集の四部書の他、貴重な史料的価値を備えたものとして、公文書・簿籍・契券・信牘・帳暦などを含む「官私文書」がある。これらの官私文書はいずれも後人の編集を経ていない一次資料である。敦煌文書は主に中国・イギリス・フランス・ロシアに収蔵されており、これらの発見により、中世の中国ないし中央アジアの歴史研究が推進された。20世紀以来、敦煌文書・敦煌石窟芸術・敦煌地域の歴史地理を対象とした学問は、敦煌学と呼ばれている。

34. 吐魯番文書(トルファンもんじょ)

新疆ウイグル自治区吐魯番の古墓葬区及びいくつかの古城、洞窟遺跡から出土した紙の写本文書。漢文を主とする他、ソグド・突厥・回紇・吐蕃文字などの文書があり、時代はおおよそ4世紀から14世紀にかけて、唐代の文書の数が最も多く、内容も豊富である。吐魯番文書はおおむね官文書・私文書・古籍・宗教関係の4類に分けられる。官文書には、

詔勅・籍帳と大量の各級軍政機構の文牒が含まれる。私文書には各類の疏・契券・遺嘱・信牘などが含まれる。吐魯番文書は主に中国・日本・ドイツに収蔵され、また21世紀以降も次々と出土しており、中国及び中央アジアの歴史を研究するための貴重な一次資料となっている。

35. 法門寺（ほうもんじ）

陝西省扶風県城の北に所在。後漢時代に初めて建てられ、唐の高祖の時代に「法門寺」と改名された。寺中に仏祖釈迦牟尼の指骨舎利を安奉していることから、唐朝皇家の寺院となった。唐朝を通じて多くの皇帝が仏骨を長安宮中に迎え入れて供奉し、中でも憲宗と懿宗による2度の供奉が最も盛大であった。僖宗が仏骨を寺院に送り返した後は、再び皇帝がこれを迎奉することはなかった。1000年後の1987年に至り、明代に建てられた宝塔が倒れたため、考古作業員たちが塔基と地宮の整理発掘を行い、仏骨舎利が再び天日を見ることとなった。これと同時に、1000点に上る精美な器物も出土した。これらの器物の大部分は、唐の懿宗と僖宗及び恵安皇太后の供養物である。

36. 孔穎達（くようだつ）（574～648年）

唐の冀州衡水（現在の河北省に属す）の出身。若い頃より隋の大儒劉焯に師事して学び、大業年間初めに科挙の明経に合格し、唐に入って秦王府の文学館学士となり、太宗の「十八学士」の一人となり、後に国子博士・国子祭酒などの職を歴任した。経学に精通し、服虔注『左伝』と鄭玄注『尚書』・『詩経』・『礼記』及び王弼注『周易』に深い造詣があり、暦算にも長じていた。『隋書』の編纂に参加し、また詔を奉じて顔師古らと『五経正義』180巻を撰した。この書は南北の経学家の見解を融合したもので、経学の注疏の定本となり、また唐代の科挙試験の経学が依拠するところとなった。

37. 劉知幾（りゅうちき）（661～721年）

唐の彭城（現在の江蘇省徐州市）の出身で、字は子玄。若い頃より文詞をもって名を知られ、進士に及第した。武周末期から唐の玄宗の初年に至るまでに、左史・鳳閣舎人・秘書少監・左散騎常侍などを歴任し、また修国史を兼任し、その期間は20年余りの長きに及んだ。開元九年（721年）に降格され、安州（現在の湖北省安陸市）で死去した。劉知幾には非常に多くの著作があったが、現存するのは『史通』のみである。『史通』には歴代の史書及びその体例の利害得失が詳述され、史書の編修は直筆を要とすることが強調されている。この書は、中国最初の史学評論の専門書であり、古代の歴史編纂学・史学史研究・史学批評学の基礎を定め、後代の史学の発展を促進する重要な効果をもたらした。

38. 一行（いちぎょう）（683～727年）

　唐の魏州昌楽（現在の河南省南楽県）の出身で、俗名は張遂といった。青年時に経史を博覧し、暦象と陰陽五行に精通した。21歳の時に官界での闘争を避けるために出家して僧となり、金剛智に師事して密宗の経典を研習し、後に唐代における密宗のリーダーとなった。開元九年に暦法改定の詔を奉じ、全国10ヵ所以上の天文観測と地上の測量を組織し、また南宮説らの測量に基づき、子午線の緯度の長さを算出した。このことは、科学史において重大な意義を備えている。一行はこの測量を経て、以前の暦法よりもさらに精密な『大衍暦』の制定を主管した。これは唐代で最も優れた暦法であり、すぐに日本にも伝えられた。『大衍暦』の構造体例と演算方法は、後代の編暦者が師法とするところとなった。

39. 鑑真（がんじん）（688～763年）

　日本に赴いて伝法した唐代の名僧。俗姓は淳于といい、揚州の出身で、江淮の間で尊崇され授戒大師となった。当時の日本の仏教は戒律が完全ではなかったため、鑑真を招聘して戒律の伝授を求めることを決定した。742年、鑑真は毅然として要請に応じた。地方官の妨害や激しい暴風のため、前後4度渡海を試みたが達成できなかった。5度目は漂流して海南島に到着し、両目を失明した。6度目（753年）に日本の遣唐使船に従って東に渡り、754年1月に日本に到着した。同年に首都奈良の東大寺に戒壇を築き、日本の僧侶に対する正規の受戒を開始した。また鑑真は、日本の律宗の始祖となった。759年に唐招提寺を建立し、763年に入寂した。弟子たちは彼の脱活乾漆像を造り、この像は今に至るまで供奉されている。鑑真は唐朝の文化を伝え広め、中日の文化交流に大きく貢献した人物である。

40. 呉道子（ごどうし）

　唐の陽翟（現在の河南省禹州市）の出身で、生没年は不詳、主に玄宗の時代に活動した。若い頃より画名があり、玄宗は彼を宮内に召し入れ、内教博士を授け、官は寧王友まで進んだ。人物・仏像・神鬼・山水・禽獣などを描くことに長け、当時の人々から「国朝第一」と称えられた。彼が寺院の壁に描いた地獄変相は、恐怖が真に迫り、これを観た屠殺業者は罪を恐れて善を修め、二度と屠殺を行わなくなったという。このことから、その仏教芸術がいかに卓越していたかが充分にうかがえる。彼の描く人物の衣服が風にたなびく様は、「呉帯当風」と呼ばれた。また焦墨痕に着色する際、わずかに染めるのみで自然に際立たせたことから、「呉装」と呼ばれた。筆の運びが絶妙であったことから、後人は彼を「画聖」と尊んだ。『天王送子図』の摹本が世に伝わる。

41. 李白（701〜762年）

　唐の錦州彰明（現在の四川省江油市）の出身で、字は太白という。一説に、祖籍は隴西にあり、砕葉（現在のキルギス共和国に属す）で生まれたとされる。若い頃より骨身を惜しまず学び、また剣術を兼習した。25歳で蜀を出て漫遊し、42歳で玄宗の召を受けて翰林供奉となり、3年後に都を離れて再び漫遊した。安史の乱の際に皇室の内部闘争に巻き込まれ、罪を得て流罪となった。晩年は漂泊し、62歳で当塗（現在の安徽省当塗県）で死去した。李白は唐代における最も偉大な詩人の一人であり、その詩作は或いは雄偉豪放、或いは清新隽永であり、想像力が豊富で言葉は誇張、歴史の典故や神話伝説を用いて感情を表現することに長け、詩の中で体現される権力者に対する見下しや、大胆に反抗する性格は、歴代の読者が最も好むところとなった。現存する詩は1000首余りに上る。

42. 顔真卿（708〜784年）

　唐の京兆万年（現在の陝西省西安市）の出身で、字は清臣という。祖籍は琅琊臨沂にあった。開元年間に進士となり、官は殿中侍御史まで進み、平原（現在の山東省陵県）太守に出任した。安禄山が反乱を起こすと、従兄の顔杲卿と連合して兵を挙げ、反乱軍に抵抗した。粛宗の時代に輾転して都に入り、刑部尚書・御史大夫を歴任した。忠貞耿直で、しばしば権臣の忌むところとなったため、地方の刺史に転任させされた。代宗の時代に尚書左丞に任じられ、魯郡公に封じられたことから、歴史上「顔魯公」と呼ばれている。徳宗の時代には、尊ばれて太子太師となった。李希烈が反乱を起こすと、宣慰（説得）のために遣わされたが、李希烈に縊り殺された。その忠烈により、「文忠」の諡号を贈られた。顔真卿の書法は荘重雄大で、力強く雄壮であり、「顔体」と呼ばれている。多くの正書・行書や碑刻が世に伝わっている。

43. 杜甫（712〜770年）

　唐の襄陽の出身で、鞏県（現在の河南省鞏義市東北）で生まれ、字は子美という。幾度か進士を受けるが合格せず、長安に居ること10年近くに及び、貧困と病に悩まされた。安史の乱の際に、鳳翔府の粛宗のもとに身を投じようと艱難辛苦をなめ尽くし、左拾遺を拝した。後に輾転して蜀に入り、成都の草堂を居とし、一度は推薦されて検校工部員外郎に任じられた。晩年は蜀を出て常居なく、湘江の舟中で病死した。杜甫は唐代で最も偉大な詩人の一人であり、その詩は現実の苦難を掲げ、国を憂い民を憂いており、歴代の読者から高く評価され、「詩史」と呼ばれた。杜甫は、芸術面では沈郁頓挫という特徴を備え、雄渾凝練で、属対精切（対仗が精確）、格調厳謹であり、律詩の最大の成果を代表する人物である。1400首余りの詩が現存する。

44. 杜佑（735～812年）

　唐の京兆万年（現在の陝西省西安市）の出身で、字は君卿という。好学博聞で、財政と吏治に精通していた。徳宗の時代に戸部侍郎判度支事に任じられ、嶺南・淮南節度使を歴任した。順宗の時代に度支塩鉄転運使を務め、国家財政を取り仕切った。憲宗の時代に司徒・同平章事を拝し、岐国公に封じられ、厚く礼遇を受けた。政治と理財の豊富な経験に基づき、30年以上を費やして『通典』200巻を撰した。この書は、上は黄帝から下は唐の玄宗時代に至るまで、食貨・選挙・職官・礼・楽・兵・刑・州郡・辺防の9門に分けて各項の制度を排列した、我が国最初の歴代の典章制度の発展と変遷を記した通史の著作であり、史学に新たな領域を開拓した。

45. 韓愈（768～824年）

　唐の河南河陽（現在の河南省孟州市南）の出身で、字は退之という。貞元八年（792年）に進士に及第し、監察御史・国子博士・中書舎人・国子祭酒・吏部侍郎を歴任し、この期間に上書の言事や仏骨を迎えることを諫めたことにより、幾度も降格された。最終的な官は、京兆尹兼御史大夫まで達した。死後、「文」の諡号を贈られ、人々からは韓文公と呼ばれた。韓愈は儒学を唱道し、仏・老を糾弾し、自らを儒家の「道統」の継承者と任じ、綱常の中で性と情を解釈した。文学の分野では、散体文を提唱し、文を以て道に載せることを主張し、古文運動のリーダーとなった。その文章の気勢は奔放であり、構造は謹厳、言葉は新奇であり、鮮明な特色を備え、唐宋八大家の第一となった。その文集が世に残されている。

46. 柳宗元（773～819年）

　唐の河東解県（現在の山西省運城市西南）の出身で、字は子厚という。貞元九年（793年）に進士に及第し、相次いで校書郎・藍田県尉・監察御史を務めた。順宗の時代に「永貞革新」に参与し、礼部員外郎に昇進した。憲宗の時代に永州（現在の湖南省零陵区）司馬に降格され、元和十年（815年）に柳州刺史となり、4年後に柳州で死去した。柳宗元は儒仏の融合を主張し、歴史の発展の「勢」を重視した。韓愈と共に古文運動を提唱し、その文章では徹底的に道理が説かれ、寓意は奥深い。その山水游記は非常に有名であり、人物伝記と寓言小品もまた特色を備えている。唐宋八大家の一人であり、文集が世に残されている。

（七）五代十国・遼・宋・西夏・金

1. 五代十国

　狭義では、五代十国の各政権のことであり、五代は5度交代した中原の政権、後梁・後唐・後晋・後漢・後周を指す。十国は、前蜀・後蜀・呉・南唐・呉越・閩・楚・南漢・南平（荊南）・北漢の10の割拠政権を指すが、十国はその「大」なる者の呼称であり、実際には他にも少なからず割拠政権が存在した。広義では、通常、唐末から北宋の建国に至るまでの歴史時代（907〜960年）を指す。黄巣起義の後、唐朝は名こそ残ったものの実際には滅びたも同然であり、藩鎮が割拠する局面が形成された。907年に朱温が後梁を建立したことで、歴史は五代十国時代に入った。960年、趙匡胤が後周に取って代わり、北宋を建立した。979年に宋が北漢を滅ぼし、晩唐以来の分裂割拠の局面がおおよそ終結した。

2. 西夏

　党項人（タングート人）によって建立された政権。唐の中和元年（881年）、拓跋思恭が夏州（治所は現在の陝西省横山区）を占拠し、定難節度使・夏国公に封ぜられ、以来代々割拠した。1038年、李元昊が建国するにあたり夏を国号とし、「大夏」と称した。また、中原の西方に位置したため、宋人からは「西夏」と呼ばれた。その統治の範囲はおおよそ現在の寧夏・甘粛・新疆・青海・内モンゴル及び陝西の一部の地域に相当する。西夏は、1227年にモンゴルに滅ぼされた。西夏の文化は、漢族の河隴文化及びチベット・回鶻の文化の影響を深く受け、積極的に儒学を発展させ、仏教を宣揚し、儒家の典章制度を備えた仏教王国を形成した。

3. 契丹

　中古に出現した中国東北地域の民族であり、東胡系に属す。北魏時代より、契丹族は遼河上流一帯で活動を始めた。唐初に、その首領が松漠府都督に任じられた。唐が滅亡すると、耶律阿保機が契丹の諸部を統一し、契丹国を建立し、後に遼と改称し、中国北方の広大な地域を統治した。最盛期の領域は、東は大海より西は流沙に至り、南は長城を越え、北は大漠まで達した。1125年、遼は金に滅ぼされた。契丹の名声は遠く伝わり、国外のいくつかの民族は、現在に至るまで中国のことを「契丹」と呼んでいる。

4. 西遼

　西遷後の遼朝の通称で、ムスリムや西洋の史籍ではカラ＝キタイと呼ばれている。遼朝が滅亡する直前、皇族の耶律大石は残部を招集し、遠く漠北まで逃れ、自立して王となり、北面南面の官属を設置した。1131年2月5日、耶律大石は登基して皇帝を称し、西遼王朝を創立した。その後、再び部を率いて西征し、高昌回鶻王国と東西両部のカラ＝ハン王朝、ホラズム朝及びカンクリ部を相次いで降伏させ、広大な領域を擁する帝国を建設し、グズオルド（現在のキルギス領内）に遷都した。1211年、モンゴルのナイマン部のクチュルクが西遼の帝位を簒奪したが、国号は変更されなかった。1218年にチンギス＝ハンのモンゴル帝国によって滅ぼされた。西遼王朝の統治は僅か87年にすぎなかったが、中央アジアの歴史において極めて重要な時代であった。

5. 党項（タングート）

　我が国古代の北方少数民族の一つで、西羌の一支に属す。記録によると、羌族の発祥地は現在の青海省東南部の黄河一帯である。漢代に羌族は大量に内遷し、河隴及び関中一帯に至った。この時のタングート族は、稼穡（農業）を知らず、草木で年を記す原始的な遊牧部落生活を営んでいた。彼らは部落ごとに分かれ、姓氏を部落の名称としていたが、有名なタングート八部が次第に形成され、このうち拓跋氏が最も強盛であった。また別の説によると、拓跋氏は鮮卑族の後裔であり、西夏の開国の君主である李元昊も鮮卑の後裔であると自称した。

6. 女真

　またの名を女直といい、中国東北地域で活動した古くからの民族である。6世紀から7世紀にかけては「黒水靺鞨」と呼ばれ、9世紀より女真と名を改めた。遼代に次第に強盛となり、生女真・熟女真・回跋の3部に分かれた。遼末、生女真の完顔部の阿骨打が各部を統一し、金国を建立した。17世紀初め、東北地域に留まった建州女真の満洲部が次第に強大となり、その首領のヌルハチが後金政権を建立した。その子のホンタイジの時代に女真各部をほぼ統一し、諭旨を発布して女真族の号を満洲に改めた。その後、満州人にモンゴル族・漢人・朝鮮族などの民族が融合し、次第に現在の満族が形成されていった。

7. 道

　行政区画の一種で、漢朝より始まる。初めは県と同級のもので、少数民族が集住する僻地に置かれた。唐初では、天下を十道に分けたが、州県の上の監察区の一種にすぎなかった。その後、しばしば増加され、唐の睿宗の景雲年間には、二十三道に達した。宋代の地

方行政区画では、「道」を「路」に改めたが、遼朝では唐朝の旧制に従って道を行政区画の一級とした。元朝の建立後、行省が行政区画となると、行省の下に道が設置され、道の下に路が設置された。明清時代では、道は省の下の軍区の通称となったが、その意味合いはやや異なるものであった。

8. 府

地方行政上の編制の単位としては、唐の開元元年（713年）12月1日に東都洛陽を河南府に改め、12月3日に雍州（隋の京兆郡）を京兆府に改めたことに始まる。唐は、国都を定めた地を府とした。宋では、唐の府・州を踏襲した。府がやや上位にあり、京師の所在地である開封府の他、北宋の宣和四年（1211年）には京府は3ヵ所、次府・府は30ヵ所となり、大郡の多くは府に昇格した。京府・次府には府尹・少尹或いは府牧が設置されたが、その他の府には設けられなかった。ただし、府の事実上の長官は知某府事であり、副官は通判府事であった。

9. 北面官

遼の官名。この制度は、遼の太祖・太宗の時代に基礎が形成され、契丹の旧官制を基礎とするもので、北面官と呼ばれ、契丹族を統制した。北面官では様々な唐の官職名が用いられたが、その意味合いは異なるものであった。北枢密院は、軍事における最上級の政策決定機構であり、また最上級の行政機関であった。北宰相府と南宰相府は共に契丹などの遊牧部族の軍政の事務を補佐し、北大王院と南大王院は、それぞれ部族の軍民の事務を掌った。この他、宣徽院や護衛府なども南北に分けられ、いずれも北面の事務を掌り、みな契丹貴族が担った。

10. 南面官

遼の官名。遼代の漢人を統治する行政機構系統であり、北面官に相対してこう呼ばれる。この制度は、遼の太宗の時代におおよそ形成され、世宗の時代に南面官の系統が次第に完備した。京城には三省・六部・台・院・寺・監が設けられ、京外には節度・観察・防御・団練などの使が置かれた。いずれも唐代の制度を模倣したものである。機構は膨大であるが、職権は軽く、北面官の権力には遠く及ばなかった。

11. 投下

遼に源流があり、投下・頭項或いは投項とも書く。モンゴル語では愛馬（アイマク）と呼ばれ、封地・采邑を意味する。遼朝の貴族は、自身が切り取り或いは分賜された土地に投下軍州を建

設し、捕虜或いは賜与された人口及び自身の奴隷・部曲を占有した。投下軍州は、政治・経済・軍事などの面で領主に従属し、また朝廷にも隷属するという二重性を備えていた。元の太祖はモンゴル国を建てた際、征服した民を諸弟・諸子・駙馬（皇帝の娘婿）・功臣に分け与えた。彼らは中原や西域で戦い、捕虜を連れて草原に帰還し、各自の私属とした。こうして多くの投下は形成されていった。投下の人々は、平時は領主にたいして賦税を納めて役に服し、戦時は領主に率いられて領外に出て戦った。

12. 斡魯朶（オルド）

　語源は古代突厥語に由来し、宮帳・宮殿を意味し、また斡耳朶・斡里朶・窩里陀とも書く。遼の太祖以来、各帝や太后ら執政者はみなオルドを置いた。遼代に設けられたオルドは、計12宮1府があった。オルドは、その宮廷を指し、また私属の宮衛騎軍のことも指す。これは、宮戸と奴隷、州県から構成される独立した軍事と経済の単位であった。その職務は主に、在位中の帝・后に奉侍することで、帝・后の死後には陵寝を守り、また後継者である帝・后に引き続き掌握され、用いられた。宮衛騎軍は、近衛の身分をもって皇帝を護衛し、皇帝権力を守る責任を負い、宮戸の中心を構成した。宮戸は、また宮分戸とも呼ばれ、正戸（契丹人）と蕃漢転戸（契丹人以外の各族の人々）が含まれた。宮戸は、代々宮籍に登記され、離脱することはできなかった。オルド制は皇帝権力を強化し、耶律氏の統治を護るために重要な効果を発揮し、後のモンゴル人のオルド・ケシク制度に直接的な影響を及ぼした。

13. 猛安謀克（もうあんぼうこく）

　猛安謀克は、もともと女真族の部落が戦時に実施した軍事編制であり、阿骨打が挙兵した後、女真族及び早期に金朝に服属した　部の奚人（けい）・契丹人の社会基層組織となった。猛安謀克戸は、平時は生産活動に従事し、戦時は軍隊に編制され、出征した。金の統治者は、これらの猛安謀克を華北及び中原地域に遷した後、屯田軍と呼んだ。屯田軍寨の官府は、漢人を統治する州県の官府と並行し、統属関係にはなかった。屯田軍戸は、一方では土地を耕して自給し、一方では私塩（しえん）を巡捕し、常時付近の人民の反抗闘争を鎮圧する準備を整えていた。

14. 榷場（かくじょう）

　遼・宋・西夏・金の政権がそれぞれの境界に設置した互市（ごし）市場を指す。中原及び江南地域から北方に向けての輸出品は、農産品と手工業製品及び海外の香薬の類が主であった。遼・金・西夏から南方に向けての輸出品は、家畜・毛皮・薬剤・珠玉・青白塩（せいはくえん）（黄河オル

ドスの内陸塩湖産の塩）などであった。権場貿易は、各地域の経済交流の需要によって生み出されたものである。各政権の統治者にとっては、辺境の貿易を統制し、経済の利益を提供し、辺遠を安定させる効果があった。権場の設置は、政治関係の変化によって興廃があった。権場貿易は、政府の厳しい統制を受け、政府は貿易の優先権を有した。

15. 二税戸(にぜいこ)

遼代の投下軍州に所属する人戸であり、領主に依附し、また国家にも従属し、領主と国家に対して同時に賦税を納入したため、二税戸と呼ばれた。遼代の皇帝・貴族はしばしば民戸或いは所属する人戸を施舎として大量に寺院に賜った。これらの民戸が納めるべき賦税は、半分が寺に納められ、半分が官に納められた。そのため、二税戸或いは寺院二税戸と呼ばれた。遼の滅亡により、投下軍州制は存在しなくなり、投下の二税戸も消滅したが、寺院二税戸の名目は金でも継承された。遼金交替の混乱の情勢の中、金の政府はこの種の二税戸のうち証明書を提出できるものを放免して民とすることを規定した。

16. 坊郭戸(ぼうかくこ)

唐代以来、都市の住民は坊郭戸と呼ばれた。宋代の坊郭戸は、州・府・県城と鎮市に居住する民戸と、一部の州・県近郊の新たな居住区いわゆる草市に居住する民戸を含む。宋朝は不動産の有無に基づき、坊郭戸を主戸と客戸に分け、また財産或いは不動産の多少に基づき、坊郭戸を10等に分けた。坊郭上戸には地主・商人・地主兼商人・富裕な不動産主などがあり、坊郭下戸には小商小販・手工業者・貧苦の秀才などがあった。宋朝の法律規定によると、坊郭戸は労役を負担し、屋税・地税などの賦税を納めなければならなかった。

17. 西夏文字(せいかもじ)

蕃文或いは蕃書とも呼ばれ、西夏のタングート族が創始し、使用した文字である。漢字を模倣した構造を持ち、楷・篆・行草などの書体があり、文字は画数が多く、形態は方整である。元代でも使用され、河西字と呼ばれた。印本・碑刻・官印・銭幣などの文字が伝世しており、黒山城（現在の内モンゴル自治区カラホト）では大量の西夏の文献が発見された。

18. 契丹文字(きったんもじ)

契丹文字には、契丹大字と契丹小字という異なる2つの類型の文字が含まれる。神冊五年(920年)、耶律魯不古(やりつるふこ)と耶律突呂不(やりつとつりょふ)が計3000字余りの契丹大字を創始(しんさく)した。契丹小字は、

後に耶律迭剌が創始したもので、初歩的な表音文字の段階に発展していた。これら両種の契丹文字は、遼代に漢字と並行して用いられた。遼が滅びて金が興ると、契丹文字は女真文字・漢字と並行して金朝の領域内で用いられた。明昌二年（1191年）、金の章宗完顔璟は明文をもって契丹文字の廃止を指示し、契丹文字は金朝の領域内では途絶えた。ただし、中央アジアの河中地域の西遼では引き続き使用された。明代に至ると、契丹文字を理解する者はいなかったという。

19. 女真文字

女真文字は、12世紀の金国建立後まもなくして創始され、漢字と共に官用文字として用いられた。女真文字には大字と小字の2種がある。大字は、金の太祖完顔旻が完顔希尹と葉魯に命じて創始させ、天輔三年（1119年）に発布施行された。小字は、熙宗の天眷元年（1138年）に発布され、皇統五年（1145年）から使用を開始した。元が金を滅ぼすと、金国の人民は、女真族を含めてモンゴル人から漢人と見なされ、再び女真文字を使用することはなかった。元朝以降、女真語には大量の外来の言葉が溶け込んだ。

20. 蔵伝仏教（チベット仏教）

チベット仏教は、蔵語系仏教とも呼ばれ、ラマ教と俗称される。仏教がチベット地域に伝わった後、現地の宗教の要素を大いに吸収して発展した教派である。7世紀に始まり、9世紀中葉にいわゆる「ランダルマの廃仏」で一度禁絶された。100年後、仏教が西康地域と衛蔵地域に再び伝わり、チベット仏教も再興した。ランダルマの廃仏以前に仏教がチベットに伝播した時代はチベット仏教の「前弘期」と呼ばれ、その後は「後弘期」と呼ばれている。11世紀より、次々と各種の分派が形成され始め、15世紀初めにゲルク派が形成されるに至り、チベット仏教の分派が最終的に定まった。主要な教派として、ニンマ派・カダム派・サキャ派・カギュ派の前期四大派と後期のゲルク派などがある。

21. 浙東学派

狭義の浙東学派は、現在の紹興・寧波・台州一帯の学者たちが発展させた学術を指し、明清時代に盛んとなったもので、その源流は両宋時代に遡ることができる。学者の出生地及び活動範囲は、多くが寧紹（現在の寧波・紹興）地域であり、浙江の東部（古えの銭塘江を境界とした）に当たるため、こう呼ばれた。陽明学派及び浙東史学がこの中に含まれる。広義の浙東学派は、狭義の浙東学派及び宋代の浙中地域の呂祖謙を代表とする金華学派、陳亮を代表とする永康学派、浙南地域の葉適を代表とする永嘉学派など、浙江省のその他の地域における学派を含む。金華・永康・永嘉の3学派は、浙東事功学派と総称

され、学問の研究は経世致用のためにあると提唱し、理学派の性命・義理の空談に反対した。

22. 全真教

　　全真道或いは全真派とも呼ばれ、両宋交替期に王重陽が陝西の終南山で創始した。金代に興起した北方の3つの新道派の中で最大かつ最重要の一派である。この派は儒・仏の一部の思想を汲み取り、三教一致を唱えた。元の太祖の時代、丘処機が招請に応じて西域で太祖に謁見し、礼遇を受け、道教を掌管する命を受けたことで、全真教は最盛期に入った。その後の発展の中で仏教との対立が生じ、2度にわたって行われた僧道の大弁論の際には、全真教はいずれも敗れ、深刻な打撃を受けた。明代では、朝廷が正一道を重視するようになったため、全真教は相対的に弱体化し、清代に入って以降はさらに衰微した。

23. 大道教

　　金朝の皇統年間（1141〜1148年）に劉徳仁が創始した。劉徳仁は、忠君孝親、誠以待人、清浄無邪、安貧楽道、力耕而食、量入為用、不盗窃、不飲酒、不驕盈を主な内容とする九条戒法を門徒に伝習した。その教義は平易で修業も簡便であったことから、一時期に広く流行し、多くの人々に信仰された。この教派は、金朝で一度禁じられた。元の憲宗の時代に至り、統治者の寵信を獲得し、「真大道」と改称した。元代以降は次第に衰微し、或いは全真教に吸収された。

24. 太一教

　　太一教は、太乙道・太一道とも呼ばれる。金の熙宗の天眷年間（1138〜1140年）に蕭抱珍によって創始され、元代に至り、正一教を吸収した。太一教の名称は、この教派が太一神を崇奉していたことによる。太一教は符水祈禳を主事としたが、内煉も重視した。これは、心霊湛寂・沖虚玄静の内修功夫を本とし、符録を補とし、両者を並行しても矛盾しないとするものであり、同時期の神霄・清微諸派の特徴と一致する。太一教は『道徳経』を遵奉し、また儒学の影響を受け、忠孝などの綱常倫理を重視した。太一教は200年にわたって伝わり、元代においてもなお統治者たちの礼遇を受けた。

25. 宋学

　　いわゆる宋学とは、中唐・晩唐における儒学の復興を先導とし、韓愈・李翺によって儒学思想が外から内に向けられ、また、仏教と道教を助けとして儒学の理を証することが始められ、両宋の多くの理学者たちの共同の努力を通じて創建された、中国封建社会後期に

おける最も精緻で、最も完成された理論体系である。この思想体系は、儒家の礼法と倫理を核心とするが、仏道思想の精粋と融合したことから原始儒学とは区別され、新儒学と呼ばれる。清代に至り、考証学が盛んとなると、清の儒学者たちは漢儒を尊重し、宋儒たちの空疏解経の弊害を意のままに批判し、これを「宋学」と呼び、「漢学」と区別した。

26. 関学（かんがく）

いわゆる「関学」とは、関中（かんちゅう）の学であり、地域的な観点からこう呼ばれる。「関学」は、北宋の慶暦（けいれき）の際の儒学者である申顔（しんがん）・侯可（こうか）によって萌芽し、張載（ちょうさい）によって正式に創始された。張載が「横渠先生」と呼ばれたため、「横渠の学」という呼び名もある。張載は「気」を本とする宇宙論と本体論の哲学思想を提起した。また、「民胞吾与」という倫理思想を提起し、仏教と道教の思想に対する批判の立場を確立した。関学は、特に「通経致用」（つうけいちよう）を強調し、『礼』学を非常に重視し、法律・兵法・天文・医学など各分野の問題を研究することを重んじた。

27. 洛学（らくがく）

洛学は、通常、北宋の儒学者である程顥（ていこう）・程頤（ていい）が開いた理学の学派を指す。以前は、邵雍（しょうよう）の学を洛学に帰する研究者もいた。二程（にてい）の「洛学」は、「伊洛の学」（いらく）とも呼ばれる。二程は共に周敦頤（しゅうとんい）の業を受け、「理」の哲学分野を提起した。洛学は儒学を核心とし、仏・道をその中に浸透させたものであり、その本旨は哲学の面から「天理」と「人欲」の関係を論証し、人々の行為を規範化し、封建的秩序を守ることにあった。二程洛学は保守的で唯心的であるが、弁証法的な要素も含んでいた。洛学は、宋明理学の基礎を定めたとして、中国哲学史において重要な地位にある。

28. 新学（しんがく）

北宋の神宗の時代に王安石（おうあんせき）が創立した学派であり、一般的には荊公新学（けいこうしんがく）と呼ばれる。新学の基礎は宋の仁宗後期に形成され、王安石の執政後、学官を設けて経義を研究したことから、多くの者がその事に参与し、またその学派の人となり、こうして新学は政府の学となった。『三経新義』（さんけいしんぎ）と『字説』（じせつ）ないし「新学」の人物による経学の著作は、みな科挙試験の場で通行し、学生たちの手本となった。新学は、北宋後期において最大勢力を擁する学派であったと言える。南宋以降、王安石の新法が否定され、程朱理学（ていしゅりがく）が思想学術の主流となるにつれ、新学は「異端邪説」とみなされるようになり、貶められ、否定された。

29. 理学
　宋元明清時代の哲学思潮であり、道学とも呼ばれる。理学は、北宋で生まれ、南宋と元・明の時代に流行した。清の中期以降は次第に衰微したが、その影響は近代まで続いた。広義の理学は、天道性命の問題を討論することを中心とする哲学思潮を広範に指し、各種の学派を含む。狭義の理学は、程顥・程頤・朱熹を代表とする、理を最高の範疇とする学説、すなわち程朱理学を指す。理学は北宋以降の社会・経済・政治の発展における理論であり、中国古代哲学が長期にわたって発展してきた結果であり、特に仏・道哲学を批判しまた吸収したことによる直接的な産物である。

30. 花間派
　五代十国時代の後蜀の趙崇祚が唐末五代の詞人十八家の作品500首を選録して『花間集』を編纂した。彼らの詞風はおおよそ近く、後世に花間派と呼ばれた。温庭筠と韋荘が代表的な作家であり、2人は共に艶情離愁（男女の情愛と別離の哀しみ）を描くことに重点を置き、温の詞は穠艶華美で、韋の詞は疏淡明秀である。その他の詞人の多くは温・韋の余風を踏襲し、内容は多くが男女の燕婉に限定された。僅かな亡国を悼む作品と辺塞詞の他、花間詞には思想の面で取るべきところはないが、その言葉は富艶精工で、芸術面での成果が高く、後世の詞作に大きな影響をもたらした。

31. 唐宋八大家
　唐宋八大家は、唐宋時代における散文を代表する8人の作家の総称であり、唐代の韓愈・柳宗元と宋代の欧陽脩・蘇洵・蘇軾・蘇轍・王安石・曽鞏をいう（唐二家と宋六家に分けられる）。韓愈と柳宗元は唐代の古文運動の主導者であり、欧陽脩は宋代の古文運動の主導者、三蘇ら5人もその中心人物である。彼らは型にこだわらない散文を提唱して制約の多い駢文に反対し、相次いで巻き起こした古文革新の波は、散文の古い面貌を一掃し、面目を一新させ、当時と後世の文壇に深遠な影響をもたらした。

32. 三蘇
　三蘇とは、北宋の散文家である蘇洵（1009〜1066年）と、その子の蘇軾（1037〜1101年）・蘇轍（1039〜1112年）の父子3人を指す。宋の仁宗の嘉定初年、蘇洵と蘇軾・蘇轍の父子3人は、東京（現在の河南省開封）にやって来た。欧陽脩の賞賛と推挙により、彼らの文章はすぐに世に名を馳せた。蘇氏父子は積極的に欧陽脩の唱道する古文運動に参加し、また推進し、彼らは散文の創作で高い成果を獲得し、後に「唐宋八大家」の列に入れられた。三蘇のうち、蘇洵と蘇轍は主に散文で知られ、蘇軾は散文創作の成果が非常に

豊富であるのみならず、詩・詞・書・画などの分野でも重要な地位にある。

33. 畢昇（970年頃〜1051年）

　北宋の淮南路蘄州蘄水県（現在の湖北省英山県）の出身で、一説に浙江省杭州の出身。初めは杭州の書肆の刻工（版刻の職工）であり、手刷りの印刷に専従していた。慶暦年間に膠泥を用いた活版印刷術を発明した。これは世界で最も早い活版印刷技術と考えられている。沈括が著した『夢渓筆談』には、畢昇の活版印刷術についての記載がある。活版印刷術の発明は、印刷史上における偉大な発明であり、中国古代の四大発明の一つである。これは、中国の文化と経済の発展に広大な道を開き、世界文明の発展に重大な貢献をもたらした。

34. 范仲淹（989〜1052年）

　字は希文、諡は文正といい、「范文正公」と呼ばれた。蘇州呉県（現在の江蘇省蘇州市）の出身。北宋の有名な政治家・思想家であり、軍事家・文学者である。康定年間に、西夏を防ぐ重責を担い、韓琦と名声を等しくし、当時「范韓」と呼ばれた。慶暦年間には、富弼・欧陽脩らと慶暦の新政を推進し、力を尽くして改革を主張したが、しばしば奸佞や誣謗に遭い、幾度も降職された。彼は政治を行うに清廉であり、恤民（民を憂える）の情を思い、剛直でおもねらなかった。また詩文に巧みで、晩年の『岳陽楼記』には、「天下の憂いに先んじて憂い、天下の楽しみに後れて楽しむ」という言葉があり、代々詠み継がれた。また詞も巧みであり、その著作として『范文正公集』が世に伝わる。

35. 欧陽脩（1007〜1072年）

　宋の吉州廬陵（現在の江西省吉安市）の出身。字は永叔といい、酔翁と号し、晩年は六一居士と号した。政治と文学の分野で革新を主張し、范仲淹による慶暦の新政を支持し、また北宋の詩文革新運動の主導者となった。その生涯は後進を奨励し抜擢することを好み、曽鞏・王安石・蘇洵父子らはみな彼の称賛を受けた。生涯の著作は豊富で、『欧陽文忠公集』・『六一詞』などがある。史学にも成果があり、詔を奉じて宋祁らと『唐書』（『新唐書』）を編修し、また単独で『五代史記』（『新五代史』）を撰し、金石の遺文を集めて『集古録』を著した。

36. 司馬光（1019〜1086年）

　最初の字は公実といい、後に君実と改め、迂夫と号し、晩年は迂叟と号した。光州光山県の生まれで、原籍は陝州夏県（現在の山西省に属す）涑水郷にあり、涑水先生と呼ばれ

た。北宋の仁宗の末年に志を立てて『資治通鑑』を編撰した。王安石が新政を行うと、司馬光は力を尽くしてこれに反対し、引退して洛陽に居住し、『通鑑』の編撰を継続し、元豊七年（1084年）に完成させた。元豊八年に哲宗が即位し、高太皇太后が聴政すると、司馬光を召して入京させて国政を主らせ、数ヵ月の間に新法を全て廃止し、新党を罷免した。宰相の地位にあること 8 ヵ月で病死し、温国公を追封された。その遺した書に『司馬文正公集』・『稽古録』がある。

37. 張載（1020～1078年）

字は子厚といい、北宋の大梁（現在の河南省開封市）の出身で、家を鳳翔府郿県（現在の陝西省眉県）の横渠鎮に遷したことから、横渠先生と呼ばれた。嘉祐二年（1057年）に進士となり、崇文院校書・知太常礼院を授けられた。若い頃より兵法を談ずることを好み、結客して洮西の失地を奪還しようとした。群書を博覧し、その学問は『易』を宗とし、『中庸』を体とし、孔・孟を法とした。関中で学を講じたため、その学派は「関学」と呼ばれた。その著作に『正蒙』・『横渠易説』・『経学理窟』・『張子語録』・文集などがあり、後人が編纂したものとして『張子全書』（『張載集』）がある。

38. 王安石（1021～1086年）

字は介甫といい、半山と号し、諡を文といった。荊国公に封ぜられたことから、人々からは王荊公と呼ばれた。撫州臨川（現在の江西省に属する）の出身。神宗の熙寧二年（1069年）に参知政事となり、三年より 2 度、同中書門下平章事に任じられ、新法を推し進め、その政治変法は北宋後期の社会経済に深く影響を及ぼした。経学と文学の面でも際立つ成果があり、新学の創始者となり、また唐宋八大家の一人となった。その詩文は各体に長じ、詞も作品数は多くないものの、名作の『桂枝香』などがある。『王臨川集』・『臨川集拾遺』が現存する。

39. 二程

北宋の思想家であり教育者である程顥（1032～1085年）と程頤（1033～1107年）を併せた呼称。2 人は嫡親（同父母）の兄弟であり、河南洛陽の出身で、共に黄州黄陂県（現在の湖北省紅安県）で生まれた。程顥は字を伯淳といい、また明道先生と呼ばれ、官は監察御史里行まで上った。程頤は字を正叔といい、また伊川先生と呼ばれ、国子監教授や崇政殿説書などの職を務めた。2 人は共に周敦頤に学び、宋明理学の基礎を定めた。二程の理学思想は後世に大きな影響をもたらし、南宋の朱熹が彼らの学説を継承し発展させた。彼らの著作は『二程集』に収められている。

40. 沈括（1031～1095年）

　　字は存中といい、夢溪丈人と号した。杭州銭塘（現在の浙江省杭州市）の出身。博学多才な科学者であり、天文・数学・物理学・化学・地質学・気象学・地理学・農学・医学に精通していた。また卓越した技師であり、出色の外交家であった。沈括は晩年に、生涯で見聞したことに基づいて筆記体の巨著『夢溪筆談』を撰写し、労働者の科学技術の分野における卓越した貢献と自身の研究成果を詳細に記録した。この書には我が国古代、特に北宋時代の自然科学が到達した輝かしい成果が反映されており、イギリスの学者ジョセフ・ニーダムからは「中国科学史における座標である」と称えられた。

41. 米芾（1051～1107年）

　　字は元章といい、襄陽漫士・海岳外史・鹿門居士と号した。宋の丹徒（現在の江蘇省鎮江市）の出身で、代々太原（現在の山西省に属す）に居住し、のちに襄陽（現在の湖北省に属す）に移り住んだ。彼は奇怪な性格で、石を遇して「兄」と呼び、ひれ伏してやまないなど頓狂な振る舞いがあり、人々から「米顛」と呼ばれた。徽宗は詔をもって彼を書画学博士とし、人々は彼を「米南宮」と呼んだ。米芾は詩文をよくし、書画に長じ、鑑別にたけ、書画は自ら一家を成し、米点山水を創始した。彼は「宋四書家」（蘇・米・黄・蔡）の一人に数えられ、またその第一であり、書体は瀟散奔放で、法度に謹厳であった。

42. 岳飛（1103～1142年）

　　字は鵬挙といい、北宋の相州湯陰県（現在の河南省安陽市湯陰県）の出身。中国史上に有名な戦略家・軍事家であり、民族英雄であり、抗金の名将である。彼が率いた軍は「岳家軍」と呼ばれ、人々に流伝した「山を撼かすは易く、岳家軍を撼かすは難し」という民謡は、岳家軍に対する最高の讃誉を示している。紹興十一年（1141年）12月29日、秦檜は「莫須有（あったかもしれない）」という罪名で岳飛を臨安（現在の杭州市）の風波亭で毒殺した。南宋の孝宗の時代に詔によって復官し、武穆の諡号を贈られた。寧宗の時代に鄂王を追封され、改めて忠武の諡号を贈られた。『岳武穆集』が世に伝わる。

43. 鄭樵（1104～1162年）

　　字は漁仲といい、南宋の興化軍莆田（現在の福建省莆田市）の出身で、夾漈先生と呼ばれた。科挙は受けず、終生学術の研究に従事し、経学・礼楽の学・言語学・自然科学・文献学・史学などの分野で成果を挙げた。その著作は80種余りに上り、今に伝わるものに限っても『夾漈遺稿』・『爾雅注』・『詩辨妄』・『六経奥論』・『通志』などがある。『通志』は彼の代表作であり、生涯の著作の択要である「二十略」が収録されている。このうち

『昆虫草木略』は、植物と動物を専門的に論述した中国古代における重要な文献である。

44. 朱熹（1130～1200年）

字は元晦、或いは仲晦といい、晦庵と号した。祖籍は南宋の江南東路徽州府婺源県（現在の江西省婺源県）にあり、南剣州尤渓（現在の福建省三明市）に生まれた。政治に携わっていた期間には、勅令を明らかにし、奸吏を懲らしめ、顕赫たる治績を上げた。朱熹は宋代理学を集大成した人物であり、北宋の程顥・程頤の理学を継承して理気一元論の体系を完成した。朱子と呼ばれ、孔子・孟子以来の最も傑出した儒学弘揚の大師である。その著作は非常に多く、主なものとして『四書章句集注』・『楚辞集注』及び門人が集めた『朱子大全』・『朱子語録』などがある。

45. 袁枢（1131～1205年）

建寧府建安（現在の福建省建甌）の出身で、字は機仲。彼は『資治通鑑』を再編集し、事目を区別し、分類編纂し、事件ごとに表題を立て、年代ごとに順序立て、『通鑑紀事本末』を著し、紀事本末という新たな歴史記録の体例を創始した。この体例は、紀伝と編年の両者の長所を兼ね備えているため、後世に極めて大きな影響をもたらし、明清両代に多く模倣された。袁枢の史才は世に推奨され、史徳も人々から敬慕された。袁枢が国史編修官を兼任して国史伝を編修していたとき、（政治家の）章惇が同郷の誼により、家人に命じて自伝を送り、潤色するよう求めたところ、袁枢は厳しい言葉でこれを拒否した。当時の人々は「古えの良史に愧づること無し」と嘆じたという。

46. 馬端臨（1254～1323年）

字は貴与といい、饒州楽平（現在の江西省楽平市）の出身。南宋の度宗朝の宰相であった馬廷鸞の子。家学を継承し、20年余り精力を注いで史学の巨著『文献通考』384巻を完成させた。その書は杜祐の『通典』にならって、古今を貫き、歴代の典章制度を通じ、広く考察を加えたものである。この書に掲載された宋の制度は最も詳細に備わり、多くは『宋史』の各志にも載せられていないものであった。南宋の滅亡を経験し、南宋統治者の腐敗に対してしばしば憤慨の批評を行った。他に『多識録』153巻、『義根墨守』3巻、『大学集録』などの書があったが、いずれも失われてしまった。

47. 文天祥（1236～1283年）

吉州盧陵（現在の江西省吉安市）の出身で、字は宋瑞、または履善といい、文山と号した。宝祐四年（1256年）に首席で進士となった。文天祥は忠烈によって後世にその名が

伝えられている。（宋の滅亡後、）彼が捕虜となると、元の世祖は高官厚禄によって降伏を勧めたが、文天祥は死に臨んでも屈することなく、従容として義に赴いた。その生涯の事績は後世に称賛され、陸秀夫・張世傑と共に「宋末三傑」と呼ばれている。その著作は後人の手によって『文山先生全集』としてまとめられ、多くは忠憤慷慨の文である。詩風は徳祐後に一変し、気勢は豪放で、詩史と呼ばれている。

(八) 元

1. 四大ハン国

　大モンゴル国は、西征の過程で4つの藩属国を建立した。モンゴル軍は、1219年より3度の大規模な西征を発動した。第1次の西征は、チンギス＝ハン自らが軍を率いたもので、1225年に西征が終了すると、チンギス＝ハンは新たに占領した中央アジア・黒海沿岸・コーカサス一帯の地に、長子のジュチ、次子のチャガタイ、三子のオゴタイを分封した。第2次の西征は、オゴタイ＝ハン（在位：1229～1241年）の時代に行われ、ジュチの子バトゥが統帥に任じられた。彼はジュチの封地を基礎として、キプチャク草原を中心とするキプチャク＝ハン国を建てた。第3次の西征は、チンギス＝ハンの末子トゥルイの子モンケ＝ハン（在位：1251～1259年）の時代に行われ、モンケの弟フラグを統領とした。彼は、ペルシャ地域にイル＝ハン国を建てた。その後、元々の封地を基礎として、チャガタイ＝ハン国とオゴタイ＝ハン国が建てられた。四大ハン国は本来、統一帝国を構成する一部分であり、元の世祖フビライの時代に相次いで独立発展の道を進みはしたが、なお元朝と宗藩の関係を保持した。

2. 千戸制(せんこせい)

　大モンゴル国における、軍事と行政を一体とした社会組織。遊牧民族の十進制による軍隊編制の伝統に照らし、チンギス＝ハンはモンゴルの各部族の民衆を十戸・百戸・千戸の組織に編入した。大部分の千戸は、異なる部落の人戸を混合して編制され、元来の部落組織を打破するものであった。貴族や功臣には、世襲の千戸長・百戸長が授与された。千戸にはそれぞれ指定された遊牧地域があった。この種の社会組織は、モンゴル族の形成・発展及び国家の統一にとって重要な効果を発揮した。元朝は全国統一後も、モンゴル草原に留まったモンゴル人に対して千戸制を実施した。中原と南方に進入したモンゴル人の人戸は千戸制から離脱し、それぞれ異なる戸計に属し、大多数は軍戸の籍につけられた。

3. 怯薛（ケシク）

　大モンゴル国のハンや元朝の皇帝に近侍し、護衛と執事を担った人員。草原部落における首領の護衛兵を起源とし、モンゴル人はこれを那可児と呼んだ。チンギス＝ハンは、大中軍と呼ばれる1万人に及ぶケシクを組織し、その来源の多くは各級のモンゴル人貴族や官吏の子弟であった。その成員は、単独では怯薛歹（ケシクテイ）と呼ばれ、複数では怯薛丹（ケシクタン）と呼ばれた。以降の歴代君主のもとでも設置され、その総数は1万人

余りで維持された。彼らは4隊に分かれて輪番で入直したため、四怯薛と呼ばれた。モンゴル人の他、色目人や漢人の上層部の子弟が担うこともあった。彼らは様々な事務を管理し、雲都赤（護衛）・昔宝赤（鷹匠）・玉典赤（門衛）・速古児赤（衣服を供奉する者）・札里赤（聖旨を書写する者）など多くの名目があった。皇帝の近侍の人員として、また内廷軍官集団として、ケシクは特権を擁し、常に朝政に関与し、また政府や軍の要職に任じられた。諸王もまたケシクを持っていた。

4. 行省

行中書省の略称。元朝における最上級の地方行政区。魏晋・北朝の行台や金初の行台尚書省、金末の行尚書省など、前代において臨時に派遣された機構を淵源とする。大モンゴル国の時代、燕京と別失八里（ビシュバリク）に大断事官が設置され、漢人はこれを行省と呼んだ。また中原地域の漢人世侯にも行省を自称するものがいた。元朝は、中書省を中央の最高行政機構とし、臨時に地方で重大な軍政の事務を処理し統括する者を派遣し、行省を設置した。後にこれが次第に定型化して一種の常設機構となり、正式に行政機構として確立した。行省は、中書省すなわち都省に対して直接責任を負い、境域内の行政・軍事・財政・司法などの事務を掌管した。丞相（時によって置廃があった）、平章政事、左右の丞、参知政事などの官吏が置かれた。行省制度は、中国古代における地方行政制度の壮挙の一つである。明代に行省は布政使司に改められたが、習慣的に行省と呼ばれ、省と略称された。

5. 路

宋・金・元の地方区画。宋代の路には、転運司・提刑司・安撫司が設置され、それぞれ本路の財政・司法・軍政の事務の責任を負い、また管轄区内の州県官に対する監察の責を負った。金代の路は、正式名称を総管府路といい、計19路が置かれ、最上級の地方行政区であり、本路の行政・軍政・司法の事務を総管し、1路或いは2路ごとに財賦調度を担う転運司が置かれ、数路ごとに官吏の監察と復審刑獄を担う提刑司が置かれた。元代の路もまた総管府路とも呼ばれ、行省の下の級の行政区であり、その数は180余りの多きに達し、本路の行政・財政・司法の事務の責任を負った。路には達魯花赤（ダルガチ）・総管・同知・治中・判官などの官吏が置かれた。路は府・州を管轄した。

6. 行御史台

行台と略称される。元代の御史台（内台・中台と略称される）の出先機関として設置された。初めは江南・雲南の2ヵ所に置かれ、のちに雲南行台は陝西に移された。台院と

察院を包括し、御史大夫・御史中丞・侍御史・治書侍御史・監察御史の官秩は、内台と同じであった。江南諸道行台は、南台と略称され、建康（現在の南京市）を治所とし、江浙・江西・湖広の3行省を監察按治した。陝西諸道行台は、西台と略称され、京兆（現在の西安市）を治所とし、陝西・四川・甘粛・雲南の4行省を監察按治した。行台は、諸道の粛政廉訪司を統括する責任を負い、建言を封奏し、違枉（間違い）を指摘し、官吏を察挙し、冤罪事件の裁判を再審理した。腹里及び河南・嶺北・遼陽の3行省は、御史台の官が監察した。

7．粛政廉訪司

もとは提刑按察司といい、至元六年より次々と設置され、二十八年に更名された。元代の地方監察機構であり、憲司・監司と略称された。その管轄区は道と呼ばれ、全国で計22道あった。内道八司は御史台に直属し、江南行御史台は10道、陝西行御史台は4道を管轄した。廉訪使2名は治所に鎮座し、1道を総領したため、総司と呼ばれた。副司・僉事6名はそれぞれ数路を分掌し、定期的に出巡し、分司となった。官府の文書を審査し、官吏を察挙し、民間の利弊を調査し、重罪犯や冤罪事件を審理し、農桑を奨励することを司った。

8．宣慰司

元代の官府名。元の世祖の中統年間に初めて置かれた。初期は地方の軍政の官吏を統括する中央機構であり、監司と俗称された。後に、臨時で命を受け、地方の軍政の事務を処理したもののうち、等級の高いものが行省となり、低いものが宣慰司となった。情勢に応じて廃置され、のちに次々と合併され、或いは行省に改められた。行省制度が確立すると、宣慰司は行省の中心から遠く離れた地域或いは少数民族が集住する地域に設置された。その品秩は路よりは高く、行省よりは低かった。行省の出先機関と、省と路の間の行政機構としての職能を兼ね備え、行政・司法・理財の権限を行使した。都元帥府の肩書を加えられた者は、金虎符を佩びて軍馬を按配処置し、軍民の事務を包括的に管理した。腹里地域には行省は置かれず、宣慰司が中書省の命に直接従った。

9．腹里

元代の中書省が直接管轄した地域。行省制度の確立後、河北・山東・山西及び内モンゴルの一部の地域は腹里と呼ばれ、行省は置かれず、宣慰司・路・府は中書省に直属した。腹里の行政監察もまた、行御史台は設置されず、粛政廉訪司が御史台に対して直接責任を負った。

10. 宣政院

　元代の官府名。全国の仏教の事務を掌管し、チベット地域の僧俗・軍民の各色人（様々な階層の人々）などを統領した。もとの名称は総制院といい、元の世祖の至元元年に置かれ、初めは国師パスパが命を受けて院事を領した。至元二十五年、唐の皇帝が宣政殿で吐蕃の使臣に接見したという典故（故実）により改名された。帝師が院事を領し、2名から10名の院使が置かれた。首席の院使は通常朝廷の重臣が担い、第二院使は僧侶が担当した。各地の僧司・僧徒・仏寺の事務はみな宣政院が統括した。宣政院が管轄するチベットの地には、三道宣慰司都元帥府が設置された。各級の官吏は僧俗が併用され、官吏の選任や施政には独自の系統があり、中書省の統括は受けなかった。

11. 達魯花赤（ダルガチ）

　元朝の官職名。モンゴル語で、鎮守者の意。地方行政・軍事部門の最高監督・管理官。チンギス＝ハンの時代に初めて置かれ、その目的は新たな征服地の統治の強化にあった。元朝の統一後は、行省以下の各級の地方行政機構及び多くの管軍機構・経済部門で普遍的に設置され、通常はモンゴル人もしくは色目人が担当し、これらの機構の官吏に対する監査統括の責任を負い、また最終的な裁決権を有していた。

12. 断事官

　モンゴル語で札魯花赤（ジャルグチ）と呼ばれる、大モンゴル国及び元朝の官名。チンギス＝ハンが設置した第一ジャルグチは、大断事官と漢訳され、大モンゴル国の最高行政・司法官であった。諸王の投下にも、それぞれ断事官が設けられ、民政・刑政を処理した。オゴタイ＝ハンは、燕京とビシュバリクなどに大断事官を派遣し、一地方の民政を総攬させ、漢人はこれを行尚書省・国相・丞相と呼んだ。元に入ると、中書省・行中書省が置かれたため、再び大断事官が置かれることはなかった。元では大宗正府が設置されて専門的に司法を治め、また断事官数名が置かれ、ケシク・諸王投下・モンゴル人・色目人の案件及び漢人・南人の重要案件を審理した。中書省・枢密院にもそれぞれ断事官数名が設けられ、一般の刑事案件と軍事案件を審理した。

13. 紅巾軍起義

　元末の農民起義。起義軍の多くが紅巾で頭を包んでいたことから、紅巾軍と呼ばれ、また紅軍とも呼ばれた。起義軍の多くは白蓮教徒であり、香を焚いて拝仏したことから、香軍とも呼ばれた。至正十一年（1351年）、北方の白蓮教の首領である韓山童と劉福通らは、元朝が民夫を徴発して黄河の故道を開削した機に乗じ、潁州潁上（現在の安徽省に

属する）で蜂起し、江淮各地で次々と兵が呼応した。翌年、南方の白蓮教の首領である徐寿輝がまず帝を称した。1355年、劉福通は韓山童の子の韓林児を迎えて帝に擁立し、これを小明王と号し、国号を大宋とした。大宋軍は兵を分割して北伐を実施したが、兵力が分散されたため、戦果はなかった。また南方の起義軍では内訌（内輪もめ）が発生し、多くの武装政権が成立した。韓林児と劉福通は1366年に殉難したが、この起義は元朝の統治に深刻な打撃を与えた。

14. 蒙古族（モンゴル族）

中国の少数民族の一つ。唐代の蒙兀室韋部を起源とし、初めは望建河（現在のアルグン川）に居住した。ウイグル＝ハン国の解体後、次第にモンゴル高原へと移住し、多くの部落を形成した。彼らは遼と金に相次いで臣服し、萌古・蒙骨・蒙兀・蒙古里などと様々に表記された。チンギス＝ハンがモンゴル各部を統一し、大モンゴル国を建立し、領土を開拓する過程の中で、モンゴル語族に属する各部落、及びモンゴル化した突厥人は、次第にモンゴルを族称とする新たな民族共同体を形成していった。モンゴル族が建立した元朝は、我が国の統一的多民族国家の発展に大きく貢献した。元の滅亡後、モンゴル族は主にモンゴル高原と西域地域に分布し、内地に留まったものの多くは漢族と融合した。

15. 回回

北宋時代は回鶻を指し、南宋ではイスラム国家を指し、元代ではイスラム教徒を指し、明清時代は主に我が国の回族を指してこう呼んだ。元代に、簽発（徴発）され、或いは自ら望んで東遷した、イスラム教を信仰する中央アジア・西アジアの各族の人々、イスラム教に帰依した回鶻人、及び唐宋時代から我が国に客居していたイスラム教徒は、回回人と総称され、元代の色目人の重要な構成部分であった。長期にわたる融合の過程を経て、明代に至り正式に回族が形成された。

16. 色目

元朝では、モンゴル人以外の我が国の西北各族及び域外からやってきたユーラシア各族の人々をこう総称した。その本義は各色の名目（様々な種目）という意であり、種類が非常に多いことから名づけられた。回回・畏兀児・唐兀（タングート羌）・吐蕃・汪古・康里・欽察・哈剌魯などの諸族が含まれる。その地位はモンゴル人に次ぎ、四等制の第二等に位置した。各族の上層部は元朝の統治者たちの信任と重用を受け、政治的・経済的に高い地位を擁した。皇室・諸王・駙馬や官府のために高利貸の貿易に従事した大商人たちは、その多くが色目人を出自とした。一般の色目人は、或いは従軍し、或いは農業や商工

業に従事し、特権は持たなかった。彼らは元代の民族の交流と融合、辺境の開発、及び中外の経済的・文化的交流に貢献した。

17. 斡脱（オルトク）

モンゴル語の音訳で、原義は仲間。元代では、高利貸業を経営する官商を指した。チンギス＝ハンの時代に始まり、モンゴルの大ハン・諸王・貴族たちが資本金を出し、オルトクに委託して高利貸を行い（斡脱銭）、商業或いは海外貿易を経営させ、巨額の利益を獲得した。一部の商品は、王侯貴族が用いる奢侈品として供された。元朝の建立後、オルトクは諸色戸計の一種となり、官府を設置して管理し、また特殊な保護を提供する措置をとった。この種の貿易商人は、統治者が人民から収奪する手段となった。オルトク商人は機に乗じて公事にかこつけ、私腹をこやし、暴利をむさぼった。斡脱銭の負債は多くの民を破産させ、経済に損害を与え、深刻な社会問題をもたらした。

18. 白蓮教（びゃくれんきょう）

仏教の浄土宗（じょうどしゅう）の一派。白蓮宗・白蓮社・白蓮会とも呼ばれた。南宋初めに僧侶の茅子元（ぼうしげん）が創始した。阿弥陀仏（あみだぶつ）を崇奉し、弥陀を「諸仏光明の王」とすることを宣揚した。在家信者の斎戒念仏（さいかい）（身を清め念仏を唱える）を勧め、死後に浄土に生まれるとした。教義は平明で、修行も簡便であったことから、南宋後期に至り広く伝播した。元に入ると、堂庵が南北の各地にあまねく分布し、弥勒仏（みろくぶつ）の信仰に転じて栄えた。白蓮教徒はしばしば集団化して官府に反抗したため、元朝は幾度もこれを禁じたが、その勢力は衰えなかった。元末の農民起義のリーダー達の多くは、白蓮教徒を出自とした。韓山童は「明王出世」・「弥勒下生」を呼びかけて蜂起し、その子の韓林児は「小明王」と号した。明に入って以降は、政府によって禁止されたが、明清時代には白蓮教の秘密組織を利用した起義事件がしばしば見られた。

19. モンゴル文字

モンゴル族は、表音文字を使用した。チンギス＝ハンの時代、ウイグル人のタタ＝トゥンガがウイグル文字を用いてウイグル式モンゴル文字を創始した。元の世祖フビライの時代には、チベットの高僧パスパがチベット文字を基礎として新たな表音文字を創始した。これはパスパ文字・蒙古新字・蒙古国字と呼ばれ、元の官用文字に規定され、領内のすべての文字を訳写することができた。元の滅亡後、パスパ文字は廃止され、モンゴル族は引き続きウイグル文字を使用した。17世紀中葉、ウイグル式モンゴル文字を基礎としてトド文字が形成され、主に新疆地域で使用された。現在通行しているモンゴル文字は、ウイ

グル文字を基礎として作り直されたものである。

20.『大元通制』(だいげんつうせい)

　元朝で発布施行された総合的な法律条文。元初は、チンギス＝ハンが発布した大札撒(ジャサク)(法令)と金代の法律が併用されていた。元の世祖は至元八年に金代の律令を禁止し、二十八年に『至元新格』(しげんしんかく)を発布施行した。仁宗は令を下して歴代で発布された各種の法令文書を収集・整理し、英宗(えいそう)の至治(しち)三年にこれを発布し、『大元通制』と定名した。これは制詔・条格・断例に分かれていた。制詔は皇帝の詔令、条格は各種の令条、断例は法的効力を備えた案例集である。条格は、唐・宋・金の法律体系中の令にならい、戸令・学令・選挙・軍防・儀制・衣服・禄令・倉庫・厩牧・田令・賦役・関市・捕亡・賞令・医薬・雑令・僧道・営繕などの令目が含まれる。断例は唐・宋・金律における12篇の分類に依拠し、名例篇のみがなかった。元朝の法令体系はこうして完備された。元末に一度修訂が加えられ、『至正条格』(しせいじょうかく)と定名され、これもまた制詔・条格・断例の3つの部分を含んでいた。

21.『蒙古秘史』(もうこひし)

　大モンゴル国時代の官修の史書。原文はモンゴル語で記された。チンギス＝ハンの先祖の世系、チンギス＝ハンの若い頃の経歴及びモンゴル各部の統一、大モンゴル国の建立、対外戦争の史実、オゴタイ＝ハンの統治時代の歴史が記されている。この書は、文学の手法で歴史を講じ、モンゴル族の神話伝説が織り込まれ、言葉は生き生きとし、人物像は鮮明である。またこの書はモンゴル族の最初の史書であり、文学経典であり、貴重な史学と文学、言語学の価値を備えている。明初の翰林官(かんりんかん)は、モンゴル語文を教え学ぶという需要から、漢字でモンゴル語の原文を音写し、各語彙に漢語の注釈を加え、その題名を『元朝秘史』とした。モンゴル語の原文は散佚して久しく、現存するものは明代の漢字音写本である。

22.『紅史』(こうし)

　『紅冊』(こうさつ)とも訳される。元代のチベット語の史書であり、成書年代は1363年。作者のツェパ・クンガドルジェ(1309～1364年)は、吐蕃の貴族の出身で、1323年に蔡巴万戸長を継承し、30年近くその職にあり、後に出家して僧となった。彼はチベット仏教の発展に大きく貢献し、生前に多くの著作があり、この書が最も有名である。この書は2つの部分に分かれる。第1部では、インド古代の王統及び釈迦の世系に従い、漢地の歴代の沿革と西夏・モンゴルの王統が記述される。第2部では、吐蕃の王統及びチベット仏教の各宗派の源流・世系と関連する歴史が詳述され、高い史料的価値を備えている。『紅史』は現存

する最古のチベット語による歴史書であり、後世のチベット史学に大きな影響をもたらした。

23. 成吉思汗（チンギス＝ハン：1162～1227年）

　名はテムジンといい、モンゴルのキヤン・ボルジギン氏族の生まれ、家は代々貴族であった。大モンゴル国の建国者であり、元朝は太祖の廟号を追上した。幼い頃に父を喪い、族衆が離散したため、ケレイト部に身を投じた。後に父祖の旧部を呼び集め、金朝を助けてタタール部を征討したことで官号を賜り、勢力を次第に強大化してゆき、ケレイト部の統制から脱した。その後、モンゴル高原の強力な部族を相次いで撃破し、モンゴル各部を統一した。1206年、大モンゴル国を建立し、チンギス＝ハンの号を加えられた。この号の意味については、「海洋」・「天賜」・「強大」などの諸説がある。チンギス＝ハンは、千戸制と分封制を実施し、モンゴルの部落組織を改編し、平民と奴隷に対する統治を強化した。大規模な西征を発動し、また金朝と西夏に進攻し、元朝の統一の基礎を定めた。

24. 耶律楚材（1190～1244年）

　字は晋卿といい、湛然居士と号した。契丹人で、遼代の皇族の後裔であり、代々金の中都に居住した。金元交替期の政治家・思想家である。父の耶律履は、金の尚書右丞まで上り、彼自身も金の燕京行尚書省左右司員外郎に任じられた。金の中都の陥落後、チンギス＝ハンに召されて帳下に置かれ、文書及び占卜星象のことを掌った。オゴタイ＝ハンの即位後は、ハン廷の文書を主管し、人々から中書令と呼ばれ、朝政を補佐し、漢法を推し進め、中原地域の秩序の回復と経済・文化の発展に利のある一連の施策を提起した。オゴタイは彼の建議を採用し、モンゴル貴族が農田を改めて牧場とする企図を阻止し、また過酷な収奪を制限し、中原に十路の課税所を設置し、朝廷が官を設けて賦税を徴収し、額に応じて受封者に分配することを規定した。また彼は、儒士を保護し、任用するよう奏請した。その博学多才ぶりは詩文・音楽・地理・史学・天文暦法・医学に及び、いずれも造詣が深く、晩年は仏教学に最も専心した。『湛然居士集』が世に伝わる。

25. 胡三省（1230～1302年）

　字は身之といい、世に梅澗先生と呼ばれ、晩年は自ら知安老人と号した。台州寧海（現在の浙江省に属す）の出身で、宋末元初の著名な歴史学者。南宋末に進士となり、県令・府学教授・沿江制置司機宜文字を務めた。南宋が滅びると、隠居して出仕せず、著述に専心した。『資治通鑑』に対する研究が最も精緻であり、『資治通鑑音注』が世に名高い。この書では、史事の本末、名物の源流、地名の異同、建置の沿革、制度の損益、及び史料

の相違や先人の注釈の錯謬が挙げられ、大量の注釈と補充、考察が行われている。この作品は博大精深で、学問の研究は謹厳で、特に地理の考証に秀でており、史学史において重要な地位を占めている。注の文は、古えを評して今を論じ、内心をさらけ出す言葉が多く、民族的な気骨と愛国心に満ちている。

26. 郭守敬（かくしゅけい）（1231～1316年）

　字は若思といい、順徳路邢台県（現在の河北省に属する）の出身で、元代の著名な水利の専門家であり、天文学者である。幼い頃に家学を継承し、数学・天文・地理・水利学の質の高い教育を受けた。元の世祖フビライに拝謁して水利の建議を呈し、その才を認められて提挙諸路河渠に任じられた。その後、都水少監・工部郎中・同知太史院事・太史令兼領都水監事を歴任し、昭文館大学士兼知太史院事にまで上った。主に水利と天文に関する事務の責任を負った。大都から通州までの運河、すなわち有名な通恵河の開鑿の責任者となり、地形の変化及び水位の落差を勘案して船閘・斗門を設置し、大都の水源及び運河の水量水位の問題をうまく解決した。また王恂らと多くの先進的な天文儀器を研究し、製作し、全国の天文測量の責任者となり、南は南海にまで至った。彼が制定した『授時暦』は、当時の世界で最も精密な暦法であり、地球が太陽の周りを一周する実際の時間との差は僅か26秒であった。

27. 八思巴（パスパ：1235～1280年）

　また巴思巴・巴思八・巴哈思八とも書く。本名はロテ・ギャンツェンといい、パスパ（聖者）と号した。烏思蔵の撒思迦（現在のチベットのサキャ）の出身。元代のチベット仏教サキャ派のリーダーであった。幼い頃にラサの大昭寺に出家した。1244年、叔父のサキャ・パンディタに従って涼州に赴き、モンゴルの皇子コデンに拝謁した。1254年、フビライはパスパから灌頂を授かり、パスパを帳下に留め置いた。パスパは仏道の大弁論に参加し、博学善弁をもって勝利を獲得し、道教に深刻な損害を与えた。フビライの即位後、相次いで国師・帝師に封ぜられ、天下の釈教僧徒及びチベット地域の軍政の事務を統領した。晩年はチベットに帰った。仏教学に関する著述は30種余りに達し、このうち『彰所知論』が最も有名である。パスパはモンゴル新字も創始した。元の仁宗の時代に、詔令によって全国各路にパスパ帝師殿が建設され、祭祀が行われた。

28. マルコ＝ポーロ（1254～1324年）

　元朝の時代に中国を訪れたイタリア人の旅行家。父はベネツィアの商人で、東西を往来して商売をし、かつてフビライに謁見し、命を奉じてローマ教皇庁への使者を務めたこと

があった。1275年、マルコ=ポーロは父に従って陸路での長旅の末、元の朝廷に到来し、中国に17年間居住した。1291年頃、泉州(せんしゅう)から海路でベネツィアに帰った。中国での滞在期間、彼は官職に任じられ、幾度も命を奉じて各地に出使し、数十の都市を遊歴した。帰国後、彼は都市間の戦争に参加し、捕虜となって投獄された。獄中で自身の東方での旅行記、特に元朝の政治・制度・経済・都市・風習を含む中国での見聞を語り、獄友の作家による記録・整理を経て、出版された。この『マルコ・ポーロ旅行記』(『東方見聞録(とうほうけんぶんろく)』)は世界の名著となり、ヨーロッパの人々が東洋を理解するための扉を開き、マルコ・ポーロもまた東西交流の先駆者として歴史書に掲載された。

29. 関漢卿(かんかんけい)

号は已斎叟(いさいそう)といい、元の大都の人で、太医院戸(たいいいんこ)の出身。元代における最も著名な劇作家。金末から元の成宗の大徳(だいとく)年間に活動した。博学で文章に優れ、滑稽で智に富み、音律に通じ、歌舞をよくした。五京書会(ごけいしょかい)のリーダーとなり、日頃から歌楼酒肆・勾欄瓦舎に出入りした。制作した雑劇は記録に見えるものだけでも60種余りあり、十数種が現存している。作品の題材は広範で、風格は多様、構成の技巧は熟達し、言葉の芸術性が巧みであった。彼によって最も光り輝き、最も性格付けられて作り上げられた人物像は、底層の民衆であった。その作品には強烈な人民性があり、当時の社会的矛盾が深く掲示され、被搾取者の苦難の生活に同情し、情熱をもって労働人民の聡明な才智と反抗精神を歌頌した。代表作として『竇娥冤(とうがえん)』・『救風塵(きゅうふうじん)』などがある。

30. 王実甫(おうじっぽ)

元の大都の人。元代前期の著名な劇作家。生涯の事績は不詳。彼が制作した雑劇は、記録に見えるものとして十種余りあり、3種が現存している。代表作は『西廂記(せいしょうき)』である。この劇は、唐の元稹(げんしん)の小説『鶯鶯伝(おうおうでん)』に材を取り、金代の董解元(とうかいげん)が改編した『西廂記諸宮調(せいしょうきしょきゅうちょう)』を藍本とし、これを練り上げ加工して5本21折とした長編劇であり、主題はさらに深く掘り下げられ、婚姻の自主を提唱し、門第の観念に反対するという、強烈な反封建の意識を備えている。またその人物像はさらに鮮明で豊かであり、特に心理描写は極めて特色を備えている。この他、多くの散曲が残されている。

31. 趙孟頫(ちょうもうふ)(1254～1322年)

字は子昂(しこう)といい、松雪道人(しょうせつどうじん)と号した。湖州(現在の浙江省に属す)の出身で、元代の著名な書家であり画家。また詩文にも優れていた。南宋の宗室出身で、宋の滅亡後は家居して学問を修め、郷里に名をはせた。元の世祖の至元二十四年(1287年)、徴召に応じて

大都に至り、刑部主事に任じられ、その後同知済南路総管府事、江浙行省儒学提挙、翰林侍読学士、集賢学士、翰林学士承旨を歴任した。没後、魏国公に封じられ、文敏の諡号を贈られた。書道と絵画に優れ、書画同源を主張した。その書道は、用筆が円転流美で、骨力秀勁、世に「趙体」と称えられた。また濃い色調の細密画と水墨画の両方にも通じ、書道の筆墨の趣を絵画の中に融合させ、自らの新格を創始した。絵画では、南方の水郷を描いたものが多く、文人隠士の生活の情緒を表現することに重きを置いた、早期文人画の代表的人物である。伝世の作品に『重江畳嶂図』・『洞庭東山図』・『鵲華秋色図』・『秋郊飲馬図』などがある。

32. 黄公望（1269～1355年）

字は子久といい、一峰・大痴道人と号した。平江常熟（現在の江蘇省に属する）の出身。元代の著名な画家で、文人画の代表的人物であり、「元季四大家」の一人。幼い頃より神童と呼ばれ、童子試（科挙の受験資格である国立学校の学生になるための試験）に合格した。御史台の官吏を務めたが、連座により獄に繋がれ、出獄後は道士となり、杭州に居住し、四方の名士たちと交流した。その学問は淵博で、諸芸に通暁し、人々は彼を「海内奇士」と呼んだ。特に水墨山水画に長じていた。作品はそのほとんどが江南の秀麗な景色を表現したものである。代表作の『富春山居図』は、秋の富春江両岸の景色を描いたもので、筆遣いは簡潔ながら洗練され、構図は謹厳である。この他、伝世の作品として『九峰雪霽図』・『渓山雨意図』があり、その筆勢は雄壮で、蒼茫簡遠の境地にある。また黄公望は、五代以来の山水画の経験を総括する文を著した。彼は絵画史上に際立つ地位にあり、後世に対して大きな影響をもたらした。

（九）明

1. 『大明律』

明代の官修の律令。朱元璋は、呉王元年（1367年）、李善長・劉基らに命じて律令を議定させ、十二月に『律令』430条が完成した。洪武六年（1373年）、また刑部尚書の劉惟謙に命じて『律令』を基礎に議定させ、12編、30巻、606条とし、七年に発布した。その後、『大明律』までの間に整理と修正が施された。洪武三十年（1397年）、朱元璋は重訂を命じ、全30巻、第1巻は名例律、残りの各巻を吏律・戸律・礼律・兵律・刑律・工律の6部門に分け、合計460条とした。また他の榜文や禁令を廃止し、司法の裁決は『大明律』に基づくことが規定された。明代を通じ、『大明律』は修訂されることなく、変更するところがあれば、詔令を発布し、或いは条例を制定し、律を補完した。

2. 太廟

歴代の各王朝が帝王の先祖を祭祀するために設けた廟。明の太祖朱元璋は、呉王元年（1367年）に、南京の宮城の東南に太廟を建設し、徳・懿・熙・仁の四祖の廟を設けた。洪武八年（1375年）、これらを1つの廟に合わせ、前方に正殿、後方に寝殿9間を置き、四位牌を分置し、同堂異室の制とした。十五年、孝慈馬皇后の位牌を祀り、皇后合祀の制が定められた。永楽十八年（1420年）、北京の皇城の東南に太廟が建てられた。成化末年、憲宗の死後、寝殿の9室が満たされていたため、中室に徳祖を供奉し、懿祖以下を寝殿の後方の祧廟に奉じることとした。嘉靖十年（1531年）、太祖は中室から遷さず、他をみな祧室に遷すよう改められた。清代の太廟の制度はやや異なり、前殿11間を主殿とした。また中殿9間にはヌルハチ以下の歴代の帝后の位牌を安置し、後殿9間にはヌルハチ以前の四世の祖先を安置した。

3. 首輔

首席の内閣大学士。内閣大学士は、皇帝の政策決定を補助し、輔政の機能を備えたことから、習慣的に「輔臣」と呼ばれ、首席の大学士は、「首輔」・「元輔」・「首揆」などと呼ばれた。首輔は、通常は入閣期間が最も長く、皇帝に最も目をかけられた内閣大学士であった。明の嘉靖から万暦初めにかけて、首輔は内閣の大政を主管し、権威は非常に重く、第2位の次輔の権力は全く対抗することができず、首輔の地位をめぐる権力争いは非常に激烈となった。嘉隆年間の首輔には、厳嵩のような権勢を誇る宰相もいたが、徐階・高拱・張居正のような政治家もいた。

4. 内閣
　官署名。明清両代において皇帝の政策決定を補助した輔政機構。洪武十五年、明の太祖朱元璋は宋の制度にならい、殿閣大学士を設置して顧問とした。これが内閣の萌芽である。永楽初年、明の成祖朱棣は翰林院の官吏である解縉ら7人を選抜して文淵閣に当直させ、機密に参与させた。文淵閣は午門内の文華殿の南にあり、内廷に位置することから、内閣と呼ばれた。洪熙朝以降、内閣大学士の官秩は次第に高くなり、また皇帝の票擬（決裁の原案の作成）を行うようになり、内閣の権限は次第に重くなっていった。しかし正統朝以来、皇帝は自ら政事を行わず、内閣の票擬は内に入ると、例えば司礼監によって承旨批復（皇帝の回答〈批答〉を代理で行うこと）されるようになり、こうして内閣の権限は宦官が制するところとなった。大臣が入閣するには、例えば吏部・内閣・九卿及び科道の官吏たちの会議の推挙によっていたが、崇禎年間には、大臣が私的に結党することを防ぐため、会推から枚卜、すなわち吏部が推薦する候補の名簿から、皇帝がくじで選んで決定する方法に改められた。清は明の制度を継承し、内閣を設け、大学士は満・漢各2名、協辦大学士は満・漢各1名とし、名目上は国家の最上級の官署としたが、実際には明代の内閣のような中枢としての地位は備えておらず、政務を決まり通りに処理する機構に過ぎなかった。

5. 廷推
　明代の任官制度。大臣に欠員がでたとき、吏部によって九卿などの官が集められ、合格者数人を推挙し、皇帝に申請して選任する方法であり、官を会して推挙することから、会推とも呼ばれた。内閣大学士や吏・兵両部の尚書の職に空きがでると、九卿・五品以上の官及び科道官を集めて廷推させた。また尚書・侍郎・都御史・通政史・大理卿に欠員がでると、六部・都察院・通政司・大理寺の三品以上の官に廷推させた。外官のうち、総督・巡撫の選任にも廷推が用いられ、九卿が参与し、吏部が主管した。

6. 翰林院
　官署名。唐宋時代に翰林学士院があり、遼代に翰林院に改められ、朝廷の詔書を起草する機構となった。金では再び翰林学士院と呼ばれた。元では翰林兼国史院に統合され、また蒙古翰林院が置かれた。明初に翰林院が置かれ、詔書の起草・修史・図書などのことを掌った。長官は掌院学士であり、その下には侍読学士・侍講学士・侍読・侍講・修撰・編修・検討などの官が置かれ、みな翰林と呼ばれた。明代には、進士の第一甲の1位が翰林院修撰を授けられ、2位と3位は編修を授けられた。永楽二年（1404年）にこれが定制となり、進士のうち文学に優れた者や書に秀でた者を選抜して翰林院で学ばせ、これを

庶吉士と呼んだ。庶吉士は期間が終了すると、試験の成績が優秀な者は残留して編修・検討となり、これに次ぐものは外に出て給事・御史となった。明代の内閣大学士の多くは翰林出身であったため、翰林には儲相（宰相の倉庫）の呼び名があり、また翰林院は清要の地とされた。清は明の制度を継承して翰林院を設け、その清流もまた多くがここの出身であった。

7. 大学士

官名。すなわち内閣大学士。明の太祖朱元璋は、洪武十三年（1380年）に中書省を廃止し、丞相を廃し、十五年には宋の制度にならって華蓋殿・文華殿・武英殿・文淵閣・東閣大学士各1名を設置し、顧問としたが、間もなく廃止した。永楽初年、成祖朱棣は、翰林官を選抜して文淵閣に当直させ、機密に関与させたが、その官秩は高くなかった。仁宗朱高熾は、謹身殿大学士を増設した。嘉靖年間（1522～1566年）に殿名が改められたことから、世宗は中極殿・建極殿・文華殿・武英殿・文淵閣・東閣大学士を改めて設置した。洪熙（1425年）・宣徳（1426～1435年）以来、大学士の多くは公銜・孤銜、或いは尚書・侍郎の肩書が加えられ、品秩はすこぶる高くなり、また皇帝の票擬の権限を掌握するようになり、丞相の名こそないものの、丞相と同様の実態を備えていた。

8. 総督

官名。明代に初めて置かれた。明の正統六年、靖遠伯王驥が兵部尚書として麓川を征した際、初めて総督軍務の肩書が加えられた。このときの総督は、事案によって設置されたものであり、それが終わると撤廃された。成化以来、両広及び陝西三辺などの地では、部院の肩書を加えられた出鎮が多く、それが次第に専任となり、また総制とも呼ばれた。嘉靖中、臣下が「制」と称せなくなったため、旧称に戻し、また薊遼・漕運総督を増設した。清は明の制度を踏襲して総督を設け、それぞれ1省或いは2、3省を管轄し、軍政の事務を総理した。その職権は日に日に重くなり、地方の最高長官となっていった。雍正以降は慣例的に両江・陝甘・閩浙・湖広・四川・両広・雲貴・直隷総督が設置され、光緒末年には東三省総督が増設された。

9. 巡撫

官名。建文元年（1399年）、建文帝は侍郎の暴昭・夏原吉らを派遣して采訪使に任じ、天下を分巡させた。これが巡撫制度の萌芽である。永楽十九年（1421年）、成祖は尚書の蹇義らを派遣して天下を巡行させ、利を興し弊を除く事業を行わせた。このとき巡撫が差遣されたが、定制とはならず、官吏は各地を分巡し、事が終わると朝廷に帰還した。宣徳

年間に、巡撫は次第に専任となっていった。宣徳五年（1430年）、宣宗は于謙らを派遣して両京・山東・山西・河南・江西・浙江・湖広などの地を分巡させ、これが各省に専任の巡撫が設けられる始まりとなった。巡撫は短期間の出巡から常駐の任へと変わり、やがて皇帝の特命による重臣の専任から、地方行政官の職に近いものへと変化した。清は明の制度を継承し、巡撫を設け、省の地方長官とした。

10. 北直隷

明朝は、京師に直属する地域を直隷と呼び、十三布政使司と同じく最上級の地方行政区域とした。洪武初めに南京に都が建てられると、応天等十四府・四州直隷中書省が直隷と略称された。永楽年間に北京に都が移されると、順天等八府・二州・万全等都司を北直隷とし、南京諸府は南直隷と改称された。清初に南直隷が廃され、北直隷は直隷省に改められた。

11. 六科

官署名。明初に給事中が設置され、洪武六年（1373年）に、吏・戸・礼・兵・刑・工に分かれた給事中12名を設け、各科2名ずつとし、これを六科と総称し、相次いで承勅監と通政司に所属させた。二十四年（1391年）、各科に都給事中1名、左・右給事中各1名を設置し、本科の事務を掌らせることを定め、その下には給事中が設けられた。各科の定員には差があり、六科合計で40人であった。永楽年間、六科は一署となり、午門（紫禁城の正門）外の直房に移った。六科の官秩は高くはなく、正七品或いは従七品の官吏であったが、侍従・規諫・補闕・拾遺を掌り、六部百司の事を考査し、位は軽いものの権限は重く、都察院御史と合わせて科道官と呼ばれ、進言の責を担った。清はこれを踏襲したが、権限は大いに削減され、科ごとに六部の庶務を考査し、各衙門の文巻を取り消すことなどを担当するのみであった。

12. 東林党

明後期に東林書院で講学した人士を主体とする士大夫のグループ。万暦朝後期、顧憲成・高攀龍らの多くの正直（公正な）の官吏たちは罷免され、家居していた。万暦三十二年（1604年）、顧憲成らは無錫の東林書院を改修して講学した。彼らは講学の傍らで往々にして朝政を諷議し、朝中の官吏たちと互いに遠く呼応し、朝中に官吏の対立を引き起こした。遂には徒党を組んだため、私利私欲のために悪事を行うと濡れ衣を着せられ、東林党と呼ばれた。東林党は、対立する斉党・昆党などと、6年に1度の京官考察を利用し、互いに相手方の官吏を免職しあった。天啓年間に魏忠賢が専権を握ると、その

徒党は「東林点将録」を作って東林党に打撃を与え、また楊漣・左光斗・魏大中・顧大章・周朝瑞・袁化中の「東林六君子」を殺害した。高攀龍は逮捕される前に、自ら入水して魏忠賢の暴政に対して反抗の態度を示した。崇禎朝の初め、魏忠賢ら宦官の一党は粛清され、東林党の人々が多数起用された。

13. 郷紳

　明清時代における社会階層の一つで、士紳・紳士と近い意味を持ち、官僚と功名を獲得した士人とで構成される。明清時代、府・州・県学の生員・国子監生・挙人・進士は終生の資格であり、徭役を優免される特権を有し、在職及び退休した官吏と共に、政治的特権と経済的特権を享有する階層を構成した。郷紳の影響は大小異なり、あるものは全国的な影響力を備え、あるものは省区の名流であり、影響が最も小さい地域の名流であっても、郷村或いは集鎮の事務の中で無視できない権力を行使し、例えば地方志の編修や郷約の挙行、宗族の建設、書院の建設、橋や道路の修築、救荒などの基層社会の事務において、重要な役割を演じた。

14. 徽商

　徽州商人。徽州人の商業経営は古くまで遡ることができるが、徽商の商幇（商人集団）としての歴史は明朝中葉より始まる。徽商は単独の徽州府の商人を指すのみならず、郷族関係を紐帯として結成された徽州府商人のグループを指す。彼らは、主に塩・木材・茶・穀物・綿布・絹・墨・質入れなどの業を営み、明清時代には全国に遍く及び、江南では「徽無ければ鎮成らず」という諺があるほどであった。19世紀中葉、清政府の塩業政策の調整と上海開埠及び太平天国の運動の影響を受け、徽商は次第に衰微していった。

15. 晋商

　山西商人。明代に辺境で実施された開中法は、商人が辺鎮に糧穀を輸送することを奨励し、食塩販売の手形塩引と交換し、食塩の販売に従事させるものであった。そのため、初めは山西商人の多くは塩を主業とし、穀物・絹織物・綿花などの商品も兼営していた。明朝後期には、山西商人はすでに徽商と同様に名を馳せていた。清代入ると、晋商は北方の各民族間の貿易及び対外貿易に積極的に参入した。清朝後期、豊富な資本の蓄積を拠りどころとし、山西商人は金融業に足を踏み入れ、銭荘や票号（両替商や送金為替業）を経営した。清末に至り、近代的な金融業が勃興すると、晋商は次第に衰微していった。

16. 民変(みんぺん)

　明朝後期に広範に見られた、農村や都市における集団的な反抗運動。明朝後期、農民起義の他、城鎮内でもストライキや穀物の強奪、地方官に対する反抗或いは抗税といった暴動が発生した。史書では、これらと農村における暴動を民変と総称している。鉱監税使の横暴な重税の取り立てに反抗する城鎮の民変は、明代の顕著な特徴である。

17. 鉱監税使(こうかんぜいし)

　明の万暦年間に、命を奉じて鉱物の採掘と商業税を徴収した宦官。万暦帝朱翊鈞(しゅよくきん)(在位：1573～1620年)は銭財に執着し、万暦二十四年(1596年)に御馬監太監(ぎょばかんたいかん)の魯坤(ろこん)・承運(しょううん)庫太監(こたいかん)の王亮(おうりょう)をそれぞれ河南と直隷真定府に派遣し、鉱物を採掘させた。これが鉱監の始まりである。この後、鉱監は4度派遣された。皇帝はさらに、通州張家湾・天津・臨清・京口・儀真・東昌・蘇州・杭州・湖口など全国の重要な港口に太監を派遣して税を徴収させ、財物を集めさせた。宦官の横暴な重税の取り立ては、地方官吏や民衆の反対に遭い、各地で民変を引き起こした。万暦三十三年(1605年)、皇帝は令を下して鉱監税使を撤回した。研究者の統計によると、10年間に鉱監税使が皇帝に進奉した鉱税銀は500万両に達し、宦官が機会に乗じて私腹を肥やした銀両はさらに多かったという。

18. 黄冊(こうさつ)

　明代の戸籍冊のことで、戸籍黄冊や賦役黄冊とも呼ばれる。洪武十四年(1381年)、朱元璋は令を下して州県以下に里甲制(りこうせい)を実施し、(隣り合う)110戸を1里とし、このうちの10戸を里長とし、残りを10戸ごとに1甲とし、(それぞれ)甲首1名を設けた。同年、里甲制を基礎として、朱元璋は全国の戸口の綿密な調査を命じ、戸籍冊を編制させ、里ごとに1冊とし、各戸の人口・田土・家屋を詳細に列記させた。黄冊は4点の写しが作られ、布政使司・府・県で1点ずつ保管され、1点は戸部に呈送された。戸部に送呈された人口冊は、黄色の紙を表紙としたため、黄冊と呼ばれた。黄冊は南京に送られた後、後湖(現在の南京の玄武湖)の中心の島にある黄冊庫で保管された。黄冊は10年ごとに一度編造され、洪武十四年から、崇禎十五年(1642年)の最後の黄冊まで260年余りにわたって編纂され、ほぼ明王朝と終始を共にした。

19. 魚鱗図冊(ぎょりんずさつ)

　南宋以来の、官府が賦役を徴発するために製図された土地簿冊。その図は田畝を順に配列して描かれ、魚の鱗のようであったことから、魚鱗冊と略称される。明の洪武十三年(1380年)、朱元璋は国子生(国子監の学生)の武淳(ぶじゅん)らを派遣し、各地で土地を測量させた。

中国歴史名詞(九)

十九年、再び国子生の呂震らを派遣して両浙の府県各郷で測量を行わせた。田土冊の製図は洪武十三年より開始し、洪武二十五年（1392年）に完成した。里を単位とし、隣り合う田土を順に編号して製図し、またそれぞれの田地の名称・類別・面積・田主の姓名と四至（土地の東西南北の境界）を記録した。総図・分図があり、県・州・府ごとにまとめて一冊とされた。時間の経過にともない、魚鱗図冊に記される内容と実際の状況が合わなくなったため、明の中葉から清に至るまでしばしば修訂が加えられた。

20. 市鎮

行政の中心ではない商業集落。商品交換の需要から、唐宋以来、農村地域では非定期の市と定期市が出現し始め、また軍事的な性質を備えた鎮が、交通の便により商品交換のための集合地となった。宋代以来、市鎮が次第に出現し、明代中期以降急速に発展し、特に明清の江南地域で最も密集し、繁栄した。通常は、鎮の規模は市より大きく、市は一定の規模に達すると鎮に昇格した。市鎮は行政の運営の結果ではなく、手工業と商業の発展の結果である。明清の江南では、絹織物業の市鎮や綿織物業の市鎮など、多くの専業市鎮が形成された。江南のいくつかの大型市鎮は、その人口の規模や繁華の度合いが県城や府城を超えるほどであった。

21. 土司

すなわち土官のことで、明朝の西南の少数民族地域における世襲の地方官に対する総称であり、宣慰司・宣撫司・土府・土州など土官が握る政権機構や衙門を指す。土司制度は元朝より始まり、明朝もこれを踏襲した。土司は代々その土地を守り、その民の長となり、その職を世襲し、朝廷に対しては定期的に貢賦を交納し、時に応じて人や物を調達するなど一定の義務を負担した。

22. 三辺

延綏・寧夏・甘粛の3つの辺鎮の総称。明朝はモンゴルを防ぐため、北部辺境の長城沿いの防衛線に次々と9つの軍鎮、すなわち東から西の順に遼東・薊州・宣府・大同（山西）・延綏・寧夏・固原（陝西）・甘粛の九辺を設置した。延綏鎮は、洪武初めに設置され、成化十年（1474年）に楡林に遷された。寧夏鎮は洪武年間に始まり、永楽初めに鎮と呼ばれるようになった。甘粛鎮もまた洪武年間に設置された。弘治十年（1497年）、明朝は重臣が担う総制陝西三辺軍務を設置した。その後、設置と停止を繰り返し、嘉靖四年（1525年）に初めて定制となった。陝西三辺総督は、4鎮すなわち固原及び延綏・甘粛・寧夏の三辺鎮を管轄した。

23. 朝貢貿易

　朝貢と賞賜を形式とする貿易関係。中国古代の皇帝は、政治理念上、自身は天下共主であり、僻遠の辺境民族及び外国は自身に忠誠を尽くし、定期的に朝貢するものと考えられていた。朝貢の回数及び人数には規定があり、また入境の際には勘合を行わなければならなかったため、勘合貿易とも呼ばれた。明朝では、辺境民族及び外国が定期的に朝貢し、また大量の商品を携帯し、朝廷に対する貢品の他、残りの商品は平民との交易に用いられた。朝廷は、貢納品よりも価値の高い銀銭もしくは実物を与え、返礼とした。

24. 薩迦派（サキャ派）

　チベット仏教の教派の一つで、「花教」と俗称される。北宋の熙寧六年（1073年）、コンチョク・ギェルポ（1034～1102年）が後蔵のサキャ地方にサキャ寺を建て、この教派を創始した。13世紀中葉、第4代祖師サパン・クンガ・ゲンツェンがモンゴル王室と関係を結んだ。第5代祖師パスパが元の世祖から封ぜられて帝師となり、全国の仏教及びチベット族の地域の行政の事務を掌管した。これより14世紀中葉に至るまで、この教派はチベットに政教一致の地方政権を建立した。元の至正十四年（1354年）にパクモドゥ派に取って代わられ、勢力は衰微した。永楽十一年（1413年）、明の成祖はこの教派の主導者である昆沢思巴を「大乗法王」に封じた。

25. 格魯派（ゲルク派）

　チベット仏教の教派の一つで、「黄教」と俗称される。明の永楽七年（1409年）、ツォンカパがこの派を創始した。ゲルク派は修行を重んじ、僧人に戒律を厳守し、妻を娶らず、また農作業に従事しないよう求めた。嘉靖二十五年（1546年）、この教派で活仏転生制度が初めて実施された。万暦六年（1578年）、スーナム・ギャツォがモンゴル族トメト部のアルタン・ハンより「聖識一切瓦斉爾達喇達頼喇嘛（バジュラ・ダーラ・ダライ・ラマ）」の名号を贈られた。これがダライ・ラマの名号の始まりであり、スーナム・ギャツォはダライ・ラマ3世とされている。崇禎十五年（1642年）、ゲルク派はモンゴル族ホシュート部のグシ・ハンの兵力を借りて敵対勢力を撃破し、チベット族の社会において絶対的な優勢を獲得した。清の順治二年（1645年）、グシ・ハンはロサンチューキゲルツェンに「班禅博克多（パンチェン・ボグド）」の名号を贈与した。これがパンチェン・ラマの名号の始まりであり、ロサンチューキゲルツェンはパンチェン・ラマ4世とされている。康熙五十二年（1713年）、清廷はパンチェン・ラマ5世を「パンチェン・エルデニ」に封じた。乾隆十六年（1751年）、清廷はダライ・ラマ7世に命じてチベットの地方政権を掌管させ、この教派はチベット地域の政権を握る教派となった。

26. 噶挙派（カギュ派）

チベット仏教の教派の一つで、「白教」と俗称される。11世紀中葉、マルパが創始した。この教派は、経文の修習ではなく密宗の教義の師弟口伝を重んじ、苦行を特徴とする。カギュ派の分派は非常に多く、「四大八小」と呼ばれている。このうちパクモドゥ派は、元・明両朝の勅封のもと、サキャ派を継いで衛蔵地方の政権を握った（1354～1618年）。カルマ派の主導者は、永楽五年に明から「大宝法王」の封号を受け、これはチベット仏教の各教派の主導者の中で最上位の封号であった。17世紀中葉にゲルク派が勢力を獲得した後は、カギュ派の勢力は衰微し、カルマ派・ディグン派・ツェルパ派・タクルン派などの支流が伝えられているのみである。

27. 『永楽大典（えいらくたいてん）』

永楽年間に編纂された官修の類書。永楽元年(1403年)、解縉（かいしん）が命を奉じて編纂を担当し、147人が参加し、完成した当初は『文献大成』と名付けられた。しかし采摘が広範ではなく、記載もはなはだ簡略であったため、再編纂を命じられ、姚広孝（ようこうこう）・解縉らが監修、翰林学士の王景（おうけい）らが総裁となり、文淵閣で編纂が行われ、参加者は3000人余りに上った。永楽五年、全書が完成し、改めて『永楽大典』と名付けられた。この書は『洪武正韻（こうぶせいいん）』に基づいて排列され、単字ごとに当該の字と関係する文史の記載を順に輯入（しゅうにゅう）し、先秦から明初までの書籍7000～8000種が輯録された。合計22937巻（目録60巻を含む）、11095冊、約3億7000万字に上る。正本は、初めは南京の文淵閣に所蔵され、遷都後に北京の文楼（ぶんろう）に移された。嘉靖・隆慶年間に副本1部が作られた。正本は明の滅亡時にほぼ失われた。清朝が『四庫全書（しこぜんしょ）』を編集する際には、『永楽大典』から少なからぬ佚書が輯出された。光緒二十六年（1900年）、八ヵ国連合軍が北京に侵入した際、副本の一部は焼かれ、残りは持ち去られた。1960年、中華書局は長年にわたり収集した730巻に基づき影印版を出版した。

28. イエズス会士（耶蘇会士）

カトリック教イエズス会の宣教師。カトリック教のイエズス会は1540年に成立し、スペイン人貴族のロヨラを総会長に任じ、教皇の権威を守り、宗教改革に反対することを主張した。この組織は厳しく、規律が厳粛公正、教育を重視し、国外の宣教事業を開拓する勇敢さを備えていた。1552年、イエズス会士のフランシスコ・ザビエルが広東海域の上川島（せんとう）に来航し、カトリックの中国における宣教事業の序幕が開かれた。明の万暦年間から清の乾隆年間までの約200年間に、多くの宣教師が中国に入って宣教活動を行い、費頼之の『在華耶蘇会士列伝及書目』に列挙される者だけでも467人を数える。イエズス会士は

宣教活動と同時に、中国に西洋の先進的な科学知識をもたらした。

29. 鄭和（ていわ）（1371～1433年）

　明初の偉大な航海者。本姓を馬、名を三保（さんぽ）（一説に三宝とも）といい、昆陽（現在の雲南省晋寧区）の出身で、回族。洪武十五年（1382年）に宮に入り、燕王朱棣に仕えた。朱棣が即位すると、軍功により内官監太監に昇進し、鄭姓を賜った。永楽三年（1405年）から宣徳八年（1433年）にかけて、鄭和は7度にわたって船団を率い、西洋（我が国の南海以西の海域を指す）に下った。船団は大量の磁器や絹織物を携え、江蘇省太倉の劉家港（りゅうかこう）から出航し、中国南海に入り、マラッカ海峡を突破してインド洋に入り、道中の各国を訪問し、また貿易を行った。船団の最後の航行の帰途中、鄭和は病死した。

30. 于謙（うけん）（1398～1457年）

　明代の政治家であり軍略家。字は廷益（ていえき）、号は節庵（せつあん）といい、銭塘（現在の浙江省杭州市）の出身。永楽十九年（1421年）に進士となった。正統十四年（1449年）、明の英宗朱祁鎮がオイラートのエセン・ハンの捕虜となると、于謙は南遷の議を説き伏せて北京を固守することを願い、また英宗の異母弟の朱祁鈺（しゅきぎょく）を皇帝に擁立し、兵部尚書に昇進した。彼は兵備を整え、オイラート軍を打ち破り、北京防衛戦に勝利した。景泰元年（1450年）、英宗が朝廷に帰還した。景泰八年（1457年）正月、石亨（せききょう）らは景帝朱祁鈺が重病となった機に乗じ、英宗を復辟し、天順（てんじゅん）と改元し、于謙を殺害した。成化初年、于謙は復官賜祭（せいか）され、弘治二年（こうち）には、粛愍（しゅくびん）の諡号を贈られた。万暦年間中には、改めて忠粛（ちゅうしゅく）の諡号を贈られた。

31. 王陽明（おうようめい）（1472～1529年）

　明代の著名な思想家。名は守仁（しゅじん）、字は伯安（はくあん）といい、浙江省余姚の出身で、晩年に陽明洞に住んだことから、陽明（ようめい）先生と呼ばれる。弘治十二年（1499）に進士となった。正徳五年（せいとく）（1510年）、宦官劉瑾（りゅうきん）に関して上言したことで罪を得たため、謫（たく）せられて貴州龍場（しゅじょう）（現在の貴州省修文県内にある）の駅丞となり、千辛万苦の中で「聖人の道は、吾が性に自ら足る」ということを悟った。正徳七年には、「心即理（しんそくり）」・「心外に理無し」という考えを提起した。正徳十四年、江西寧王朱宸濠（しゅしんごう）の反乱を平定し、その後、軍功により朝廷から新建伯（しんけんはく）に封ぜられた。正徳十五年には、「致良知（ちりょうち）」の説を提起し、人に必要なのは外に知識を求めることではなく、絶えず自己の内心の良知を拡充してゆくことであると考えた。彼の学説は当時大きな影響力を備え、多くの門人を擁し、後世に王学（おうがく）或いは陽明学（ようめいがく）と呼ばれた。

中国歴史名詞（九）　143

32. 李時珍（1518～1593年）

　　明代の著名な医学者。字は東璧、号は瀕湖といい、蘄州（現在の湖北省蘄春県）の出身。家風を受け継ぎ、医学と植物学を愛好した。医学を好む楚王の子が気厥病を患った際、楚王府に召されて奉祠正に任じられた。嘉靖年間に一度京に赴いて太医院で奉職したが、病と称して帰郷し、数十年の功を集めて『本草綱目』を完成させた。この書は、中国薬物学の巨著である。また著書に『瀕湖脈学』・『奇経八脈考』・『脈訣考証』・『邁所館詩集』・『白花蛇伝』・『集簡方』などがある。

33. 張居正（1525～1582年）

　　明朝後期の著名な政治家であり改革者。字は叔大、号は太岳といい、江陵（現在の湖北省荊州市）の出身で、嘉靖二十六年（1547年）に進士となった。隆慶元年（1567年）に入閣し、吏部左侍郎兼東閣大学士に任じられた。隆慶六年（1572年）、高拱に代わって首輔となり、わずか10歳の万暦帝を補佐した。万暦朝の前半10年間は、張居正が積極的に吏治を整備し、一条鞭法を施行し、土地の測量を実施したことで、明王朝の政治上と財政上の危機がしばらくの間緩和された。万暦十年（1582年）、張居正は世を去り、文忠の諡号を贈られた。万暦十二年、張居正の家は財産を没収された。天啓二年（1622年）、廷臣がその冤罪を訴え、故官を復され、祭葬を賜った。

34. 施耐庵

　　元末明初の小説家。その生涯は不詳である。おおよそ14世紀の人で、明初の『水滸伝』の整理者。広く伝わる話では、その名を耳または子安といい、字は耐庵、銭塘（現在の浙江省杭州市）の出身とされる。ある説によると、祖籍は蘇州であり、晩年は興化に居を遷したという。またある説によると、1331年前後に進士となり、杭州で官についたという。彼が元末の張士誠の起義に参加し、その敗北後に興化に居を遷したとする説もある。これらの伝説は、いずれも有力な証拠に乏しく、完全に信じるには足りない。

35. 羅貫中

　　元末明初の小説家。またの名を羅本・羅貫・羅道本といい、字は名卿、湖海散人と号した。山西省太原の出身、或いは銭塘（現在の浙江省杭州市）もしくは盧陵（現在の江西省吉安市）の出身とされ、後半生は銭塘で暮らした。その生涯は不詳であり、没年は明の洪武三年（1370年）以降である。彼は小説家であり、また戯曲作家であり出版商でもあった。『三国志通俗演義』を編纂した他、『三遂平妖伝』などの一連の作品も編纂し、施耐庵の『水滸伝』もまた彼の潤色を経ているとされる。

36. 呉承恩（1500頃～1582年）

　明代の著名な小説家。字は汝忠、号は射陽山人といい、山陽（現在の江蘇省淮南市）の出身。嘉靖年間に歳貢生（国子監で学ぶことを許可された者）に選ばれ、何度か郷試を受けたものの合格できなかった。嘉靖二十八年（1549年）、南京に居を遷し、文筆で生計を立てた。三十九年（1560年）、長興県丞に任じられるが、間もなく職を辞して帰郷した。隆慶四年（1570年）に『西遊記』の執筆を開始した。著作として他に『花草新編』・『禹鼎志』などがあるが、多くは散逸し、現存するのは『射陽先生存稿』4巻と『続稿』1巻のみである。

37. 李贄（1527～1602年）

　明代の思想家。もとの姓は林、名は載贄といい、後に姓名を李贄と改めた。字は宏父、号は卓吾といい、また思斎・禿翁・龍湖叟・温陵居士・百泉居士とも号した。福建省晋江の出身で、嘉靖三十一年（1552年）に挙人となった。万暦八年（1580年）、当時雲南の姚安知府を務めていた李贄は官を放棄し、学問に励み、官僚・平民・僧儒の間を行き来し、教えを受けた。彼の思想は、例えば臣下の君主に対する愚忠を「痴」とみなすなど反逆精神に満ち、儒家の経典を攻撃し、『忠義水滸伝』・『三国志演義』などの小説を評論し、しばしば異端的な言論があった。その作品及び思想は万暦年間に広く流行し、封建的衛道士たち（伝統主義者）の緊張を引き起こした。万暦三十年（1602年）二月、通州で病気療養中であった李贄は逮捕され、三月十五日に獄中で剃刀で喉を割いて自殺した。

38. 湯顕祖（1550～1616年）

　明代の著名な劇作家。字は義仍、号は海若・海若士・若士・繭翁・清遠道人といい、臨川（現在の江西省撫州市）の出身。万暦十一年（1583年）に進士となり、南京太常寺博士・詹事府主簿・礼部祠祭司主事を歴任した。十八年、輔臣の失政を上言したことにより、謫せられて雷州徐聞県の典史となり、浙江の遂昌知県に遷った。二十六年、弾劾を受けて告帰し、翌年の大計で免官された。家居すること20年、著述に専心し、詞曲を深く究め、一時に大きな名声を博した。その書斎に「玉茗堂」・「清遠楼」がある。詩文集の他、その著作には多くの戯曲がある。『紫釵記』・『牡丹亭』・『南柯記』・『邯鄲記』が最も有名であり、「玉茗堂四夢」或いは「臨川四夢」と総称されている。

39. 利瑪竇（マテオ＝リッチ Matteo Ricci：1552～1610年）

　明末に中国に来航したイエズス会の宣教師。イタリア出身で、1552年にマチェラータで生まれ、1571年にイエズス会の見習い修士となり、ローマで神学・古典文学及び自然

科学の分野の訓練を受け、1582年にマカオに来航し、翌年広東に入った。1601年、明の神宗に自鳴鍾（歯車仕掛けの機械時計）などの贈物を進呈し、これより1610年に逝去するまで北京に留まった。マテオ＝リッチは、宣教における「適応」の策を提唱し、中国の風俗を尊重することを主張し、自身も儒冠儒服を身に着け、儒家の士大夫の支持を獲得した。彼は『坤輿万国全図』を刊行し、『幾何原本』・『圜容較義』を翻訳し、中国に西洋の地理学と数学の知識を伝えた。また中国の『四書』をラテン語に翻訳し、中西の文化交流に重要な貢献をもたらした。

40. 徐光啓（1562～1633年）

　明代の傑出した科学者。字は子先、号は玄扈といい、松江府上海（現在の上海市）の出身。万暦三十年（1602年）に洗礼を受けてカトリック教徒となった。万暦三十二年（1604年）に進士となり、官は礼部尚書・文淵閣大学士まで達した。彼は数学・暦法と農学に精通し、マテオ＝リッチの『幾何原本』の翻訳に協力し、また『測量法義』・『泰西水法』などの書物の翻訳に携わり、『農政全書』を著した。崇禎初年、暦法の修訂を取り仕切り、宣教師の龍華民（ニコラス＝ロンゴバルド）・湯若望（アダム＝シャール）らを招聘して修暦に参加させた。この『崇禎暦書』は、李天経らの手によって崇禎十一年（1638年）に完成した。

41. 徐霞客（1586～1641年）

　明代の著名な地理学者。名は弘祖、字は振之、号は霞客といい、江陰の出身。幼い頃から学問を好み、奇書を読むことを喜び、古今の史籍・図経地志を広く読みあさった。22歳で科挙の業を捨て、風餐露宿（野宿）しつつ華北・華東・華南・西南の山水をあまねく遊歴し、自然の地貌・水文気候・植生動物・風俗習慣・経済状況を考察した。前後三十数年をかけ、有名な『徐霞客游記』を著した。崇禎十三年（1640年）、雲南の麗江で病に倒れ、人々に護送されて郷里に帰ったが、翌年に江陰で死去した。

42. 宋応星（1587～1666年頃）

　明代の著名な科学者。字は長庚といい、江西省奉新の出身。万暦四十三年（1615年）に挙人となり、崇禎時代に分宜県教諭・汀州推官・亳州知州を歴任した。その後、官を棄て、故郷で隠遁した。宋応星の著作は非常に多い。明末の政治的・経済的危機に対する措置を提起した政治論的著作である『野議』があり、またその唯物主義的傾向の哲学を展現した著作である『論気』・『談天』があり、中でも最も有名なものは、科学書の『天工開物』である。この書は、明中葉以前の中国古代における各種の技術を詳細に記録したもの

で、17世紀における中国の科学技術の百科全書と称えられている。

43. 湯若望（アダム＝シャール Johann Adam Schall von Bell：1591 ～ 1666 年)

　明末清初に中国に来航したイエズス会宣教師。ドイツ出身で、字は道未といった。明の万暦四十七年（1619年）に中国に来航してマカオに到着し、天啓二年（1622）に北京に至り、漢語を学び、後に西安で宣教活動を行った。崇禎三年（1630年）、徐光啓の推薦により、北京で『崇禎暦書』の修訂に加わった。清の順治二年（1645年）、彼は『崇禎暦書』に整理を加え、『西洋新法暦書』を完成し、これを『時憲暦』と名付け、天下に公布施行した。その後、長期にわたって清朝の欽天監監正を務めた。康煕四年（1665年）、楊光先が『辟邪論』を上表し、西洋の暦法に反対したため、アダム＝シャールは獄に下された。この事件は、当時「暦獄」と呼ばれた。翌年に釈放されたが、間もなく京城で死去した。

44. 朱舜水（1600 ～ 1682)

　明末清初の著名な思想家。名は之瑜、字は楚嶼、またの字を魯嶼といい、舜水と号した。浙江省余姚の出身で、明末に貢生となった。崇禎末年、政局に不満を抱き、何度も徴召を拒否した。明の滅亡後、海外に亡命し、幾度も日本・ベトナム・シャムなどの地を往来し、反清復明を計画した。南明の永暦十二年（1658年）、鄭成功・張煌言の抗清活動に参加し、その敗北後に東に渡り、日本に定住した。長崎・江戸（現在の東京）・水戸などの地で授徒講学すること20年余り、中国儒学及び建築・農芸などの分野の技術や知識を伝え、後に水戸藩主徳川光圀から賓師として迎えられ、日本儒学の水戸学派に深遠な影響をもたらした。その死後、日本の学者たちから文恭先生の諡号を贈られた。

（十）清

1. 七大恨
　明の万暦四十六年（1618年）、後金国のハンであるヌルハチは、ヘトゥアラで「七大恨」を天に告げ、誓師して明に叛いた。「七大恨」の主な内容は、ヌルハチの父と祖父が明軍に殺害されたこと、明朝政府が女真各部を公平に扱わず、イェヘを贔屓して建州を抑圧したこと、明朝政府が互いに国境を越えないという約束を違え、建州が獲得した哈達の地に侵攻して占領したことなどである。この「七大恨」には、建州女真の民族感情が強烈に反映されている。誓師して明に叛いたことについては、民族的圧迫に反抗するという正義の一面と、漢族の農業地域の人口・耕牛・穀物を略奪するという立ち後れた一面の両面がある。

2. 八旗
　清代の満州族の軍事・社会組織。明の万暦二十九年（1601年）、ヌルハチは「ニル制」を基礎として初めて黄・白・紅・藍の4旗を置き、また四十三年に鑲黄・鑲白・鑲紅・鑲藍の4旗を増編し、正式に八旗の制を創始した。ホンタイジの時代には、降服したモンゴル人と漢人が増加したため、それぞれ蒙古八旗と漢軍八旗を編制し、もとの八旗を満州八旗とした。順治八年（1651年）、ドルゴンの死後、正白旗は皇帝自らが領することとし、また鑲黄・正黄・正白の3旗を上三旗とし、残りを下五旗とした。八旗では、旗（満州語ではグサ）・参領（ジャラン）・左領（ニル）の3級による管理体制が実施され、それぞれ都統（グサ・エジェン）・参領（ジャラニ・ジャンギン）・佐領（ニルイ・ジャンギン）が官吏を統率した。

3. 山海関
　河北省秦皇島市の東北15kmに位置する。明の洪武十四年（1381年）、将軍の徐達がここに長城を建築し、関衛を設けた。関が山海の間にあることから命名された。北は燕山に依り、南は渤海に臨み、地勢は険要で、東北と華北の間の要害要衝であり、歴史上兵家の必争の地となり、「両京鎖鑰無双地、万里長城第一関」と言われた。明の長城は、山海関南の海浜の老龍頭より、山海関を経て延々と連なる山々の頂を越え、北に向かって伸びている。山海関は、東は長城に依り、四門が開かれている。東は「鎮東」といい、すなわち「天下第一関」である。西は「迎恩」、南は「望洋」、北は「威遠」といい、各門の上には城楼、城の中心には鼓楼が築かれ、城外には護城河が巡らされている。関の周囲には、

軍事施設と建築物がある。1644年四月、満州の八旗の騎兵は明朝の降将呉三桂と協力し、山海関の石河西岸で大順農民軍を壊滅させ、ここから北京に進入した。

4. 満洲

（1）族名。すなわち満族のことで、中国の少数民族の一つ。16世紀末から17世紀初めに、建州女真と海西女真を主体とし、東北各地に散居する女真各部を統一した共同体である。後金の天聡九年（1635年）、ホンタイジが旧族名の「諸申」（女真）を正式に満洲と改める令を下した。辛亥革命後は、満族と略称された。

（2）地名。清末に日本とロシアの帝国主義者が侵入し、部族名に基づき東三省を満洲と呼んだ。また南満・北満の呼び名があった。

5. 議政王大臣会議

清代前期における、議政王大臣が国政を協議する制度。その端緒は、ヌルハチ時代に諸貝勒（ベイレ）が国政を協議した制度に遡る。彼らは軍国の重要事の決定に参与した他、国ハンを廃立することも可能であった。ホンタイジは位を継承すると、諸大貝勒の権力を削減し、また制限するため、議政の成員を増加した。議政の内容は、軍国の大事の他、法規の制定、王公大臣の処置などがあった。入関後も、議政王大臣会議はなお強大な権力を有していた。このため、皇帝の集権との間に矛盾が生じた。皇帝は絶えず、議政王大臣会議の権力を抑制する措置を取った。雍正年間に軍機処が設置されると、議政王大臣会議は形骸化し、乾隆五十六年（1791年）に廃止された。

6.「太后下嫁」

「太后下嫁」は、清初の三大疑案の一つであり、順治朝の太后ボルジギト氏が摂政王ドルゴンに下嫁したと言われている。ボルジギト氏は歴史上「孝荘文皇后」と呼ばれ、モンゴル族の出身で、清の太宗ホンタイジの妃であり、順治帝フリンの生母、康熙帝玄燁の祖母である。彼女は3朝にわたる政局の変化に身を置き、2人の幼い皇帝を助け、朝政を掌握し、影響を及ぼすこと数十年に及んだ。ドルゴンは、清の太祖ヌルハチの第十四子であり、順治元年（1644年）に軍を率いて入関した、清帝国の実質的な創始者である。「太后下嫁」の説は300年余りにわたって流伝してきた。ある研究者は、事実ではないと力説し、またある研究者は確かにあったと推論する。

7. 保甲

県級の基層の地方政権下に設けられた郷兵組織であり、社会の基層組織。隋の文帝は五

家を保とし、五保を閭とし、四閭を族とし、それぞれ正を設けてその長とした。宋の神宗の時代には、隣り合う十戸を小保（後に五戸に減じた）とし、十小保を大保（後に五小保に減じた）とし、十大保を都保とすることを規定し、それぞれ主戸を選んで保長・大保長などに任じた。保内で犯罪があった場合、報告しなければ連座として処分された。清朝はその初めに保甲法を実施し、州県城郷では十戸ごとに牌頭を立て、十牌ごとに甲頭を立て、十甲ごとに保長を立てた。また各戸に印牌を給して姓名丁口を記させ、外出する際には行き先を書かせ、入る際にはどこから来たかを確認した。

8. 里甲

明清時代の社会の基層組織の形式であり、徭役を割り当てる基本単位。隣り合う110戸を里とし、そのうち丁と田を最も多く擁する10戸を里長とした。残りの100戸は10甲に分けられ、各甲からの10戸が交代で甲首となった。里長（1人）と甲首（10人）は、毎年交代で役務に当たった。戸籍の編製・審査の年が来ると、丁田の変化に基づき再編成された。里甲の人戸は黄冊に登記され、差役の際には、この黄冊に基づいて割り当てられた。

9. 養廉銀

清代の官吏は、俸禄とは別に品級に応じて養廉銀と呼ばれる手当の銀両が支給された。その目的は、汚職を途絶し、官吏の廉潔さを守ることにあった。養廉銀の設定は、雍正二年（1724年）に山西巡撫の諾岷が耗羨帰公（従来、地方官が任意に徴収していた火耗などの名目による付加税を公的な徴収に改める）を実施するにあたり、その余りを各官の養廉とすることを奏請したことに始まる。その後、各省がこれにならうことを奏請した。この法は、少なくとも2つの点で重大な改革であった。1つ目は、各官の養廉銀の定額化、2つ目は、各官が自ら取るという方法を改め、省全体で統一的に支給することにした点である。このことは、それまでの制限なき非合法の侵漁が、制度化された合法的な収入へと変わったことを意味している。しかし、腐敗した官僚制のもとでは、真に貪婪な汚職を途絶し、私派を制限することは、極めて困難であった。これは統治者が財政制度を整理し、賦税改革を進める中で解決できない矛盾であった。

10. 噶倫（ガロン）

官名。チベット語の音訳で、噶隆・噶布隆・噶布倫とも書く。噶廈（清代のチベット地方政府）を主管する官。三俗一僧の4名が設けられ、うち1人が主席噶倫となった。駐蔵大臣及びダライ・ラマの命を受け、チベットの行政事務を共同で主管した。清制では三

品官とされ、噶厦の「徳吉瑪」の印章を授かり、政令を発布した。また札薩克(ジャサク)の肩書を授かり、大貴族が任じられることが多かった。

11. 駐蔵大臣(ちゅうぞうだいじん)

　清代にチベットに派遣され、駐在した軍政の最高長官。雍正五年(1727年)に設置された。初めは2名が置かれ、前蔵(ぜんぞう)と後蔵(こうぞう)の軍政を統括した。乾隆十六年(1751年)、清廷は「西蔵善後章程(せいぞうぜんごしょうてい)」を発布し、ダライ・ラマと駐蔵大臣とが共同でチベットの政治を理(おさ)めることを明確に規定した。乾隆五十八年、清廷はまた「欽定西蔵章程(きんていせいぞうしょうてい)」を発布した。これは、政治・軍事・財政・司法・宗教などの分野を含む、完成されたチベット統治の法典である。「章程」は、チベットの特徴に基づき、ダライ・ラマとパンチェン・ラマの地位を充分に尊重し、また駐蔵大臣の機能を強調し、その職権をさらに高めた。駐蔵大臣はチベット全体を総攬し、チベットの僧俗の官吏の任免を主管し、財政収支を査察し、チベット地域の軍の調遣を掌管し、司法・田産・戸籍などの事務を監督し、辺境防衛の任務を巡視し、外交に関わる全ての事項を処理した。

12. 噶厦(ガシャ)

　チベット語の音訳で「命令を発布する機構」を意味する、清代のチベットの地方政府。貴族3名と僧侶1名で構成され、駐蔵大臣及びダライ・ラマの命を受け、チベットの行政事務を共同で処理した。噶厦に参加した4名は噶倫(また噶隆・噶布隆とも書く)と呼ばれ、清政府から三品の官衛を授与された。その下の蔵官には仔琫・商卓特巴・業爾倉巴・朗子轄・協爾幇・達琫などがあり、それぞれ商務・財務・刑名・馬廠などを掌管した。

13. 第巴(デパ)

　牒巴とも書き、第悉とも呼ばれる。チベット語で、酋長・頭目・首領を意味する。清初の文献では、チベットの事務を掌握する官吏の呼称として見える。モンゴルのグシ・ハン及びその継承者である商同ダライ・ラマによって任命された。歴代8名が任じられ、その治所は「第巴雄」(雄はチベット語で官府の意)と呼ばれ、非常に大きな権力を擁した。康熙六十年(1721年)、清政府は第巴執政の制を廃止し、噶倫の連合による執政の制を設けた。この後、第巴は地方官吏の名称となり、司牛羊第巴・司帳第巴などのように職名を加えられた。

14. 札薩克(ジャサク)

　官名。扎薩克とも書く。モンゴル語の音訳で、「扎撒」(法令)の語に由来し、政令を掌

握する者の意で、旗長のこと。清代の外モンゴルと哈密・吐魯番回部では、旗ごとに理藩院が各旗の王侯貴族内から選任した札薩克1名が置かれ、旗内の政令を掌管した。札薩克は理藩院に直属し、中央の監督及び現地の将軍・大臣などの節制を受けた。その下には協理台吉・管旗章京・副章京などの官が置かれ、共同で事務を処理した。この他、内蒙古六盟には各盟の軍務を管理する備兵札薩克1名が設置された。

15. 伯克（ベグ）

ウイグル語の音訳で、「長官」を意味する。ウイグル族の旧制では、官はみな伯克といい、職用の号を加えて区別された。乾隆二十四年（1759年）、清政府は大小和卓の反乱を平定した後、新疆のウイグル族の地域の特徴に基づいて伯克制を援用し、品級を画定し、「頂翎」「鈴記」を発給するなど現地に適応した改良を加えた。また世襲を排除し、高位の伯克は朝廷の任命を受けることを規定し、俸禄と養廉の面でも若干の規範を設けた。このように、上層貴族の固有の利益に配慮しつつ中央政府が制御できるようにした。

16. 伊犂将軍（イリ将軍）

清代における新疆地域の軍政の最高長官であり、正式名称は「総統伊犂等処将軍」。乾隆二十七年（1762年）に設けられ、イリの恵遠城に駐在し、清廷の中央に代わって新疆全域の各項の軍政の事務を総攬した。伊犂将軍の下には、都統・参賛大臣・辦事大臣・領隊大臣などの職が設けられ、それぞれ天山の南北に駐在し、当地の軍政事務を管理した。各級の軍政の長官の分布は、形勢と治理の需要に基づき、時期によって変化があった。光緒十年（1884年）に新疆に省が建てられて以降は、伊犂将軍の権限は大幅に縮小された。辛亥革命後、伊犂将軍は廃止された。

17. 改土帰流

土司から流官（朝廷任命の正式官吏）に改めた清代の政治的措置。西南地域は、我が国で少数民族が最も多く分布し、長期にわたって土司制度が実施されたが、歴史の発展にともない、土司制度の弊害と危害は日に日に鮮明となっていた。順治・康熙時代、清政府は一部の地域に改土帰流を実施した。雍正年間、雲貴総督オルタイの提議のもと、清政府は西南地域で大規模に改土帰流を実施した。政治的手段を運用し、武力をもって助けとする形で土司制度を廃止し、府・庁・州・県を設置し、流官を派遣して統治を行わせた。各項の制度と施策は、おおよそ内治との一致が保たれた。これは、清政府にとって重大な改革であり、土司の割拠勢力に打撃を与えて反乱の要因を減少させ、中央政府の辺境に対する統治を強化した。また土司・土官が属民を虐待する制度をある程度廃止し、少数民族

地域の社会・経済・文化の発展に利をもたらした。

18. 藩属国(はんぞくこく)

中国と宗藩(そうはん)関係にある国家。中国の伝統的な藩属国として、朝鮮(ちょうせん)・琉球(りゅうきゅう)・安南(あんなん)(現在のベトナム)などがある。いわゆる宗藩関係は、ある意味では、封建的君臣関係を国家の関係上で体現したものといえる。これは、小を以て大に事(つか)えるという、一種の不平等な関係であるが、歴史上の宗主国(そうしゅこく)と藩属国の政治・経済・思想文化の相互関係の一種の延長である。またこれは、近代の資本主義・帝国主義が武力的な征服によって形成した、植民地と属国の関係とは異なるものである。宗主国は藩属国に対し、「万邦来朝(ばんぽうらいちょう)」の天朝としての「尊厳」を守っていた。藩属国の国王は、清朝皇帝に対して定期的に進表納貢した。清朝皇帝は、属国に対して勅諭詔旨を発布し、使臣を派遣する他、国王や来使に対して賞賜を行い、天朝が「遠人を懐柔し、往を厚くして来を薄くす」の意を表明した。使臣及びその随行員が中国を訪れた際には、貿易の往来と文化交流が行われた。

19. マカートニー使節団

乾隆五十八年(1793年)、イギリスは乾隆帝の寿を祝うという名目で、マカートニーを団長とする使節団を中国に派遣した。乾隆帝は熱河(ねっか)の避暑山荘(ひしょさんそう)でイギリス使節団と接見し、また宴を設けて接待し、イギリス使節が奉呈した国書と贈呈品リストを受け取り、またイギリス王及び使節団に対して返礼を行った。マカートニーは、清政府に対して6項目の要求を提出した。これらの要求の一部は、貿易関係の改善を希望する正常な要求であり、また一部は、例えば島嶼の割譲を求めるなど植民地主義的な侵略の性質を備えたものであった。そのため乾隆帝は、イギリス使節の6項目の要求に対して1条ごとに過ちを指摘して反駁し、彼らに帰国を促した。清政府がイギリス側の土地の割譲の要求を断固として拒絶したことは、完全に正しい対応であり、国家の主権を守り、植民地主義的侵略を防ぎ止めるものであった。しかし、清政府が中国の大門を開くことを願わず、国を閉ざしたことは、中国が世界を理解し、経済的・文化的交流を拡大する歴史的な機会を失わせることとなった。

20. 最恵国待遇(さいけいこくたいぐう)

ある国が他国に対し、通商・航海・税収或いは公民法律上の地位などの面において、現時点或いは将来第三国に与えられる優遇措置と同様の待遇を与えることをいう。最恵国待遇を獲得するには、条約と根拠が必要であった。最恵国待遇は、通常は相互的なものであり、双方が互いに最恵国待遇を享受することが締結される。しかし、清朝と外国との間に

締結された条約では、往々にしてこの相手のみが最恵国待遇を享受し、中国には対等の権利がないという、片務的な最恵国待遇であった。例えば1843年の中英「虎門条約」では、「設将来大皇帝有新恩施及各国、亦応準英一体均沾、用示平允」と規定されている。これは、中国が他国に厚遇を与える場合は、イギリスも同様の待遇を享受することができるというのみであり、イギリスが中国に同等の待遇を与えるというものではなく、不平等の片務的最恵国待遇の締結であった。

21. 黄教

チベット仏教の一派。ゲルク派が黄色の僧帽を着用していたことから、「黄教」と俗称される。ダライ・ラマとパンチェン・ラマがこの派における二大転生活仏である。清廷の強力な支持のもと、ゲルク派はチベット地方の政権を握る教派となった。この派の寺院は非常に多く、有名なものとしてチベットの甘丹寺(ガンデン)・哲蚌寺(デプン)・色拉寺(セラ)・扎什倫布寺(タシルンポ)、青海の塔爾寺(タール)、甘粛の拉卜楞寺(ラブラン)がある。ダライ・ラマ5世の時代に、ラサのポタラ宮の大規模な拡張が行われ、ここがダライ・ラマの駐在地となった。ダライ・ラマ7世の時代には、ノルブリンカが造営され、ダライ・ラマの夏の居住地となった。この派の大寺院は、いずれも建築が壮大で、多くの僧侶を擁し、塑像も精美、学問を修習する制度が整備されている。

22. ダライ・ラマ

チベット仏教ゲルク派（黄教）の最高指導者の一人。明朝の万暦六年（1578年）、モンゴルのトシュート部の指導者アルタン・ハンが、ゲルク派の指導者スーナム・ギャツォを尊んで「聖識一切瓦斉爾達喇達頼喇嘛（バジュラ・ダーラ・ダライ・ラマ）」とし、これよりダライ・ラマの活仏転生システムが建立された。スーナム・ギャツォはダライ・ラマ三世と認定され、一世と二世は共に追認である。順治十年（1653年）、清廷はダライ・ラマ五世ガワン・ロサン・ギャツォを「西天大善自在仏所領天下釈教普通瓦赤喇怛喇達頼喇嘛」とし、金冊金印を賜わった。これより、歴代のダライ・ラマは必ず中央政府の冊封を受けるようになった。

23. パンチェン・エルデニ

チベット仏教ゲルク派（黄教）の最高指導者の一人。17世紀初め、シガツェのタシルンポ寺の座主ロサンチューキゲルツェンは、仏教学に広く通じていたことから、現地の人々の尊敬を受け、大学者という意味の「パンチェン」と呼ばれた。清の順治二年（1645年）、モンゴルのホシュート部の首領グシ・ハンはロサンチューキゲルツェンを尊んで「班禅博

克多（パンチェン・ボグド）」とした。康熙元年（1662年）、ロサンチューキゲルツェンが死去すると、ダライ・ラマ五世ガワン・ロサン・ギャツォは彼が転生した霊童を探し求め、こうして正式にパンチェン・ラマの活仏転生システムが建立された。ロサンチューキゲルツェンはパンチェン四世とされ、一世から三世までは追認である。康熙五十二年、清廷はパンチェン五世ロサンイェーシェーを「班禅額爾徳尼（パンチェン・エルデニ）」とし、金冊金印を賜った。これより、歴代のパンチェン・エルデニは必ず中央政府の冊封を受けるようになった。

24. 金瓶掣籤(きんべいせいせん)

清代における、黄教の大活仏の転生を特定し確認するための抽籤方法。乾隆五十七年（1792年）、清廷は２つの金瓶を頒布し、１つはラサの大昭寺(だいしょうじ)に置かれ、もう１つは北京の雍和宮(ようわきゅう)に置かれた。ダライ、パンチェン、ジェプツンダンパ、チャンキャ・ホトクト及び黄教の他の大活仏が転生する際には、候補となる「霊童」の名を象牙製の籤に満・漢・チベットの３種の文字で記して金瓶の中に入れ、駐蔵大臣が大昭寺にて、或いは理藩院尚書が雍和宮にて監督し、衆人の面前で籤を引いて人選を決定した。その後、これが定制となった。

25. 坐床(ざしょう)

チベット仏教において、新たな転生活仏が前世の活仏から法位を受け継ぐ昇座儀式。この儀式の後、霊童は正式に活仏となった。ダライ、パンチェンが「坐床」を行うには中央政府への奏請と認可が必要であり、中央が派遣した駐蔵大臣もしくは特別の代表がチベットに赴いて出席し、坐床儀式を主管して初めて効力を生じた。その時には、中央の大臣が衆人の面前で認定の聖旨及びダライ、パンチェンの印信の使用開始を承認する指令などを宣布した。

26. 啓蒙思想

明清交替期、激烈な社会の現実は学者たちに反省を促し、歴史の教訓を総括させた。これより、多くの傑出した思想家たちが現れた。彼らはそれぞれの角度から創見に富んだ一連の新思想や新観念を提起し、早期の啓蒙思想を形成した。その代表的人物として、黄宗羲(こうそうぎ)・顧炎武(こえんぶ)・王夫之(おうふうし)がいる。彼らが修めた学問は規模が博大で、批判的精神と実質を重んじる精神を備え、犀利の筆鋒と奔放な激情をもって封建的専制主義を批判し、深刻かつ斬新な政治的観点・哲学的観点を表出した。彼らは当時にあって思想界の共鳴を引き起こしたのみならず、清末の維新思想の興起にも積極的な推進作用をもたらした。

27. 強学会

　戊戌の変法の時期における、北京を中心とした維新派の政治団体。またの名を訳書局といい、強学局或いは強学書局とも呼ばれた。康有為が発起し、帝党が賛助し、翰林院侍読学士の文廷式が名義を出し、光緒二十一年（1895年）十月初め（一説に、七月初め）に北京で成立した。その宗旨は中国の自強を求めることにあった。陳熾・丁立鈞・張孝謙・沈曽植が総董となり、張孝兼が事務を主った。梁啓超・麦孟華・汪大燮・沈曽桐・楊鋭・袁世凱・徐世昌ら数十人が強学会の籍に名を列ね、或いは会務に参与した。十日ごとに集会を開き、毎回誰かが演説を発表することが規定された。後に報道を主とすることが決定され、『万国公報』を『中外紀聞』と改名して機関紙とした。上海に分会が設置され、『強学報』を発行した。同年十二月六日、御史の楊崇伊が強学会を「私かに会党を立て、将に処士横議の風を開かんとす」と奏劾したため、ついに清廷から禁じられた。

28.『古今図書集成』

　大型の類書。門類綱目を分列し、群書を集め、各種の典籍から類ごとに摘録を採択し、編集して完成した。陳夢雷が編纂を主管し、初めは『古今図書滙編』と名付けられた。進呈御覧の後、康熙帝から『古今図書集成』の名を賜った。この書は雍正年間に出版された。計１万巻、暦象・方輿・明倫・博物・理学・経済の６編に分かれ、その下にはさらに32典、6109部が設けられた。各部にはまた滙考・総論・図表・列伝・芸文などの類目がある。広範な内容、豊富な資料、詳細な分類を特徴とする、我が国古代の大百科全書である。

29.『四庫全書』

　我が国の史上最大の叢書。我が国古代の重要な典籍を始めから終わりまで完全に抄録したもので、経・史・子・集の４部、44類に分けて編纂された。収録された図書は合計3503種、8万巻近くに及び、極めて多くを網羅し、広博浩瀚で、我が国の古代思想文化の遺産の集大成である。編纂作業は、乾隆三十八年（1773年）に四庫館が設立されてより、五十二年に『四庫全書』の繕写が完了するまで、15年間が費やされた。全書は７部繕写され、内廷の文淵閣、円明園の文源閣、避暑山荘の文津閣などに置かれた。この他、紀昀らが撰写した『四庫全書総目』は、１万種以上の図書（著録と存目を含む）に対して紹介と評論を加えたものである。ただし、『四庫全書』編纂過程は禁書と毀書の過程でもあった。この期間に清廷が禁毀とした図書は3100種以上に達し、文化的な災難に他ならなかった。

30. 揚州八怪

　清中葉の揚州の画壇に現れた画派の一つ。『甌鉢羅室書画過目考』によると、「八怪」と

は金農・黄慎・鄭燮・李鱓・李方膺・汪士慎・高翔・羅聘の8人を指す。後の記録では、華嵒・高鳳翰・陳撰・閔貞・辺寿民らを加えることもあり、「八」は必ずしも実数ではない。これらの画家の大多数は封建社会の下層に生まれ、あるものは地方官となり、あるものは終生布衣（平民）の身であり、社会の現実に近かった。彼らは徐渭や朱耷、特に石濤の独創的精神を継承し、束縛を打ち破り、各々長ずる所を表現し、自らの独特な風格を形成した。彼らの画風は正統派と鮮明な対比をなしていることから、「八怪」と呼ばれた。

31. 黄宗羲（1610～1695年）

字は太沖、号は南雷といい、また梨洲と号した。浙江省余姚の出身。父の尊素は東林党の名士で、魏忠賢に殺された。宗羲は19歳の時、上京して父の冤罪を訴え、鉄錐で仇敵を刺殺し、その名声は朝野を震わせた。崇禎末年、東林党の後裔140人余りと『南都防乱掲』を作り、閹党の残党の阮大鋮を指弾した。清軍が南下すると、義勇兵を召募して抵抗した。その後、四明山まで後退し、また海を渡って南明の魯王に追従し、官は左副都御史まで達した。敗北後は、著述と講学に専意し、弟子が林立し、声名は遠方まで伝わった。康熙年間に博学鴻詞の薦挙を受け、『明史』の編纂事業に推薦されたが、いずれも就かなかった。その生涯は博学多識で、著述に勤しみ、後世に大量の著作を残した。そのうち深遠な影響を備えたものとして、『明夷待訪録』・『明儒学案』・『明文海』などがある。

32. 顧炎武（1613～1682年）

もとの名は絳、字は忠清といい、明の滅亡後に名を炎武、字を寧人と改めた。また蒋山傭と自署し、学者たちからは亭林先生と呼ばれた。江蘇省昆山の出身。明末に諸生となり、若い頃に（文学結社の）復社に加入した。清軍が南下すると、蘇州で抗清活動に参加した。敗北後は、郷里を離れて北方を流浪し、山東・河北・河南・山西・陝西などの省を往来した。万里の路を歩き、万巻の書を読み、学術に対する造詣の深遠さによって朝野に名を知られた。清廷は幾度も徴聘したが、彼は毅然として拒絶した。晩年は陝西省の華陰に居を定めた。「明道救世」を宗旨とし、主要な著作に『日知録』・『天下郡国利病書』・『音楽五書』・『亭林詩文集』などがある。

33. 王夫之（1619～1692年）

字は而農、号は薑斎といい、学者たちからは船山先生と尊称された。湖南省衡陽の出身。明の崇禎年間に挙人となった。清軍が南下すると、衡山で兵を挙げ抵抗した。敗北後、南明の永暦政権に身を投じ、行人司行人に任じられたが、権奸を疏劾したことにより、危うく殺害されそうになった。その後、衡陽に帰還し、石船山に土室を築いて幽居し、著作に

潜心した。その学識は淵博で、多くの著述がある。重要な著作として、『周易外伝』・『尚書引義』・『読四書大全説』・『永暦実録』・『読通鑑論』・『宋論』・『張子正蒙注』・『思問録』・『老子衍』・『荘子解』・『黄書』・『楚辞通釈』などがある。彼は同時代の啓蒙思想家と同様、封建君主の専制制度を憎んでいた。彼の政論・史論さらには経学・哲学の著作はいずれも、封建専制主義に対する批判が貫かれている。

34. 施琅 (1621〜1696年)

字は尊侯、号は琢公といい、福建省晋江の出身。若い頃に鄭芝龍・鄭成功の部将となり、清に降った後、同安副将・総兵の官を歴任した。康熙元年（1662年）、福建水師提督に昇進し、後に靖海将軍・内大臣を授かり、漢軍鑲黄旗に属した。康熙二十年（1681年）、再び福建水師提督に任じられ、二十二年（1683年）に軍を率いて澎湖で勝利し、台湾を統一し、その功により靖海侯に封じられた。施琅は上疏し、兵を設けて台湾を守備させ、辺防を強化し、統一を護り、外来の侵略を防ぐことに努めるよう建言した。清廷は康熙二十三年に、台湾に台湾府を設置し、これより台湾の行政制度は内地と画一化された。

35. 閻若璩 (1636〜1704年)

字は百詩、号は潜邱といい、祖籍は山西省太原にあり、江蘇省淮安に客居した。若い頃に諸生となったが、科場での角逐（競い合い）の中で幾度も挫折を経験した。康熙十七年、博学鴻詞科に推挙され、上京して試験を受けたが、再び落第した。その学問は淵博で、考証に精通していた。二十歳より、『古文尚書』の疑案の整理に留意し、日月を積み重ねて潜心すること数十年、『古文尚書疏証』を著し、128条の証拠を列ね、これが偽作であることを証明した。彼は考訂により『古文尚書』が偽作であることを明らかにしたことで当時に名を重んじられたのみならず、後世においても盛名をはせた。また地理学にも精通し、山川の形勢・州郡の沿革について、その源流をよく考察し、招聘に応じて『一統志』の修撰に参与した。これらの他、『潜邱箚記』・『四書釈地』・『孟子生卒年月考』・『困学紀聞三箋』などの著作がある。

36. 恵棟 (1697〜1758年)

字は定宇、号は松崖といい、江蘇省呉県の出身。祖父の周惕・父の士奇は共に『易』学を治め、3代にわたり儒家の経典を伝えた。恵棟は若い頃に諸生となり、父に従って広東に宦居し、文詞に巧みであるとして名を知られた。乾隆初、父の病により蘇州に僻居し、（官に出仕せず、私塾を開き、弟子を教える）課徒自給の生涯を送った。経術に潜心し、『易』学に最も精通した。その著作に『易漢学』・『周易述』・『周易本義辨証』・『易例』・『易

大義』などがある。生涯にわたり、漢『易』を表彰し、漢学の復興につとめ、大きな影響をもたらした。『尚書』・『春秋』諸経に関する研究もあり、史学・文学にも長じ、『古文尚書考』・『左伝補注』・『九経古義』・『後漢書補注』などの著作がある。

37. 曹雪芹（1715年頃～1763年頃）

　名は霑、字は夢阮といい、号は雪芹、また芹圃・芹渓と号した。漢軍正白旗（一説に満洲正白旗）の人。父祖は江寧織造の職を世襲しており、清廷とは尋常ならざる関係があったという。幼い頃は南京に住み、栄華富貴を享受していたが、雍正六年（1728年）に家産を没収され、北京に移住した。その後、家の状況はますます悪化し、貧窮した。晩年は西山に居住し、困窮で落ちぶれ、世態の炎涼（世間の苛酷さ）を痛感し、憤慨して著作に努め、章回小説『石頭記』の創作に力を尽くした。死去する前に、80回分を完成させた。後に高鶚がこれを補筆して120回の完本とし、『紅楼夢』と改題して刊行した。この作品は、高度な思想性と高度な芸術性が一体となった不朽の現実主義の傑作であり、中国小説史上に極めて重要な意義を備えている。

38. 戴震（1724～1777年）

　字は東原といい、安徽省休寧の出身。家が貧しく、若い頃より父に従って商業を営み、後に書を教えることを業とし、また名儒の江永に師事した。三十数歳のとき、仇を避けて北京に入り、当時の名流であった紀昀・銭大昕・王鳴盛・王昶・朱筠らと広く交際し、天文数学、音韻訓詁、古代の礼制に通暁していたことで重んじられ、京師で名声があった。40歳で中挙となるが、会試では幾度も志を得られなかった。そのため南北を往来して人のもとに寄寓し、幕賓（私設顧問）となった。乾隆三十八年（1773年）、挙人の身分で特別に召されて『四庫全書』館に入った。四十年、同進士出身を賜わり、翰林院庶吉士を授けられた。広く学問に通じ、卓然として自立し、その著作に『孟子字義疏証』・『原善』・『緒言』などがある。

39. 章学誠（1738～1801年）

　字は実斎といい、浙江省会稽（現在の紹興）の出身。若い頃より父に従って湖北に宦遊し、後に翰林院編修の朱筠に師事した。乾隆三十六年（1771年）、朱筠が安徽学政に就任すると、その招聘に応じて南下し、これより数十年の長きにわたる幕賓としての生涯が始まった。その間、乾隆四十二・四十三年の両年に、郷試・会試に続けて合格し、五十二年には知県に選任される機会を得たが、終生官には就かなかった。彼は南北の幕賓として、その足跡は河北・河南・安徽・湖北・江蘇・浙江などの地にあまねく及んだ。定州の定武・

肥郷の清漳・永平の敬勝・保定の蓮池・帰徳の文正の諸書院で講席を主り、また和州・永清・亳州の諸州の県志と『湖北通志』の編纂を主持した。著書に『文史通義』・『校讎通義』がある。

40. 林則徐（1785〜1850年）

　字は元撫、また少穆といい、晩年は竢村老人と号した。福建省侯官（現在の福州）の出身。嘉慶年間に進士となり、浙江杭嘉湖道・江蘇按察使・江蘇巡撫を歴任し、道光十七年（1837年）に湖広総督に昇進した。十八年に道光帝に上奏し、黄爵滋のアヘン禁止の主張に賛同し、厳しく法に当てるべきことを強く唱えた。十一月、命を受けて欽差大臣となり、広東に赴いてアヘンを禁止した。翌年、虎門の海浜でアヘンを処分し、また海防の整備に力を尽くし、積極的に奮戦し、幾度もイギリス軍の武装挑発を撃退した。また彼は世界に目を開き、人を派遣して外国語の書物や新聞を翻訳させ、『四洲志』を主編し、「夷の長技を師として以て夷を制す」ことを提唱した。アヘン戦争の勃発後、誣告を受けて職を免ぜられ、新疆の伊犂で充軍の刑についた。二十五年に起復し、陝甘総督に任じられ、その後陝西巡撫・雲貴総督を務めた。著書に『林則徐集』などがある。

41. 龔自珍（1792〜1841年）

　またの名を龔祚、字を璱人といい、定盦と号した。浙江省仁和（現在の杭州市）の出身。外祖父の段玉裁に従って文字学を学び、後に劉逢禄に師事して今文経学を学び、経世致用の研究に余念がなかった。道光年間に進士となり、内閣中書・礼部主事を務めた。その著作に『明良論』・『乙丙之際著議』などがあり、社会の腐敗と衰退を明らかにし、改革こそが歴史の必然であると主張した。また辺境の歴史地理の研究に力を注ぎ、『西域置行省議』を撰し、新疆の管理を強化するよう主張した。道光十九年（1839年）、官を辞して郷里に帰り、その道沿いで見聞したことを記録し、往時を追憶し、300首以上の七言絶句をつくり、『己亥雑時』と題した。このうちの名編である「九州の生気風雷を恃み、万馬斉しく瘖り究に哀れむべし。我天公に勧む、重ねて抖擻し、一格に拘らず人才を降さんことを」は今に至るまで詠み継がれている。

42. 魏源（1794〜1857年）

　もとの名は遠達、字を黙深といい、湖南省邵陽の出身。道光年間に進士となった。かつて劉逢禄に師事して今文経学を修め、深い学識を備え、経学と史学に広く通じていた。道光六年（1826年）、江蘇布政使の賀長齢の招聘を受け、『皇朝経世文編』を編集した。アヘン戦争時には、両江総督の裕謙処の幕僚に任じられ、イギリスへの抵抗に参加した。

翌年、「南京条約」が締結されると、憤慨して『聖武記』14巻を著し、清初から嘉慶に至るまでの重大な史事を歴述し、政治の得失に関する多くの評論を行った。また林則徐の委託を受け、『四洲志』及び中外の文献資料に基づいて『海国図志』を編纂し、海外の各国の状況を詳細に紹介し、西洋の科学技術を学び、「夷の長技を師として以て夷を制す」ことを主張した。

43. 曽国藩（1811～1872年）

　湖南省湘郷の出身。道光年間に進士となり、内閣学士・侍郎を歴任した。咸豊二年（1852年）、長沙に赴いて湖南団練を組織し、後にこれを拡大・再編して湘軍とした。四年には、『討粤匪檄』を発布し、兵を率いて太平天国を鎮圧した。十年、両江総督・欽差大臣督辦江南軍務を授けられた。翌年、命を奉じて江蘇・安徽・江西・浙江四省の軍務を統括した。同治三年（1864年）、天京（現在の南京）を攻め落とし、一等侯爵に封じられ、太子太保を加官された。その後、直隷総督・両江総督を務めた。太平軍と戦い、外国勢力と接触する中で、彼は西洋の武器の先進性を痛感し、西洋の銃と大砲、機器装備を購入した。また西洋の科学技術を学び、近代的企業を創設し、新式の武器を製造した。さらには、新式の人材の育成を主張し、アメリカに児童留学生を派遣し、洋務運動の展開を推進した。

44. 左宗棠（1812～1885年）

　字は季高といい、湖南省湘陰の出身。道光十二年（1832年）の科挙に合格し、その後幾度か試験を受けたが合格しなかった。咸豊十年（1860年）、曽国藩の推薦により四品の京堂襄辦軍務をもって、太平軍と戦った。その後、浙江巡撫・閩浙総督・陝甘総督を歴任した。同治六年（1867年）、欽差大臣督辦陝甘軍務となり、捻軍と回民起義軍を相次いで討伐し、協辦大学士を授けられた。光緒元年（1875年）、欽差大臣督辦新疆軍務に任じられ、軍を率いてヤクブ・ベクを討伐し、天山北路と南路を相次いで回復した。新疆の平定後、新疆に省を設けることを建議し、またいくつかの具体的施策を提起し、新疆地域の経済と文化の発展を促した。七年には、軍機大臣・総理衙門大臣に任じられた。翌年、両江総督兼通商事務大臣に任じられ、後に福州で病死した。

45. 洪秀全（1814～1864年）

　広東省花県の出身。若い頃に入塾して学業につとめ、幾度も試験を受けるが合格できなかった。後に拝上帝会を創設し、妖魔を除いて「天下一家、共享太平」を実現するという志を立てた。道光三十年十二月十日（1851年1月11日）、広西省金田村で武装蜂起し、太平天国の号を建て、天王と称し、五王を分封した。その後、太平軍は湖南・湖北に入り、

九江を攻め落とし、安慶を下し、蕪湖を攻略した。咸豊三年（1853年）、南京を攻め下し、ここを都に定め、天京と改称した。また『天朝田畝制度』を発布し、軍を分けて北伐と西征を実施した。その後、天京で内訌が発生し、自らの勢力を大いに弱めることとなった。中外の反動勢力が連合して鎮圧に向かい、天京は清軍に包囲された。同治三年（1864年）四月、洪秀全は病死した。六月、天京は陥落し、太平天国の起義は失敗に終わった。

46. 李鴻章（1823～1901年）

　安徽省合肥の出身で、道光年間に進士となり、翰林院庶吉士となり、散館と編修を授けられた。淮軍を編練し、太平天国を鎮圧したことにより、江蘇巡撫に昇進し、一等粛毅伯に封ぜられた。湖広総督・直隷総督兼北洋大臣を相次いで務め、後に武英殿大学士・文華殿大学士を授けられたが、総督の任に留まった。清廷の軍事・経済・外交の大権を掌握し、洋務派のリーダーとなった。彼は相次いで多くの近代的軍事工業と民需工業を創立し、その主要なものとして、江南製造総局・金陵機器局・上海輪船招商局・開平煤礦・漠河金礦・天津電報局・上海機器織布局・津楡鉄道などがある。李鴻章はまた北洋水師学堂を創立し、北洋海軍を設立した。しかし、甲午戦争（日清戦争）で中国は敗れ、北洋艦隊は壊滅し、洋務運動は失敗をもって終わりを告げた。外交事務の面では、彼は列強の間を周旋し、妥協して和を求めた。光緒二年（1876年）、イギリスとの間に「烟台条約」を締結し、十一年にはフランスとの間に「中法新約」を締結した。二十一年には日本との間に「馬関条約」（下関条約）を締結し、その翌年に命を奉じてロシアに出使し、「中露密約」を締結した。二十七年には、列強との間に「辛丑条約」を結び、同年に病死した。

47. 慈禧太后（1835～1908年）

　西太后・那拉太后とも呼ばれる。満州鑲藍旗（後に鑲黄旗に入る）の出身で、葉赫那拉氏。咸豊帝の妃となり、相次いで蘭貴人・懿嬪・懿貴妃の封号を得た。咸豊帝の死後、子の載淳が位を継ぎ、彼女と皇后鈕祜禄氏が共に尊ばれて皇太后となった。皇弟の奕訢と謀って輔政大臣の載垣らを殺害し、年号を同治と改め、両太后による垂簾聴政を実施し、彼女が実権を掌握した。同治十三年（1875年）、載淳が病死すると、幼年の載湉に位を継がせ、光緒と改元し、引き続き太后が垂簾聴政を行った。光緒十五年（1889年）、彼女は名目的には「帰政」したものの、引き続き軍政の実権を掌握した。後にまた戊戌の政変を引き起こし、光緒帝を幽閉した。彼女は、清末の同治・光緒両朝における実質的な最高統治者であり、その中国統治は半世紀の長きに及んだ。その間、中国の内憂外患は日に日に深刻となっていった。

48. 張之洞（1837～1909年）

　直隷南皮（現在の河北省に属する）の出身で、同治年間に進士となり、翰林院侍講学士・内閣学士・四川学政を歴任した。光緒七年（1881年）、山西巡撫を受任し、十年に両広総督に昇進した。その後、湖広総督・両江総督を務め、体仁閣大学士に抜擢され、軍機大臣を授けられ、晩清における洋務運動の首脳の一人となった。両広では、実業の創立に着手し、砿務局を開いた。湖広では、さらに大々的に洋務を実施し、相次いで漢陽鉄廠・湖北槍砲廠・湖北織布局・湖北紡紗局などの近代的企業を創設し、盧漢鉄道の準備を進めた。彼は文化教育を重視し、広東では水陸師学堂を設立し、広雅書院を立て、両湖書院を創設した。彼が唱えた「中学を体と為し、西学を用と為す」という主張は、中国近代思想史に深遠なる影響をもたらした。

49. 厳復（1854～1921年）

　福建省侯官（現在の福州）の出身。福州船政学堂の第1期卒業生。光緒三年（1877年）、英国に留学し、グリニッジ海軍大学で戦術や砲台建築などを学び、また資産階級の政治経済学説の研究に没頭した。2年後に修了して帰国し、福州船政学堂の教習を務めた。翌年、天津北洋水師学堂に移って総教習を務め、後に総辦に昇進した。またイギリスのハクスリーの『天演論』を翻訳して出版し、「物競天擇、適者生存」・「優勝劣敗」という進化論の観点を中国に紹介し、国民に自強奮闘、救亡図存を呼びかけ、強烈な反響を呼び起こした。また『群学肄言』・『穆勒名学』などを翻訳して西洋の資産階級の政治学説を系統的に紹介し、中国近代における啓蒙思想家となった。

50. 康有為（1858～1927年）

　広東省南海の出身。光緒十四年（1888年）、清帝に最初の上書を行い、変法を主張したが、妨害を受けて上達されなかった。二十一年（1895年）、中日の「馬関条約」が締結されたことを知り、北京で会試を受験していた各省の挙人たちを動かし、連名で上書し、条約の調印を拒否し、遷都して抗戦し、変法により国力増強を図ることを求めた。こうして遂に、新聞や雑誌を創刊し、学会を設立して維新を宣伝し、続けて皇帝に上書した。二十四年、光緒帝の召見を受け、総理衙門章京上行走となった。その後、幾度も奏折を上呈して政治・経済・軍事・文教などの方面における改革の建議を提出し、「百日維新」を導いた。戊戌の政変では指名手配され、国外に亡命したが、改良主義を堅持し、（皇帝制度を支持する）保皇会を組織して資産階級の革命運動に反対した。辛亥革命後は、孔教会会長を務め、後に青島で死去した。

51. 袁世凱（1859〜1916年）

　河南省項城の出身。光緒八年（1882年）、淮軍提督の呉長慶に従って朝鮮に入り、前敵営務処を務めた。十一年、李鴻章の推薦で三品道員となり、改めて「駐朝総理交渉通商事宜」に任じられた。帰国後、浙江温処道を授かり、天津小站で新建陸軍を訓練した。戊戌の変法では、維新派を裏切って密告し、慈禧太后の寵愛と信用を獲得した。二十五年、山東巡撫に昇進した。二十七年、直隷総督兼北洋大臣に内定し、翌年に正式に就任した。三十三年、軍機大臣・外務部尚書に任じられ、宣統三年（1911年）、内閣総理大臣に任じられた。1912年に中華民国が成立した後、中華民国臨時大総統の職を掠め取った。1913年には国会を解散し、約法を破棄して独裁専制を実施した。1915年、翌年を洪憲元年と改元することを宣布し、皇帝に即位する準備を進めた。しかし蔡鍔らが雲南で袁世凱討伐の護国戦争を引き起こすと、各省が次々と呼応した。1916年3月、袁世凱は帝政を取り消す宣布を余儀なくされ、6月に病死した。

52. 黎元洪（1864〜1928年）

　湖北省黄陂の出身。北洋水師学堂を卒業後、甲午海戦（黄海海戦）に参加した。後に張之洞に招かれ、ドイツ人教官に従って湖北新軍を訓練し、管帯・統帯から第二十一混成協統領に抜擢された。辛亥革命勃発後は、湖北軍政府都督に擁立され、南京臨時政府成立時には副総統に選ばれた。1914年、袁世凱が国会を解散し、約法を改ざんして参政院を設立すると、黎元洪は参政院議長に任じられた。袁世凱の死後、後を継いで大総統を務めた。1917年、国務総理の段祺瑞との間に府院の争いが発生し、段祺瑞を総理の職から罷免したが、張勲の復辟の際に天津へ出奔した。1922年、直隷軍閥の指図により総統に復任したが、翌年に再び直隷軍閥に放逐された。その後、天津で死去した。

53. 孫中山（1866〜1925年）

　名は文、号は逸仙。後に中山樵と名乗ったため、人々から「孫中山」と呼ばれている。広東省香山（現在の中山）の出身。海外に留学し、世界の情勢を理解し、救国の志を立てた。光緒二十年（1894年）に天津に赴いて李鴻章に上書し、変法を主張したが、拒絶された。こうして遂に、ホノルルで興中会を組織した。翌年、香港に本部を設置し、広州起義を画策したが、事が漏れて敗れ、国外に亡命した。三十一年、日本の東京で中国同盟会を設立し、推挙されて総理となった。孫中山は、同盟会の「韃虜を駆除し、中華を恢復し、民国を建立し、地権を平均す」という宗旨を確定し、三民主義の学説を唱え、幾度も武装蜂起を実行した。1911年に辛亥革命が勃発すると、ヨーロッパより帰国し、17省

の代表から中華民国の臨時大総統に推挙された。1912 年に辞職し、1913 年には袁世凱討伐を目的とする第二次革命を引き起こした。1921 年には非常大総統に就任した。1924 年、広州で中国国民党(ちゅうごくこくみんとう)第 1 回全国代表大会を主催し、旧三民主義を新三民主義へと発展させた。黄埔で陸軍軍官学校を創設し、革命の軍事幹部を育成した。1925 年、北京で病没した。

54. 梁啓超(りょうけいちょう)（1873～1929 年）

広東省新会の出身。光緒十六年（1890 年）、康有為に師事した。二十一年、都に出て会試に参加し、康有為に従って「公車上書」を起こした。後に新聞を発行して文章を著し、維新変法の理論を宣伝することに力を尽くし、康有為の力強い助手となり、当時の人々は「康梁(こうりょう)」と並称した。二十三年、長沙時務学堂中文総教習(ちょうさじむがくどうちゅうぶんそうきょうしゅう)に任じられ、翌年に北京に入り、六品の肩書で京師大学堂訳書局(けいしだいがくどうやくしょきょく)に務めた。戊戌の政変後、日本に亡命し、雑誌を創刊して改革を宣伝し、保皇を唱えた。1913 年に初めて帰国し、司法総長に任じられ、後に段祺瑞内閣の財務総長を務めた。かつて彼が唱導した文体改革の「詩界革命(しかいかくめい)」と「小説界革命(しょうせつかいかくめい)」は、白話文学(はくわぶんがく)の風潮の先駆けとなった。晩年は清華(せいか)学校で学問を研究した。博学多識で、著述に勤しみ、その著作に『飲冰室合集(いんぴょうしつがっしゅう)』がある。

55. 黄興(こうこう)（1874～1916 年）

湖南省善化の出身。光緒二十八年（1902 年）に日本に留学し、翌年帰国して宋教仁(そうきょうじん)らと華興会(かこうかい)を結成し、会長に推挙された。三十年に長沙に蜂起する準備を進めたが、事が漏れて日本に亡命した。翌年、孫中山と共同で中国同盟会を結成し、執行部庶務をつとめ、協理の地位についた。その後、防城(ぼうじょう)の役・鎮南関(ちんなんかん)の役・欽廉上思(きんれんじょうし)の役・雲南河口の役及び広州新軍の役に参加し、或いは指揮した。宣統三年（1911 年）には広州黄花崗(こうかこう)起義を敢行したが、敗れて香港に向かった。武昌起義が勃発すると、武昌に赴き、戦時民軍総司令に任じられ、民軍を率いて清軍を相手に奮戦した。1912 年に南京臨時政府が成立すると、陸軍総長兼参謀総長を務めた。翌年、二次革命が勃発すると、江蘇討袁軍総司令に任じられた。1916 年、上海で病没した。

― 二 ―

中国歴史大事記

編集体例

1．本大事記は、古人類が生きていた太古の時代から、1912年の清帝退位までを範囲とする。重視した点は以下の通り。

（1）歴代の中央王朝（或いは重要な影響力を備えた地方政権）の建立と交替。

（2）重要な影響力を備えた政治制度、経済制度、民族政策、思想・文化と科学技術の発明。

（3）重大な政治事件、軍事活動、外交活動。

（4）重要な意義を備えた農民起義。

2．年代は西暦によった。同一年内に収めるでき事は、おおよそ発生順とした。

3．同一の重要なでき事で、史料の記録や歴史家により諸説がある場合は、脚注の形で列記し、出典を明記した。

4．編集にあたっては、学術界の最新の成果を極力取り入れ、歴史の真実の様相を復元することに努めた。

約800万年前から前21世紀初め

　　中国は、太古の人類の起源の地の一つである。重慶の巫山人より、中国は原始社会へと入った。社会組織の形態の面では、原始群から氏族共同体（母系氏族共同体と父系氏族共同体を含む）へと発展し、考古学文化の時代区分の面では、旧石器時代から新石器時代へと交替した。数学は、原始社会で萌芽した。

約800万年前　ラマピテクス禄豊種が雲貴高原に生息し、サルからヒトへの進化の過程が始まった。

約500万年前から300万年前　アウストラロピテクスが生息した時代。

約300万年前から200万年前　早期人類の「能人」（ホモ・ハビリス）が生息した時代[1]。

約204万年前から201万年前　我が国の国土内における最古の人類である巫山人が生息した時代。ここから中国は原始時代に入った。

約200万年前から20万年前　旧石器時代早期。直立人（ホモ・エレクトス）が生息した時代。巫山人・元謀人・北京人を代表とする。

約20万年前から5万年前　旧石器時代中期。早期智人（早期ホモ・サピエンス）が生息した時代。大荔人・丁村人を代表とする。

約5万年前から1万年前　旧石器時代晩期。晩期智人（ホモ・サピエンス）が生息した時代。山頂洞人を代表とする。

約12000年前〜9000年前　新石器時代早期。重要な考古学的発見として、湖南省道県の玉蟾岩遺跡、江西省万年県の仙人洞遺跡、河北省徐水区の南荘頭遺跡などがある。

約9000年前〜7000年前　新石器時代中期。代表的な文化として、浙江省余姚市の河姆渡文化、河南省新鄭市の裴李崗文化、内モンゴル自治区敖漢旗の興隆窪文化などがある。

約7000年前〜4000年前　新石器時代晩期。代表的な文化として、仰韶文化、馬家窯文化、大汶口文化、竜山文化、紅山文化、良渚文化などがある。

約5000〜4000年前　早期文明時代（竜山時代とも呼ばれる）。黄河流域・長江流域・内モンゴル自治区中南部のオルドス地域などにおいて、城邑と初期段階の国家である邦国が出現した。重要な考古学的発見として、山西省襄汾県の陶寺遺跡などがある。

およそ前32世紀末　伝説上の炎帝の時代。

およそ前26世紀初め　伝説上の黄帝の時代[2]。

1　我が国の古人類学者によると、今から170万年前に生きていた雲南の元謀人は「ホモ・ハビリス」時代の晩期に相当する。
2　黄帝の歴史紀年の始まりについては、学界において前2488年、前2550年、前2600年、前2697年、前2711年、前2977年などと様々な見解がある。

およそ前23世紀半ばから前22世紀半ば　伝説上の堯・舜の時代。禅譲制が行われたと伝えられる。舜が禹に命じて治水を行わせた。

> およそ前2070年～前770年

　　夏・商・西周の奴隷制国家の統治時代。この時代の重要な哲学の著作として、『尚書』洪範と『易経』がある。また主要な文字として、甲骨文と金文がある。この時期の暦法を反映するものとしては、『夏時』・『夏小正』がある。『左伝』の引く『夏書』には、夏王朝の時代に房宿の位置で発生した日食が記録されており、これは世界最古の日食の記録である。『詩経』には、前776年9月6日の日食について記載されており、これは我が国で最初の年月日が確実な日食の記録である。甲骨文によると、商王朝は十進位法を採用していた。商周では青銅器芸術が発達し、有名なものとして湖南省寧郷市で出土した四羊方尊と1986年に四川省広漢市の三星堆遺跡で出土した大型の青銅立人像・面具・神樹などがある。

およそ前2070年～前1600年　夏王朝の統治時代[3]。夏王朝は、中国の中原地域における最初の「天下共主」を最高統治者とした奴隷制王朝である。

前1600年頃～前1046年　商王朝の統治時代。

前1300年頃　盤庚が殷に遷都した。

およそ前13世紀末から前12世紀初め　武丁が鬼方・土方などを征討した。

およそ前12世紀末　古公亶父が周人を率いて周原に居を遷した。

前1046年～前771年　西周の統治時代[4]。

前927年　穆王が呂侯に命じて呂刑を作らせた。

前909年　懿王が鎬から犬丘に遷都した。

前841年　共和元年。この年が、中国の歴史において史籍に記載された確実な紀年の始まりである[5]。周の厲王が貪婪かつ暴虐であったため、国人は王を彘に追放した。歴史上、「彘の乱」と呼ばれている。

前828年　周の厲王が彘で死去し、太子の静が即位した。これが宣王である。宣王は周公と召公に命じて輔政の任に就かせた。

3　夏王朝の始まりと終わりの年代については、学界で様々な見解がある。ここでは、夏商周断代工程専家組編著『夏商周断代工程1996～2000年階段成果報告・簡本』に従った。

4　周の武王が牧野の戦いによって商を滅ぼし、周を建立した年については、学界で数十もの説がある。ここでは、夏商周断代工程専家組編著『夏商周断代工程1996～2000年階段成果報告・簡本』に従った。

5　共和には2つの説がある。1つは、『史記』周本紀に「召公・周公の二相、政を行い、号して共和と曰う」とあるのに基づく説、もう1つは、『史記索隠』に引く古本『竹書紀年』に「共伯和、王位を干す」とあるのに基づく説である。

前827年～前782年　宣王が即位し、「千畝に籍せず」、井田制が崩壊した。宣王は在位中に、吉甫・南仲らに命じて玁狁・西戎に対して出兵し、西北を経略させ、また申伯・韓侯らに命じて中原を経略させ、方叔・皇父らに命じて東南を経略させ、「日ごとに国を辟くこと百里」、歴史上「中興」と呼ばれている。

前771年　申侯が西夷・繪人・犬戎と連合して幽王を攻め殺し、褒姒を虜とした。諸侯は、幽王と申后の子である宜臼を擁立した。これが平王である。

前770年　晋の文侯・鄭の武公・秦の襄公に護送され、平王が東遷して洛邑に至った。歴史上、「東周」と呼ばれている[6]。平王は秦の襄公に岐山以西の地を賜与し、秦は初めて諸侯の列に加わった。

前770年～前221年

春秋・戦国時代。東周時代とも呼ばれる[7]。奴隷制的生産様式が衰微し、封建制的生産関係が次第に形成され、確立した。春秋時代は、周の平王の東遷を指標として、前770年より始まる。戦国時代は、周の元王元年を境とし、前475年より始まる[8]。この時代には、「百家争鳴」の局面が見られた。老子と荘子は道家の創始者であり、その載籍として『老子』・『荘子』がある。孔子は儒家の創始者、孟子と荀子はその代表的人物であり、載籍として『論語』・『孟子』・『荀子』がある。墨子は墨家の創始者であり、載籍として『墨子』がある。韓非は法家の集大成者であり、載籍として『韓非子』がある。孫武と孫臏は兵家の代表的人物であり、載籍として『孫子兵法』と『孫臏兵法』がある。また重要な著作として、以下のものがある。文学と史学の著作には、『詩経』・『離騒』・『春秋』・『左伝』・『国語』・『戦国策』などがある。工事技術の著作には、『考工記』がある。天文学の著作には、甘徳の『天文星占』と石申の『天文』（合わせて『甘石星経』と呼ばれる）がある。医和・医緩・扁鵲は、この時代の名医である。二十四節気は、おおよそ戦国時代に基本的に確定した。春秋戦国時代では、四分暦が採用された。この暦法は、歳実（回帰年）は365日、閏法は19年間に7閏であり、当時の世界で最も精確な暦法の一つであった。おおよそ前8世紀から前6世

6　西周の年数については諸説がある。（1）『史記』周本紀の集解に引く古本『竹書紀年』には、周の武王が商を滅ぼしてから幽王に至るまで計257年とある。（2）『史記』匈奴列伝には、周の武王が商を討伐してから犬戎が幽王を殺害するまで計400年余りとある。（3）『漢書』律暦志に引く劉歆『世経』には、伯禽から春秋に至るまで計386年とある。（4）劉恕『通鑑外紀』では、西周は計352年とする。

7　王朝としての「東周」は、前256年に周の赧王が世を去ったことで終了した。歴史時代としての下限は、前221年である。

8　「戦国時代」の開始について、学界では前453年の「三家分晋」を指標とする説、前403年に周の威烈王が正式に三家を諸侯としたことを指標とする説がある。ここでは、『史記』六国年表に従った。

紀に至るまでに、我が国の天文学者たちは二十八宿の体系を創立した。戦国時代には、「司南」が出現し、「刻漏」が発明された。建築技術も急速に発展し、魯国の公輸班は当時最も有名な工匠であった。

前753年　秦が初めて史官を設けて記録を取らせた。

前750年　秦の文公が岐で戒人を討ち破り、岐山以東を周に献上した[9]。

前722年　魯国の編年史『春秋』はこの年より始まる。

前685年　斉の公子小白が即位した。これが桓公である。桓公は管仲・鮑叔牙らを任用して内政を改革し、斉国は日に日に強力となった。斉国は、「地を相(み)て征を衰(そ)ぐ」を実施し、土地の状況に応じて異なる額の田税を徴収した。

前679年　斉の桓公が、宋公・陳侯・衛侯・鄭伯と鄄で会盟を行い、初めて諸侯に覇となった。

前667年　周の恵王が召伯廖を遣わし、斉侯を冊封して侯伯とした。

前656年　斉の桓公が諸侯を率いて楚を攻撃した。楚は大夫の屈完を使わして諸侯と講和し、召陵で会盟が行われた。

前655年　斉の桓公が魯・宋・陳・衛・鄭・許・曹の君主と首止で会盟を行い、王室の乱の平定を画策した。晋が虢と虞を滅ぼした。

前651年　斉の桓公が周の太宰の周公・魯侯・宋公・衛侯・鄭侯・許男・曹伯と葵丘で会盟を行った。これが斉の桓公が主催した中で最も盛大な会盟であった。

前649年　周の太叔帯が揚・拒・泉・皋・伊・洛の戎を引き入れて周を攻撃した。秦と晋が兵を連ねて戎を撃ち、周を救った。戎人は敗退し、太叔帯は斉に逃亡した。

前645年　韓原の戦いで、秦軍が晋の恵公を捕虜とした。晋が「爰田を作」り、土地を農民に分給し、小農様式の経営を実施した。また「州兵を作」った。

前644年　晋の公子重耳が斉国に亡命した。

前643年　斉の桓公が死去した。公子の無詭が即位し、太子の昭は宋国に亡命し、斉は大いに乱れた。

前639年　宋の襄公が斉・楚と鹿上で盟を結び、斉の桓公を継いで覇者となろうと欲した。

前638年　楚軍が宋の襄公を泓で破った。

前636年　秦が晋の公子重耳を護送して国に帰還させた。これが晋の文公である。

前633年　晋が三軍を創建し、被盧で閲兵を行い、郤縠を帥とした。

前632年　晋が楚と城濮で戦い、楚軍を大いに破り、晋はついに北方諸侯の覇となった。

9　今本『竹書紀年』は平王十八年のこととする。ここでは『史記』秦本紀に従った。

晋は斉侯・魯侯・宋公・蔡侯らと践土で会盟を行った。歴史上、「践土の盟」と呼ばれる。周の襄王も招きに応じて会に赴き、晋の文侯を侯伯に冊封した。晋は三軍の他に三行を立て、合わせて六軍とした。これは、当時の諸侯国の中で最大の軍事力であった。

前629年　晋は清原で大蒐礼を挙行し、軍隊を五軍に改編した。

前627年　晋は殽で秦師を破り、秦の三帥を捕えた。

前623年　秦の穆公が戎臣の由余の計略を採用し、戎王を攻撃し、千里の地を開き、ついに西戎の覇となった。

前613年　周公閲が王孫蘇と政権を争い、晋に訴えた。晋の趙盾がこの訴えを聴き、周の混乱を収めた。『春秋』に「秋七月、星孛の北斗に入る有り」とあり、これは世界最古のハレー彗星の記録である。

前606年　楚の荘王が陸渾の戎を討伐し、洛まで至り、九鼎の軽重を問い、周王に取って代わる意思があることを示した。

前594年　魯が「初めて畝に税」し、井田制における民の力を借りて公田を耕す助法を廃止し、田畝の広さに応じて税を徴収する方法に改めた。

前593年　周室が再び乱れ、晋の卿の士会が王室の混乱を収めた。

前590年　魯が「丘甲」制度、すなわち丘（十六井を丘とする）ごとに軍賦を出させる制度を定めた。

前588年　晋が「六軍を作り」、韓厥・趙括・鞏朔・韓穿・荀騅・趙旃を卿とした。

前584年　諸侯が馬陵で会盟を行った。晋が巫臣を呉に使者として遣わし、呉に戦車戦陣の法を教えた。こうして初めて呉と中原諸国が通じた。

前582年　晋と諸侯が蒲で会盟を行った。

前579年　宋の大夫の華元が晋と楚に遊説し、両者の和平に成功した。晋と楚の第1次「弭兵」の会である。

前576年　呉が初めて中原諸侯の会盟に参加した。

前575年　晋が鄢陵で楚・鄭の軍を破り、晋の覇業が復興した。

前565年　晋の悼公が諸侯の大夫と邢丘で会盟を行い、諸侯の朝聘の数目を規定した。その意図は、文襄の覇業を回復することにあった。

前562年　魯が三軍を編制した。魯の3家が公室を三分し、それぞれその1つを有した。その後、また「公室を四分」した。

前554年　晋と諸侯が督揚で会盟を行い、「大は小に欺くこと母かれ」と約した。

前551年～前479年　儒家の創始者である孔子が生きた時代[10]。

10　孔子の生年について、『史記』孔子世家は魯の襄公二十二年とし、『公羊伝』と『穀梁伝』は魯の襄公二十一年とする。ここでは、『史記』孔子世家に従った。

前546年　宋の大夫の向戌が諸侯の「弭兵」を実現するため晋と楚の両国間を遊説し、ついに諸侯は宋国で会盟を行い、晋と楚の両国を覇者とみなすことを確認した。

前538年　鄭の子産が「丘賦」の制度を定めた。

前536年　鄭の子産が刑書を鋳した。

前532年　斉国の田氏らが欒氏と高氏を攻撃し、田氏が次第に強大となった。昭公の時代に、晋の六卿が強盛となり、公室は衰微した。

前513年　晋の趙鞅が刑鼎を鋳造し、范宣子が定めた刑書を頒布した。

前506年　呉が楚を伐ち、郢に攻め入った。

前498年　孔子が魯を去って衛に向かい、これより列国を周遊した[11]。

前496年　越王勾践が呉国の軍に勝利した。呉王闔閭は負傷して陘で死去し、子の夫差が即位した。

前494年　呉王夫差が越国に勝利した。勾践は大夫の文種を派遣して和を求め、呉と越は和睦した。

前483年　魯が「田を用て賦」した。すなわち、田畝に基づいて税額を増加した。

前482年　呉が晋・魯などと黄池で会盟を行い、諸侯に覇たらんと欲した。

前481年　孔子が編修した『春秋』は、この年の「西に狩して麟を獲たり」の句で筆が置かれている。

前474年　越が初めて中原諸国と通じた。

前473年　越が呉を滅ぼし、呉王夫差は自殺した。越は諸侯と徐州で会盟を行い、覇者となった。

前468年〜前376年　墨家の創始者である墨子が生きた時代[12]。

前467年　魯の三桓（孟孫氏・叔孫氏・季孫氏）の勢力が強盛となり、公室は没落した。

前445年〜前396年　魏の文侯の在位期間。李悝に命じて改革を実施させた。

前440年　周の考王が弟の掲を王城に封じた。これが西周の桓公である。

前408年　秦が「初めて禾に租」した。このとき秦国は初めて土地の畝数に基づいて租税を徴収した。

前403年　晋の大夫の韓虔・魏斯・趙籍が自立して諸侯となった。これが「三家分晋」である。

前401年〜前381年　楚の悼王の在位期間。呉起に命じて変法を実施させた。

前391年　田和が斉の康公を廃位し、自ら即位した[13]。

11　『史記』孔子世家は、周の敬王十四年のこととする。ここでは、『史記』十二諸侯年表及び魯世家に従った。
12　墨子の生年については、孫詒讓『墨子閒詁』の附録『墨子年表』に従った。この他、前490年、前480年、前475年などの説がある。
13　『史記』六国年表では、周の安王十六年のこととする。ここでは『史記』田完世家に従った。

前386年　周の天子が田和を立てて斉侯とした。

前375年　秦が「戸籍相伍」を実施し、5戸を単位として統一的に戸籍に編制した。韓が鄭を滅ぼした。

前374年　斉が臨淄城に「稷下学官」を設け、学者たちが雲のごとく集まった。

前372頃～前289年　儒家の代表的な人物である孟子が生きた時代。

前367年　趙と韓が西周公国の内乱に乗じ、東周の恵公が鞏に国を立てるのを手助けした。これより、周の王畿は東周・西周の二公が分治した。周の顕王は成周洛邑に寓居した。

前361年～前338年　秦の孝公の在位期間。前355年、孝公は商鞅を左庶長とし、変法を実施させた[14]。

前356～前320年　斉の威王の在位期間。鄒忌に命じて改革を実行させた。

前353年　斉と魏の間に桂陵の戦いが発生した。斉軍は田忌と孫臏の指揮のもと、「魏を囲いて趙を救う」の策を採用して魏軍を大いに破った。

前351年　韓が申不害を相とした。

前350年　秦が櫟陽から咸陽に遷都した。

前344年　魏の恵王が12の諸侯と逢沢で会盟を行い、その後諸侯を率いて周の天子に孟津で朝した。

前341年　斉が魏軍を馬陵で大いに破った。孫臏が斉の軍師となった。

前334年　魏と斉が徐州で「相い王と」なった。楚が越を滅ぼし、越王を殺した。

前325年　秦が初めて王を称した。

前318年　魏の公孫衍が魏・趙・韓・燕・楚の5国の合従を策動して秦を攻撃し、楚王をその長に推戴した。連合軍は秦の函谷関を攻撃したが、敗れて撤退した。

前316年　秦の司馬錯が蜀を滅ぼした。

前315年　周の最後の天子である赧王が即位し、西周公国の王城に居を遷した。

前313～前238年　荀子が生きた時代。彼の思想は、儒家と法家を混一したものであった。

前307年　趙の武霊王が令を下して胡服騎射を推進し、趙国の軍事力を増強した。

前296年　趙が斉・燕と共に中山国を滅ぼした。

前290年　東周君が秦に入朝した。

前288年　秦の昭王が西帝を自称し、魏冉を遣わして斉王を東帝に立てた。後に、再び王を称した。

前286年　斉が魏・楚と共に宋を滅ぼし、その地を三分した。

前284年　楽毅が燕・秦・魏・韓・趙の5国連合軍を率いて斉国の臨淄に攻め入った。

14　『史記』六国年表では、秦の孝公六年のこととし、商君列伝では孝公三年のこととする。ここでは、林剣鳴『秦史稿』に従った。

前280年頃～前233年　法家の代表的人物である韓非が生きた時代。

前279年　趙王と秦王が澠池で会した。楚の荘蹻が滇に入り、自立して王となった。

前278年　秦軍が楚国の都郢を攻略し、占拠した。屈原が汨羅江に身を投じた。

前270年　秦が義渠を滅ぼし、遂に隴西・北地・上郡を占領し、胡人の侵入を防ぐために長城を築いた。

前260年　秦が趙を長平で破り、上党を占領した。

前256年　秦が西周公国を滅ぼした。周の赧王が死去し、周王朝は亡びた。秦は九鼎を獲得した。周室が再び王を称することはなく、これ以降、歴史家たちは秦王の紀年を用いている。楚が魯を滅ぼした。

前249年　秦は呂不韋を宰相とし、文信侯に封じた。東周公が諸侯と謀って秦を陥れようとしたため、秦は東周公国を滅ぼした。

前246年　水工の鄭国が秦のために涇水を開鑿して水渠を作り、田4万余頃に灌漑し、秦人は大いにその利を獲得した。

前241年　趙の龐煖が最後の合従を組織し、楚・趙・魏・韓・衛の5国を率いて秦を攻撃したが、秦は蕞で連合軍を破った。

前238年　秦王政が親政を開始し、嫪毐を殺害した。また翌年には、呂不韋を罷免した。その後、呂不韋は蜀に遷され、罪を畏れて自殺した。

前237年　秦は客卿を駆逐しようとしたが、李斯が上書してこれを諫止した。

前230年　秦が韓を滅ぼした。

前225年　秦が魏を滅ぼした。

前223年　秦が楚を滅ぼした。

前222年　秦が燕を滅ぼし、また趙を滅ぼした。

前221年～西暦220年

秦・漢の統治時代。この時代に、秦は六国を滅ぼして統一的専制主義中央集権国家を建立し、その影響は遠大であった。思想の分野では、まず法家思想が隆盛を極め、黄老の「無為」、「独り儒術を尊び」、仏教の伝来と道教の興起が続いた。また今文・古文の争いを経て、讖緯が流行した。この時代の重要な著作として、以下のものがある。目録学では劉歆の『七略』があり、哲学では王充の『論衡』があり、史学では司馬遷の『史記』と班固の『漢書』、官修の『東観漢記』があり、数学では『算数書』があり、医学では『黄帝内経』と『神農本草経』、張仲景の『傷寒雑病論』があり、天文学では『霊憲』があり、農学では氾勝之の『氾勝之書』と崔寔の『四民月令』がある。文

学の形式では、主に漢賦・散文と楽府詩があり、代表作として、賦では賈誼の『吊屈原賦』、司馬相如の『子虚賦』があり、散文では賈誼の『過秦論』、晁錯の『論貴粟疏』があり、楽府詩では『孔雀東南飛』がある。漢代の絵画芸術は卓越しており、1972年に長沙市の馬王堆漢墓で出土した帛画は、当時の絵画の最高水準を示すものである。

前221年　秦が斉を滅ぼした。ここに、六国は全て亡びた。秦王政は号を皇帝と改め、自身を始皇帝とし、命を制とし、令を詔とし、自称を朕とした。また、君主専制・中央集権・官僚制度を三位一体とする君主専制の中央集権国家を樹立し、全国に郡県を設置し、度量衡と文字を統一した。

前220年　始皇帝が西北を巡狩した。全国に馳道を建設した。

前219年　始皇帝が最初の東巡を行い、泰山・梁父で封禅を行い、随行した大臣がその功を石に刻んだ。方士の徐市に命じ、童男童女を率いて入海求仙させた。また、南巡を行った。

前218年　張良が始皇帝を博浪沙で刺殺しようと謀ったが、果たせなかった。

前216年　民に自ら実田（占有する土地を申告）させた。

前215年　蒙恬を北に派遣して匈奴を攻撃した。

前214年　秦が南越の陸梁の地を攻略して3郡を設置し、民を徙して越人と雑居させた。蒙恬が匈奴を破り、河南の地を奪取した。長城を修築し、匈奴を防衛した。

前213年　秦が挟書律を定め、令を下して焚書を実施した。

前212年　始皇帝が人に命じ、九原から雲陽に至るまでの山を鑿ち谷を埋め、直道を通じさせた。また阿房宮を造営した。方士・儒生を穴埋めにした。

前210年　始皇帝が南巡を行い、帰る途中の沙丘宮で死去した。李斯と趙高は密かに胡亥を皇帝に擁立した。これが秦の二世皇帝である。また、扶蘇と蒙恬に死を賜った。

前209年　陳勝と呉広が蜂起し、陳勝は王を称して国号を張楚とした。劉邦が沛で蜂起し、沛公と称した。秦の二世皇帝が衛君角を廃して庶人とし、周初以来の諸侯はこの衛を最後に全て亡びた。

前208年　陳勝が御者の荘賈に殺害された。秦の将軍章邯が楚軍を撃破し、項梁は戦死した。秦の二世皇帝が李斯を殺し、その一族を滅ぼした。

前207年　項羽が秦軍の主力を巨鹿で撃破した。趙高が二世皇帝を殺害し、子嬰を擁立し、号を降格して秦王とした。子嬰が趙高を殺し、その一族を滅ぼした。

前206年　劉邦の軍が覇上に至ると、秦王子嬰が降伏し、秦は亡びた。劉邦は秦の人々と法三章を約した。項羽は楚の懐王を尊んで義帝とし、自らは西楚覇王となり、諸王を

分封した。

前205年　項羽が人を派遣して義帝を殺害した。

前204年　趙佗が自立して南越武王となった[15]。

前203年　項羽と劉邦が天下を二分することを約し、鴻溝をその境界とした。

前202年　劉邦が盟約に背いて項羽を攻撃し、項羽は敗れて烏江で自刎した。劉邦は氾水の北で皇帝に即位した。これが漢の太祖高皇帝である。高帝は、初めは洛陽を都にしようとしたが、間もなく長安に改めることを決定した。

前201年　高帝は大いに功臣を封建し、また同姓も大いに封建した。叔孫通に命じて朝儀を定めた。

前200年　長安の長楽宮が完成し、正式に都を遷し、初めて朝儀が行われた。高帝は自ら兵を率いて匈奴を攻撃し、平城まで至ったが、包囲された。

前198年　漢が劉敬の建議を採用し、匈奴と和親した。高帝は初めて斉・楚の大族及び豪傑を関中に遷した。

前196年　韓信と彭越を殺害し、その一族を滅ぼした。趙佗を立てて南越王とした。

前192年　宗室の娘を公主とし、匈奴に嫁がせた。越君揺を封じて東海王とした。

前191年　秦が定めた挟書律を廃止した。

前188年　恵帝が死去し、呂后が前180年まで臨朝称制を行った。呂后は呂氏一族を大いに封建して王とした。

前187年　秦が定めた夷三族罪及び妖言令を廃止した。

前180年　右丞相の陳平と太尉の周勃が呂氏一族を誅殺し、代王恒を迎えて皇帝に擁立した。

前179年　収孥連坐の令を廃止した。南越が漢朝に帰順し、趙佗は帝号を去った。

前174年　淮南王劉長が閩越・匈奴と結んで謀反した。文帝は宗室の娘を送って匈奴と和親を結んだ。賈誼は『治安策』を上奏し、「衆く諸侯を建てて其の力を少なからしむ」という主張を提起した。

前165年　鼂錯が諸侯の勢力を削減すること、法令を改めることを進言した。

前156年　民が納める田租を半額とし、三十分の一税とした。

前154年　呉や楚など7国が兵乱を起こした。歴史上、「七国の乱」と呼ばれている。景帝は周亜夫を遣わして乱を平定させた。

前140年　武帝が自ら賢良・方正・直言極諫の士に策問した。董仲舒は対策の中で、刑名を黜け、儒術を崇び、太学を興すことを進言した。また衛綰は対策の中で、賢良に

15　『中外歴史年表』は前206年とする。ここでは張栄芳・黄淼章『南越国史』に従った。

挙げられた申・韓・蘇・張の言をなす者を黜けることを進言した。

前138年～前126年　張騫の第1次西域出使。

前136年　三銖銭を廃止し、半両銭を発行した。五経博士が設置され、儒学は官学の地位に上った。

前134年　武帝が初めて郡国に「孝廉を挙げ」させた。この後、察挙は地方から人材を選抜する主要な制度となった。

前130年　唐蒙・司馬相如らに命じて相次いで西南夷と通じ、西南夷を帰順させ、郡県を置いた。張湯が律令を定めた。

前127年　武帝が主父偃の策を採用して「推恩令」を発布し、諸侯王の子弟を分封して侯とし、その勢力を分割した。また将を派遣して匈奴を攻撃し、衛青の軍が河南の地を攻略した。民を募って朔方に徙した。武帝は初めて郡国の豪傑及び貲300万以上の者を茂陵に遷し、その後幾度も豪富の家を遷徙した。

前122年　「左官律」と「附益法」を発布し、諸侯王の地位を低下させ、その勢力に打撃を与えた。

前121年　匈奴を攻撃し、霍去病の軍が祁連山まで至り、大勝した。

前119年～前115年　張騫の第2次西域出使。大軍を発して匈奴を攻撃し、衛青と霍去病をその帥とした。霍去病が狼居胥山を封じて帰還し、これより「漠南に王庭無し」となった。

前119年　算緡令を発布した。商人に命じて自ら財産を申告させ、車船の使用税を徴収した。

前115年　桑弘羊を大農中丞とし、均輸官を郡国に設置して貨物を流通させた。また郡国の鋳銭を禁じた。張騫が烏孫から帰還し、西域と漢の通交が始まった。

前114年　民に告緡させ、これを楊可に担当させた。告発者には告発を受けた者の資産の半分を与えると規定した。

前111年　南越の丞相の呂嘉がその王を殺害した。漢軍が南越に攻め込み、南越は滅亡した。翌年、漢は南越の故地に9郡を設けた。東越王余善が帝を称したため、漢軍は東越を平定し、閩越の民を江淮の間に徙した。

前110年　越繇王が東越王余善を殺害して漢に降った。東越の民をことごとく江淮の間に徙した。武帝が東巡を行い、泰山・梁父で封禅を実施し、元封と改元した。また北巡を行った。この後、武帝は幾度も出巡した。桑弘羊を治粟都尉とし、大農を領せしめ、塩鉄を掌らせた。地方に均輸官を置き、京師には平準官を置いた。

前109年　滇王が漢に降り、その地に益州郡を置いた。

前108年　将を派遣して車師を撃破し、その王を捕えた。朝鮮の尼谿相参が朝鮮王を殺

害して漢に降り、漢は楽浪・臨屯・玄菟・真番の4郡を設置した。司馬遷を太史令とした。

前106年　朔方・交趾などの州、全13部を設置した。いずれも刺史を置き、「六条問事」によって監察させた。

前105年　宗室の娘を烏孫に嫁がせた。また漢と安息が使者を通じた。西域諸国が漢に遣使した。

前104年　『太初暦』を作り、夏正を用いた。服色を変え、官名及び宗廟の百官の儀を定めた。『太初暦』は、我が国最初の記載が完全な暦法である。

前102年　漢が大宛を撃破した。漢と西域諸国との通使は日に日に頻繁となった。

前99年　李陵が匈奴に投降した。司馬遷が李陵の事を上言したため、腐刑に処された。「沈命法」を制定し、群盗の発生を予期できなかった者、或いは検挙者数が規定に満たない者は、二千石以下小吏に至るまでみな死刑に処す、と規定した。

前91年　皇后の衛氏と太子の拠が巫蠱事件のため自殺した。「巫蠱の禍」と呼ばれている。

前89年　武帝が「輪台罪己の詔」を下した。趙過を捜粟都尉とし、農具を改良し、「代田法」を推進した。

前81年　塩鉄会議が開かれた。桓寛はこれによって『塩鉄論』を撰した。昭帝が榷酤官を廃止した。

前65年　亀茲王が漢に入朝した。将を派遣して莎車を攻撃し、莎車王は自殺した。

前62年　使を遣わして郡国を巡行させ、風俗と吏治を観察させた。

前57年　匈奴で五単于が位を争い、国内は大いに乱れた。

前51年　宣帝が諸儒に命じて石渠閣で五経の異同を講論させ、梁丘の『易』・大小夏侯の『尚書』・『穀梁春秋』の博士を立てた。

前48年　戊己校尉を置き、車師の故地で屯田を開いた。

前43年　『漢書』五行志に、四月に「日黒居仄、大如弾丸」と記載されている。これは、太陽の黒点の最古の記録と考えられている。

前36年　西域都護の甘延寿らが北匈奴の郅支単于を攻撃して殺した。匈奴の勢力は西域から撤退した。

前33年　漢の元帝が宮女の王嬙（王昭君）を匈奴の呼韓邪単于に賜った。

前26年　人を派遣して天下の遺書を求め、劉向らに命じて校書させた。

前1年　哀帝が死去し、太皇太后の王氏が臨朝した。王莽が大司空、領尚書事となり、百官の上に位した。

5年　王莽が平帝を殺害し、「仮皇帝」と称した。

8年　王莽が天子の位につき、国号を「新」と改めた。

9年　官名・地名・爵名を大々的に改めた。天下の田を「王田」とし、奴婢を「私属」とした。

10年　王莽が漢の諸侯王を廃して民とした。五均・六筦・賖貸の法を制定した。

22年　王莽が将を派遣して青州の樊崇の赤眉軍及び荊州の王匡の緑林軍を攻撃した。緑林軍は下江兵と新市兵に分かれた。漢の宗室の劉縯・劉秀らが宛で兵を挙げ、新市・平林の兵と合流した。

23年　新市・平林の諸将が漢の宗室の劉玄を皇帝に推戴し、更始の元号を建てた。劉秀が昆陽などの地を攻略した。更始帝が洛陽に駐屯し、劉秀を行大司馬事に任じて河北を攻略させた。翌年、更始帝が長安に遷都した。

25年　蜀王の公孫述が帝を称し、龍興の元号を建てた。劉秀が鄗南で帝を称し、建武の元号を建てた。これが後漢の光武皇帝である。赤眉軍が漢の宗室の劉盆子を帝に擁立した。赤眉軍が長安に進入し、更始帝は出奔した。光武帝が洛陽に入り、ここを都に定めた。赤眉軍が更始帝を殺害した。

26年　光武帝が功臣を大いに封建した。

27年　馮異が赤眉軍を大いに破り、劉盆子は漢に降った。

30年　田租を旧制に戻し、三十分の一税とした。

48年　匈奴が南北2部に分裂した。

49年　烏桓の大人郝旦らが内属し、漢は烏桓校尉を設置した。烏桓が長城内に遷った後、鮮卑が烏桓の故地を占拠した。

57年　倭奴国が遣使奉献し、光武帝は「漢委奴国王印」を賜った。

68年　後漢の明帝が洛陽に白馬寺を建立するよう命じ、迦葉摩騰と竺法蘭の2僧が居住した。

70年　汴渠が完成し、黄河と汴河の分流に成功した。60年余りにわたる河患はここに終息し、黄河の流れは800年余りにわたって安定した。

73年　班超が西域に出使した。西域と漢は60年余り隔絶していたが、ここに再び通じた。

74年　西南夷の哀牢・白狼ら100国余りが使者を遣わして奉表進貢した。西域諸国の多くが子を派遣して入侍させた。

79年　章帝が諸儒生に命じて白虎観で五経の異同を議論させた。

85年　『太初暦』に誤差が生じたため、新たに制定した『四分暦』を発布した。

89年～91年　幾度も兵を発して北匈奴を攻撃し、これを大破した。北匈奴の主力は遠方へ遁走した。

91年　亀茲・姑墨・温宿の諸国が降ったため、再び西域都護を設置し、班超を都護とした。

92年　鄭衆が竇憲を誅した功により、鄛郷侯に封ぜられた。こうして宦官の封侯と権力

掌握の先例が開かれた。

97 年　班超が甘英を大秦に出使させた。甘英は条支を経由し、安息の西界まで到達して帰還した[16]。

105 年　蔡倫が紙の製造に成功した。

132 年　張衡が銅製の候風地動儀を製造した。

156 年～ 181 年　鮮卑の檀石槐が諸部を統一した。

159 年　桓帝が宦官の単超ら5人を県侯に封じた。その後、宦官の権勢は日に日に重くなっていった。

166 年　大秦王安敦の遣使が漢に来航した。司隷校尉の李膺ら200人余りが党人と呼ばれ、獄に下された。赦免の後、彼らは終身禁錮（仕官停止）とされ、「党錮」の禍が開かれた。

169 年　党獄が再び起こり、公卿守相の死者は100人余りに上り、妻子は辺境に徙された。附従者の禁錮は五服に及び、州郡の豪傑は多くが党籍に陥れられた。

176 年　州郡に詔し、改めて党人の門生・故吏・父子・兄弟を審査させ、官位にある者はみな免官禁錮とし、連座は五服に及んだ。

184 年　張角が主導する黄巾起義が勃発した。また黒山軍が冀州で蜂起した。張修が五斗米道によって蜂起を組織し、巴郡を攻略した。天下の党人を大赦した。

185 年　各地の農民が次々と蜂起した。このうち重要なものとして、博陵の張牛角、常山の褚飛燕、黄龍の左校などがある。

189 年　董卓が洛陽に入り、少帝を廃して弘農王とし、陳留王協を擁立した。これが孝献皇帝である。董卓は自ら相国となった。

190 年　関東の州郡が兵を挙げ、袁紹を盟主に推戴し、董卓を討伐した。董卓は献帝を脅迫して長安に遷都した。

192 年　司徒の王允が計略を設けて董卓を殺害し、その一族を滅ぼした。曹操が黄巾軍を撃破して多くの捕虜を獲得し、その中から精鋭を選抜して青州兵を編制した。

196 年　曹操が後漢の献帝を許に遷し、天子を挟んで諸侯に令した。曹操が大いに屯田を興した。

200 年　曹操が袁紹を官渡で大いに破った。また田租戸調制を定めた。

208 年　曹操が丞相となった。孫権・劉備の連合軍が赤壁で曹操軍を大いに破った。

210 年　曹操が人材推薦において「唯だ才のみ是れ挙げよ」という令を下した。

216 年　曹操が魏王に昇進した。また曹操が南匈奴を5部に分け、并州に居住させた。

219 年　劉備が漢中王を称した。

16　『中国史稿』大事年表は99年のこととする。ここでは沈福偉『中西文化交流史』に従った。

220年～589年

魏晋南北朝時代。この時代に中国は分裂し、各少数民族が次々と中原や周辺地域に進入し、政権を建立した。また地域経済が発展し、民族融合が波瀾閥達に進んだ。魏晋交替期には、玄学が一世を風靡し、何晏・王弼がこれを首唱した。また仏教が発展し、中国化した。道教も広く伝播し、その影響は日に日に大きくなっていった。重要な文学の形式には、詩歌・辞賦・散文・小説などがある。詩歌は「建安風骨」が推賞され、「三曹」と「建安七子」を代表とする。辞賦は陶淵明の『帰去来辞』や曹植の『洛神賦』を、散文は嵆康の『与山巨源絶交書』を、小説は干宝の『捜神記』や劉義慶の『幽明録』と『世説新語』を代表とする。重要な著作には、以下のものがある。史学の著作には、陳寿の『三国志』、范曄の『後漢書』、沈約の『宋書』、蕭子顕の『南斉書』、魏収の『魏書』があり、数学の著作としては劉徽の『九章算術注』があり、農学の著作には『斉民要術』があり、医学の著作には王叔和が整理した『傷寒論』と『金匱要略』があり、地理学の著作には酈道元の『水経注』がある。地図学には裴秀の『禹貢地域図』があり、虞喜の『安天論』は初めて「歳差」の概念を提起した。華佗は麻沸散を発明した。甘粛の敦煌石窟、大同の雲崗石窟、洛陽の龍門石窟、邯鄲の響堂山石窟、甘粛の麦積山石窟などは、宗教文化・彫像・絵画と建築芸術を一身に集めた有名な石窟であり、これらはいずれもこの時代に開鑿が始まり、或いは完成した。書道芸術では、鍾繇・索靖・衛瓘・王羲之・王献之が最も有名である。絵画も目を引く成果があり、孫呉の曹不興は仏像画に優れ、顧愷之・陸探微・張僧繇らはみな名を馳せた。

220年　曹操が死去し、子の曹丕が襲爵した。陳群の奏により九品官人法を制定し、郡に中正を置いた。曹芳の時代に州大中正を置き、選挙の事を掌らせた。曹丕が皇帝を称し、魏国を建立し、洛陽に都を定めた。後漢の献帝は廃され、山陽公となった。

221年　劉備が成都で帝を称し、章武と改元し、国号を漢とした。歴史上、蜀漢と呼ばれている。孫権が魏に臣を称し、魏は孫権を冊封して呉王とした。

222年　鄯善・亀茲・于闐の各国が魏に使者を遣わして奉献した。西域が再び通じ、戊己校尉を設置した。劉備が自ら兵を率いて呉を攻撃したが、夷陵で敗れた。

224年　魏が太学を立て、博士を置いた。

225年　諸葛亮が雍闓と高定を撃破し、孟獲を捕えて釈放し、南中四郡を平定した。

226年　呉が丹陽・会稽・呉郡を分割して東安郡を設け、山越を管理した。

228年　諸葛亮が祁山に出て魏を攻撃した。魏の将張郃が蜀漢の将領馬謖を街亭で破った。

229年　孫権が皇帝を称し、元号を改めた。これが呉の大帝である。蜀漢は使者を派遣して呉を慶賀し、両国は盟を結び、天下を中分することを約した。

230 年　呉の艦隊が夷州に到達した。

235 年　魏が馬鈞に命じて司南車を製作させた。

237 年　魏が『太和暦』を『景初暦』に改めた。呉の将諸葛恪が山越を平定し、精兵数万を獲得した。

249 年　司馬懿が政変を発動し、曹爽・何晏らを殺害した。こうして司馬氏が遂に魏の政権を掌握した。

254 年　司馬師が魏帝を廃して斉王とし、高貴郷公髦を皇帝に擁立した。

258 年　孫綝が呉帝を廃して会稽王とし、琅琊王休を擁立した。これが景皇帝である。景帝が孫綝を殺し、その一族を滅ぼした。

263 年　魏の将鄧艾が成都を攻略した。後主劉禅が降伏し、蜀漢は亡びた。

264 年　魏が司馬昭を晋王に進封した。劉禅が洛陽に至り、安楽公に封ぜられた。

265 年　呉が武昌に遷都した。司馬炎が魏帝に禅譲を迫り、これを廃して陳留王とし、魏は亡びた。司馬炎は泰始に改元した。これが晋の武帝である。武帝は宗室を大いに封建した。

266 年　晋が民屯を廃止した。

277 年　西北の雑胡及び匈奴・鮮卑・五谿蛮、東夷の 3 国がそれぞれ部を率いて晋に帰属した。

280 年　晋が建業を攻め落とした。呉帝孫皓は降伏し、帰命侯の爵位を賜わり、呉は亡びた。晋が占田・課田令を発布し、また州郡の兵と軍屯を廃止した。

291 年～306 年　賈后が晋の諸王を殺害し、八王の乱が発生した。

299 年　江統が『徙戎論』を著し、馮翊 4 郡の羌を析支の地に徙し、扶風など 3 郡の氐を武都に徙すべきと主張した。

301 年　張軌が前涼を建立した。氐人の李特が蜂起した。

303 年　義陽蛮の張昌が李辰と名を改め、流民を集めて蜂起し、江夏を占拠し、丘沈（劉尼と改名）を皇帝に推戴し、漢の号を立て、神鳳の元号を建てた。

304 年　李雄が成国を建立し、338 年に李寿が漢と改めた。匈奴の劉淵が漢国を建立した。

306 年～308 年　劉伯根・王弥が荊州で蜂起した。

307 年　汲桑・石勒が河北で蜂起した。

310 年～312 年　雍州流民の南陽にいる者たちが王如を首領に推戴して蜂起した。

311 年～315 年　杜弢が長沙の流民を率いて蜂起した。

316 年　劉淵の族子劉曜が長安を包囲し、愍帝が降伏し、西晋は亡びた。

317 年　琅琊王司馬睿が江南で東晋を建てた。

318 年　劉曜が軍を率いて靳準の乱を平定し、漢国の皇帝に即位した。

319年　漢帝劉曜が国号を趙に改めた。歴史上、前趙と呼ばれている。石勒が後趙を建立した。350年には、冉閔が政権を奪取し、趙国の国号を魏に改めた。

337年　鮮卑の慕容皝が燕王を称し、石虎に称藩した。歴史上、前燕と呼ばれている。

338年　代王の翳槐が死去し、弟の什翼犍が後を継ぎ、建国の元号を建てた。

351年　氐人の苻健が自ら天王・大単于と称し、国号を秦とし、皇始の元号を建てた。歴史上、前秦と呼ばれている。

352年　前燕が冉閔を殺害し、魏は亡びた。

357年　苻堅が苻生を殺害して自立し、帝号を去り、大秦天王と称した。王猛を中書侍郎とした。

364年　東晋の桓温が戸口の大調査を実施した。その意図するところは土断にあり、「庚戌制」と呼ばれている。

370年　苻堅が鄴に入り、慕容暐を捕らえ、前燕は亡びた。

376年　前秦が北方を統一した。

383年　前秦の苻堅が東晋に進攻した。東晋の謝安は謝石と謝玄を遣わし、北府兵を率いて秦軍を淝水で防がせ、これを大いに破った。これが淝水の戦いである。

384年　慕容垂が後燕を建立した。また姚萇が後秦を、慕容泓が西燕を建立した。

385年　隴西鮮卑の乞伏国仁が西秦を建立した。

386年　鮮卑の拓跋珪が代王に即位し、登国の元号を建て、国号を魏に改めた。歴史上、北魏と呼ばれている。氐人の呂光が後涼を建立した。

394年　後秦の姚興が苻登を殺害し、また西秦の乞伏乾帰が苻崇を殺害し、前秦は亡びた。

397年　鮮卑の禿髪烏孤が南涼を建立した。盧水胡の沮渠氏が段業を擁立して北涼を建立した。401年には沮渠蒙遜が自立した。

398年　燕王の慕容徳が皇帝を称し、広固を都とし、建平と改元した。歴史上、南燕と呼ばれている。拓跋珪が平城に遷都し、宗廟社稷を建てた。また、官制を立て、音律を調え、律令を定めることを命じた。12月、拓跋珪が帝を称し、天興と改元した。

399年　会稽王司馬道子が専政を行い、孫恩が蜂起し、会稽を攻略した。法顕がインドに赴いて仏教の経典を求めた。

400年　李暠が西涼を建立した。

402年　東晋が桓玄を討伐する詔を下した。桓玄が建康に入り、自ら百揆を総べた。河西王禿髪利鹿孤が死去し、弟の禿髪傉檀が即位して涼王を称し、弘昌と改元し、楽都に遷都した。歴史上、南涼と呼ばれている。

403年　呂隆が沮渠蒙遜と禿髪傉檀に迫られ、国を挙げて後秦に降り、後涼は亡びた。桓玄が皇帝を称し、国号を楚とし、永始と改元し、晋帝を廃して平固王とした。北魏が冠

服の制を開始した。

404年　劉裕が桓玄を討伐し、桓玄は敗走した。劉裕は建康に入り、桓玄は晋帝を挟して江陵まで至った。益州都護の馮遷が桓玄を殺害した。北魏が官制を改めた。

405年　後秦の姚興が鳩摩羅什を国師とし、経典を翻訳させ、仏教は大いに盛んとなった。

407年　後燕の馮跋が慕容雲を擁立して天王とし、雲は姓を高氏に戻した。歴史上、北燕と呼ばれている。匈奴の鉄弗部の赫連勃勃が夏国を建立した。

409年　北魏の拓跋珪が子の清河王紹に殺害された。太子の嗣が紹を殺して即位し、永興と改元した。

410年　劉裕が北伐を行い、慕容超を捕らえてこれを斬り、南燕は亡びた。

412年〜413年　劉裕が庚戌土断の制を再び実施し、徐・兗・青三州の晋陵に居住する者の他、僑置された郡県の多くを省き、大量の北方の流民を現地の戸籍に編入した。

414年　禿髪傉檀が乞伏熾磐に降り、毒殺され、南涼は亡びた。

417年　東晋の将の王鎮悪が長安に攻め入り、姚泓は降伏し、後秦は滅びた。

420年　劉裕が皇帝を称した。これが南朝宋の武帝である。劉裕は永初と改元し、晋帝を廃して零陵王とし、東晋は亡びた。

422年　北魏が道士の寇謙之を崇奉し、道場を設け、道教が大いに盛んとなった。

431年　夏の赫連定が乞伏暮末を攻撃し、西秦は亡びた。吐谷渾が赫連定を捕らえ、夏は亡びた。北魏の司徒の崔浩が流品を整備し、姓族を弁別した。北魏が律令を改定した。

438年　北燕の馮弘が使者を使わして宋を迎えようとしたが、高句麗が弘を殺害し、北燕は亡びた。

439年　北魏が姑臧に兵を進め、北涼を滅ぼし、北方を統一した。

445年　宋が何承天の編纂した『元嘉新暦』を発布し、施行した。北魏の盧水胡の蓋呉が杏城で兵を挙げ、天台王と称し、宋と使者を通じ、関中は大いに乱れた。

446年　北魏が崔浩の建議を採用し、仏寺を毀ち、沙門を穴埋めにし、経像を焼却した。

450年　北魏の太武帝が軍を率いて宋を攻撃し、宋の文帝もまた兵を領して北伐に向かった。翌年、魏軍が南下し、宋軍は守りを固めた。最終的に、宋・魏はそれぞれ軍を退き、南北対立の局面は安定に向かった。

451年　北魏が正平と改元し、律令を改定した。

454年　宋が初めて南徐州の僑民に租を課した。

457年　宋が雍州の諸僑置郡県に土断を実施した。

462年　宋の祖沖之が新暦を作成し、また円周率の小数点第7位までを算出した。

466年　北魏が丞相の乙渾を殺害し、馮太后が称制した。

471年〜499年　北魏の孝文帝の在位期間。490年以前は、馮太后の指導の下で改革が実

施された。

479 年　蕭道成が帝を称し、建元と改元した。これが南朝斉の太祖高皇帝である。宋帝は汝陰王とされ、後に殺害され、宋は亡びた。

483 年　北魏が同姓の婚姻を初めて禁止した。

484 年　北魏が百官俸禄制を実施し、汚職官吏が「法を枉ぐれば多少と無く皆死とす」と規定した。

485 年　北魏が均田制を実施した。南斉の唐寓が蜂起した。

486 年　北魏が朝会で初めて袞冕を用いた。唐寓が銭唐を攻略し、皇帝を称したが、間もなく敗死した。北魏が戸籍を整え、郷党三長法と新租調制を制定し、州郡を整理した。

490 年　北魏の孝文帝が親政を開始し、漢化を中心とする改革を継続した。

493 年　北魏が遷都の計画と洛陽の造営を定め、翌年に正式に遷都した。

495 年　北魏の孝文帝が自ら孔子を祀った。また朝廷での鮮卑語を禁じた。国子・太学などを洛陽に立てた。

502 年　蕭衍が帝を称し、天監と改元した。これが南朝梁の高祖武皇帝である。蕭衍は斉帝を巴陵王とし、後にこれを殺害し、南斉は亡びた。梁が南徐州の諸郡県に土断を実施した。

509 年　北魏の皇帝が諸僧及び朝臣のために仏経を講じ、仏教が大いに盛んとなった。

524 年～ 530 年　北魏で六鎮の起義が発生した。まず沃野鎮で勃発し、その後河北や関隴地域に広がり、7 年を経て終息した[17]。

528 年　北魏の爾朱栄が長楽王子攸を帝に擁立し、胡太后及び幼帝の釗を黄河に沈め、建義と改元した。

528 年～ 529 年　北魏の河間の邢杲が流民を集めて北海で挙兵した。

534 年　北魏の孝武帝が長安に出奔し、宇文泰に殺害され、北魏は亡びた。高歓が北魏の清河王の世子善見を帝に擁立し、天平と改元した。これが孝静帝である。孝静帝は鄴に遷都した。この政権は、東魏と呼ばれる。翌年、宇文泰が魏の文帝を擁立した。この政権は、西魏と呼ばれる。魏はこれより、東西に分かれた。

541 年　東魏が『麟趾格』と呼ばれる新法令を発布し、施行した。西魏が新たな法制十二条を増設した。

548 年～ 551 年　梁朝で侯景の乱が発生した。

550 年　高洋が皇帝を称し、天保と改元した。これが北斉の顕祖文宣皇帝である。高洋は東魏の皇帝を中山王とし、後にこれを殺害し、東魏は亡びた。西魏が府兵制度を建立し

17　『魏書』粛宗紀では 524 年 3 月のこととし、『資治通鑑』は 523 年 4 月のこととする。ここでは朱大渭『六朝史論』の六鎮起義に関する考証に従った。

555年　梁の王蕭詧が江陵で帝を称し、大定と改元した。この政権は歴史上、後梁と呼ばれている。突厥が柔然を撃破し、西に嚈噠を破り、東に契丹を駆逐し、北方の大国となった。

557年　西魏の宇文覚が天王を称し、北周を建立した。西魏の恭帝を宋公とし、後にこれを殺害し、西魏は亡びた。陳覇先が帝を称し、永定と改元した。これが南朝陳の高祖武皇帝である。武帝は梁帝を江陰王とし、後にこれを殺害し、梁は亡びた。

564年　北斉が民の受田・輸租及び徴調の制を改定した。

574年　北周が仏・道2教を禁じ、寺院を破壊し、強制的に僧・道を還俗させた。北周が府兵制を改革した。

577年　北周が北斉を攻撃し、滅ぼした。陳が新たな度量衡制を発布した。

579年　北周が胡服を廃し、漢魏の衣冠を身に着けて朝賀するよう改め、大成と改元した。洛陽を東京とした。周の宣帝が太子の闡に禅位した。これが静皇帝である。周が陳の北徐州を攻略し、ここに江北・淮南の地はみな北周の統治下に入った。

580年　北周が仏・道2教を復した。楊堅が相国となり、百揆を総べ、爵は随王に進められ、北周の宗室諸王を殺害した。

581年〜907年

隋唐の統治時代。隋の統一により、400年近くに及んだ分裂の局面が終息し、統一的多民族国家が再建された。唐代では、歴史の経験を継承し、総括した基礎の上に、中国の歴史の新たな局面が開かれ、封建社会は新たなピークに入った。仏教は鼎盛に達し、道教はさらに唐朝の皇帝たちの尊崇を受け、道先仏後が欽定された。詩歌は唐代で最も盛んとなった。唐詩の最も有名な作者として、「初唐四傑」（王勃・楊炯・盧照鄰・駱賓王）、辺塞詩に長じた高適・岑参、田園詩に長じた王維・孟浩然、及び「詩仙」李白・「詩聖」杜甫がいる。柳宗元は「古文運動」の発起を主導した。重要な著作としては、以下のものがある。史学の著作に『晋書』、劉知幾の『史通』、杜祐の『通典』があり、地理学の著作に李吉甫の『元和郡県図志』、賈耽の『海内華夷図』があり、医学の著作に巣元方の『諸病原候論』、孫思邈の『備急千金要方』と『千金翼方』、唐の高宗の『新修本草』がある。仏教の経典『金剛経』では、木版印刷術が採用された。隋朝の劉焯は従来の平朔法に代わって定朔法を採用した。これは、天文学史上の重大な変革である。唐朝の僧一行は、世界初の地球の子午線測量を組織した。隋朝の李春が建造した趙州の安済橋は、現存する世界最古の単孔石のアーチ橋である。隋唐の絵

画芸術は、西域の「暈染法」を吸収し、多くの題材で発展が見られた。有名な画家として、呉道子・閻立本・張萱・周昉・韓幹らがいる。唐代の彫刻はきめ細やかで生き生きとしている。中でも、唐の太宗の昭陵の前に置かれた石彫りの六駿は、世界でも名の聞こえた石刻の精品である。書道芸術は、虞世南・欧陽詢・褚遂良・薛稷・顔真卿・柳公権・懐素・張旭が最も有名である。

581年　楊堅が帝を称し、開皇と改元した。これが隋の高祖文皇帝である。北周の静帝は介公とされ、北周は亡びた。隋は三省六部制を建立した。突厥の四可汗が分立した。

582年　隋が均田・租調令を発布した。隋が新都を漢の長安城の東南に築き、大興城と名付けた。

583年　隋が地方政府を州と県の2級に定めた。また九品中正制を廃止した。地方官に自ら僚佐を選任させず、一律に吏部が任用することとした。突厥が東西両部に分かれた。

584年　隋が甲子元暦を発布した。突厥の沙鉢略可汗が隋との和親を求めた。

585年　隋が「大索貌閲」・「輸籍法」を実施した。すなわち、戸口の検査と賦役の定額化という手段を通じ、隠匿された戸口を豪強の手から国家のもとに取り戻した。

587年　隋が後梁帝を入朝させ、これを廃し、後梁は亡びた。

589年　隋軍が建康に攻め入り、陳の後主を捕らえ、陳は亡びた。

590年　隋が詔により、民の50歳の者の役を免じて庸を収めさせることとした。婺・越・蘇・楽安・饒などの州の豪民が相次いで蜂起し、州県を攻め落とした。隋は楊素らを派遣してこれを討平した。

599年　突厥で内訌が発生し、東突厥が隋に帰順した。

604年　楊広が文帝を弑し、皇帝に即位した。これが隋の煬帝である。

605年　隋が東京洛陽を造営した。また民を徴発して通済渠と邗溝を開いた。

607年　隋が進士科を創始し、これより科挙の制が始まった。隋が羽騎都尉の朱寛を派遣して琉球国に出使させた。隋が新律を発布し、州を郡に改め、度量衡と官制を改めた。また丁男を徴発して長城を築き、西は榆林より、東は紫河まで至った。

608年　隋が永済渠を開いた。また榆谷から東に長城を築いた。

608年〜609年　隋が伊吾と吐谷渾を破り、西域の商道を支配した。

611年〜623年　隋が高句麗を征討し、国全体が動揺した。山東の王薄が「知世郎」を自称し、隋末の農民起義の序幕が開かれた。

613年　楊玄感が隋に叛いた。

616年　隋末の起義軍の中で、次第に瓦崗軍と竇建徳、杜伏威などの主要勢力が形成された。

617 年　梁師都・劉武周らが西北の辺郡を占拠した。また李淵が太原で兵を挙げ、長安を攻略し、代王楊侑を帝に擁立した。これが隋の恭帝である。

618 年　宇文化及らが江都で煬帝を殺害した。隋の恭帝が李淵に禅譲し、李淵が皇帝を称した。これが唐の高祖である。李淵は武徳の元号を建て、唐朝を建立した。また郡を廃して州とし、大業律令を廃して新格を発布した。宇文化及が隋の秦王浩を殺害し、魏県で帝を称し、国号を許とした。竇建徳が国号を夏に改めた。

619 年　唐が初めて租庸調法を定めた。王世充が隋の皇泰帝を廃し、自ら皇帝を称し、開明の元号を建てた。

622 年　唐が各地の割拠勢力を相次いで滅ぼした。また均田令と租庸調法を発布し、施行した。

624 年　唐が高句麗王建武を遼東郡王に封じ、百済王扶余璋を帯方郡王とし、新羅王金真平を楽浪郡王とした。

626 年　秦王李世民が太子の李建成と斉王李元吉らを殺害した。歴史上、「玄武門の変」と呼ばれている。李淵は世民を太子とし、間もなく世民に伝位し、自らは太上皇と称した。唐の太宗が功臣の実封の制を定めた。

627 年　唐が貞観と改元した。また律令を改定した。州県を大々的に合併し、全国を十道に分けた。

628 年　薛延陀が建国し、唐朝に帰服した。

629 年　吐蕃のソンツェン・ガンポが賛普の位を継承し、各部を統一した。玄奘がインドへ取経に赴いた。

630 年　四裔君長が太宗に天可汗の号を奉った。唐が東突厥を滅ぼした。

635 年　唐が吐谷渾を攻め降した。景教の僧阿羅本が長安に至り、その教えを伝えた。

640 年　高句麗などの国々が子弟を派遣して唐で学ばせた。吐蕃の賛普が唐との婚姻を求め、唐は文成公主をこれに娶せた。唐が高昌を攻め滅ぼし、安西都護府を設置した。その後、西域のその他の諸国を降伏させるごとに四都督府を設置し、「安西四鎮」と呼んだ。

646 年　唐と回紇が薛延陀を攻め滅ぼした。

647 年　唐が軍を派遣して高句麗を攻撃した。高句麗王は子を遣わして謝罪した。

649 年　蒙舎詔の首領細奴邏が大蒙を建立した。

653 年　『律疏』を発布した。これは我が国における現存最古の完成された古代の法典である。

655 年　高宗が皇后王氏と淑妃蕭氏を廃し、武昭儀を皇后に立てた。

657 年　唐が西突厥を滅ぼした。

659 年　『氏族志』を『姓氏録』に改めた。武姓后族が第一とされ、現任官の秩五品以上

の者はみな入選した。

663 年　唐が百済を攻略した。

668 年　高句麗王が唐に降った。唐はその地を分け、平壌に安東都護府を設置し、兵を派遣して辺境の守備にあたらせた。

669 年　裴行倹らが詮注選人の法を定め、後に定制となった。

670 年　唐が吐蕃からの圧力により、安西四鎮を廃止した。

674 年　武后が天后と称し、上元と改元した。

684 年　武后が中宗を廃して盧陵王とし、豫王旦を皇帝に擁立した。また東都を神都と改め、武氏七廟を立てた。徐敬業らが挙兵して武氏を討とうとしたが、敗れて殺害された。

689 年　武后がその父を追尊して太皇とし、母を太后とした。また周正を用い、武后は自らの名を曌とし、詔を改めて制と言った。

690 年　武則天が自ら貢士に策問した。殿試はこれより始まる。武則天が帝を称し、国号を周と改め、天授と改元した。

692 年　武則天が挙人を引見し、みな抜擢した。試官はこれより始まる。

693 年　宰相に命じて時政記を撰写させた。時政記はこれより始まる。

698 年　靺鞨の大祚栄が自ら震（振）王と称し、震（振）国を建てた。

705 年　張柬之らが太子の顕を擁立し、武則天は太子に位を伝えた。顕は唐の国号を復し、神都を東都とし、韋氏を皇后に立てた。武則天が死去した。

710 年　金城公主が吐蕃に赴いた。李隆基が韋后を殺害し、相王旦が即位した。これが睿宗である。隆基が太子に立てられた。

711 年　隴右を分けて河西道を設け、賀抜延嗣を河西節度使とした。これが節度使の始まりである。

712 年　李隆基が即位した。これが玄宗である。睿宗は自らを太上皇と称した。

713 年　唐が粟末靺鞨の首領大祚栄を「渤海郡王」に封じた。これより「渤海」を政権名とし、後に遼朝に滅ぼされた。唐の玄宗が元号を先天から開元に改めた。

714 年　隴右・幽州などの節度使を置いた。この後、再び剣南・朔方などの地に節度使を置いた。

717 年　日本の吉備真備・阿倍仲麻呂が遣唐使と共に中国に到来した。

721 年　宇文融に命じて逃戸検括を実施した。

725 年　僧の一行と梁令瓚が水運渾天儀の製作に成功した。

729 年　『大衍暦』を発布し、施行した。

730 年　吏部尚書の裴光庭が官吏の選任方法を循資格に改めた。これは資格に応じて等級ごとに年を限って昇進させるという方式である。

733 年　全国を 15 道に分け、それぞれ采訪使を設置し、六条によって監察させた。
737 年　玄学博士を置き、『老子』・『荘子』・『文子』・『列子』の四子を学ばせた。辺境の兵を招募制に改め、田宅を給い、彼らを手厚くいたわった。
738 年　南詔が六詔を統一し、唐に帰順した。唐は皮邏閣を冊封して雲南王とした。南詔は太和城に都を起き、後に羊苴咩に遷した。
742 年　玄宗が安禄山を平盧節度使とした。また天宝と改元した。
750 年〜 751 年　唐がアラブと昭武諸国を争奪した。
753 年　鑑真が日本に赴き、唐招提寺を建立して伝法を行った。
755 年〜 763 年　「安史の乱」。
756 年　安禄山が洛陽で帝を称し、国号を燕とした。唐の玄宗は出奔して蜀に入った。太子の李亨が即位した。これが粛宗である。粛宗は宦官に命じて軍を掌握させた。
763 年　盧龍・成徳・魏博の 3 鎮を置いた。
780 年　徳宗が宰相の楊炎の建議を採用し、丁数と家産によって等第を定め、両税法を実施した。
781 年　魏博・淄青・成徳の 3 鎮が叛いた。この後、淮西と河北諸鎮も叛いた。
793 年　南詔王が遣使上表した。
805 年　宦官の倶文珍らが順宗を廃位し、憲宗を擁立した。王叔文と柳宗元は、或いは殺され、或いは左遷された。歴史上、「二王八司馬事件」（或いは「永貞革新」）と呼ばれている。
817 年　淮西鎮の反乱が平定された。
821 年　李徳裕と李宗閔が互いに排斥し合い、数十年に及ぶ「牛李党争」の端緒が開かれた。唐と吐蕃が洛陽とラサで会盟を行った。
835 年　李訓と鄭注が文宗と共に宦官を除こうと謀ったが、事が漏れ、李訓と鄭注は殺された。これが「甘露の変」である。宦官の権益はこれより大きくなっていった。
840 年　回鶻で内訌が発生し、諸部は逃散した。これより、回鶻は沈滞した。
845 年　武宗が仏寺を破壊し、僧尼たちを還俗させた。歴史上、「会昌廃仏」（或いは「会昌滅仏」）と呼ばれている。
846 年　牛党が勢力を獲得し、李徳裕を崖州に左遷した。この後、牛・李両党の首領が相次いで病死し、「牛李党争」はようやく終息した。
859 年〜 860 年　浙東の裘甫が蜂起し、唐末農民戦争の序幕が開かれた。
868 年　定辺軍節度使を置き、南詔を抑えた。龐勛が戍兵を率いて兵変を起こした。
874 年〜 884 年　王仙芝・黄巣の起義。
883 年　李克用が河東に割拠し、朱温が河南に割拠した。

891 年　王建が西川に割拠した。

892 年　楊行密が淮南に割拠した。

896 年　馬殷が湖南に割拠した。

902 年　南詔が亡びた。この後、雲南では鄭氏の大長和政権・趙氏の大天興政権・楊氏の大義寧政権が相次いで出現した。

907 年～1279 年

　　　五代十国と遼・宋・西夏・金の統治時代。この時代は全国で多くの政権が並び立ち、戦争が頻繁に発生し、漢族、契丹族、タングート族、女真族の経済・文化・社会が急速に発展した。特に両宋時代に、中国封建社会は新たな段階・新たなピークに進んだ。仏教・道教・マニ教が流行し、仏道２教が最も興盛となり、「宋学」が興起し発展した。宋学の先駆となったのは、「宋初三先生」（胡瑗・孫復・石介）である。王安石を代表とする新学、程・朱の理学、司馬光を代表とする朔学、蘇洵・蘇軾・蘇轍を代表とする蜀学が、宋学の主要な流派であった。理学の基礎を定めた人物として「北宋五子」（周敦頤・程頤・程顥・張載・邵雍）がおり、朱子が程朱理学を集大成した。この時代の重要な著作には、以下のものがある。史学の著作には、『旧唐書』、薛居正の『旧五代史』、欧陽脩らの『新唐書』・『新五代史』、司馬光の『資治通鑑』、鄭樵の『通志』、馬端臨の『文献通考』などがある。数学の著作には、秦九韶の『数学九章』がある。建築学の著作には、『営造法式』がある。宋代の詩・詞・散文は著しい成果を挙げた。有名な詩人として、楊億・王禹偁・欧陽脩・王安石・陸游らがいる。詞には、晏殊、晏幾道、范仲淹、張先を代表とする婉約派と、蘇軾を代表とする豪放派、及び柳永・李清照・辛棄疾の作品がある。散文の有名な作者としては、欧陽脩・王安石・曾鞏・三蘇などがいる。畢昇は活版印刷術を発明した。医学では、小児科・産婦人科・鍼灸が最も知られている。天文学の分野では、北宋時代に恒星の観測が６度行われた。有名な暦法として、北宋の『崇天暦』・『紀元暦』、南宋の『統天暦』、金代の『大明暦』がある。宋代の絵画芸術の題材は広く、形式・風格は多様で、山水画・花鳥画が勢い盛んに発展し、人物画と轡を並べた。また社会生活を描写した風俗画『清明上河図』が創作された。有名な書道家として、蘇軾・黄庭堅・米芾・蔡襄などがいる。また北宋の徽宗の書法は、自ら一体を成した。重慶市大足県の摩崖石刻は、我が国の伝統社会中晩期における石窟芸術の精品である。

907 年　唐の哀帝が朱全忠に禅位して全忠が即位し、国号を梁とし、開平の元号を建て、汴州を開封府に改めて東都とした。これが梁の太祖である。こうして唐朝は滅亡した。

王建が皇帝を称し、国号を蜀とした（前蜀）。後梁が湖南の馬殷を楚王に封じた。

916年　契丹の耶律阿保機が帝を称した。これが遼の太祖である。太祖は神冊の元号を建てた。

917年　劉龑が帝を称し、国号を大越とし、乾亨の元号を建てた。翌年、国号を漢に改めた。歴史上、南漢と呼ばれている。

919年　淮南の楊隆演が呉国王を称した。

920年　契丹が契丹大字を創始した。天顕年間には、迭剌が契丹小字を創始した。

923年　晋王李存勗が帝を称し、国号を大唐とした。歴史上、後唐と呼ばれている。これが荘宗である。後唐が後梁を滅ぼし、洛陽に遷都した。

925年　後唐が前蜀を攻撃して蜀主王衍が降り、おおよそ黄河流域が統一された。長和（南詔）国主が南漢との婚姻を求め、南漢は増城公主をこれに嫁がせた。

926年　契丹軍が忽汗城に至り、渤海王が投降して渤海国は亡びた。契丹はその地を東丹とし、耶律倍（突欲）を王とした。銭鏐が呉越国王を称し、宝正の元号を建てた。

933年　王延鈞が帝を称し、国号を閩とし、龍啓の元号を建てた。

934年　孟知祥が蜀で帝を称した。これが後蜀の高主である。

936年　石敬瑭が契丹の援助を受けて後唐を滅ぼし、後晋を建てた。契丹が石敬瑭を大晋皇帝に冊封し、後晋が燕雲十六州を契丹に割譲した。

937年　徐知誥が金陵で帝を称し、国号を唐とし、昇元の元号を建てた。これが南唐の前主である。こうして呉は亡びた。段思平が大義寧を滅ぼし、南詔の故地に大理政権を建てた。

938年　後晋が契丹主に尊号を奉り、自らは臣を称し、契丹主を「父皇帝」と呼んだ。契丹主は称臣することなかれと令し、「児皇帝」と称するよう命じた。後晋は汴州に東京を建て、これを開封府に昇格し、東都（洛陽）を西京とした。

943年　閩の王延政が建州で帝を称し、国号を大殷とし、天徳と改元した。

945年　殷主が国号を閩に改めた。南唐の軍が閩に侵入し、延政は敗れて降り、閩は亡びた。

947年　契丹主の耶律徳光が後晋を滅ぼし、国号を遼と改め、大同と改元した。劉知遠が太原で帝を称し、天福十二年と称した。この後、劉知遠は汴州に至り、国号を漢と定めた。歴史上、後漢と呼ばれている。

951年　後漢が亡びた。郭威が皇帝に即位し、国号を周とし、広順の元号を定めた。これが後周の太祖である。劉崇が太原で帝を称し、北漢を建てた。南唐が楚を滅ぼし、南漢が機に乗じて嶺南の各州を占拠した。

958年　後周が南唐の淮南の地を攻略した。南唐主が帝号を去り、国主と称した。

960 年　趙匡胤が帝を称し、国号を宋とし、都を開封（東京）に定め、建隆の元号を建てた。これが宋の太祖である。後周帝は廃されて鄭王となった。北宋は軍政を整備して更戌法を制定し、将に兵権を握らせないようにした。

961 年　宋が宿将の禁兵を統括する権限を廃した。歴史上、「杯酒もて兵権を釈く」と呼ばれている。

963 年　宋が初めて文官を知州事とした。

965 年　宋が後蜀を攻撃して後蜀主の孟昶が降り、後蜀は亡びた。

969 年　宋が鳳翔節度使などを廃して諸衛上将軍とした。これより、各藩鎮の州府の多くは次第に文吏が掌握するようになった。

971 年　宋が初めて市舶司を広州に置いた。南唐が号を江南に改めた。宋は兵を広州に進め、南漢を滅ぼした。

975 年　宋軍が江陵を下して後主の李煜が降り、江南は亡びた。

978 年　呉越王銭俶が宋に土地を献じ、呉越は亡びた。

979 年　宋軍が太原を包囲して北漢主の劉継元が降り、北漢は亡びた。遼軍が宋軍を高梁河で撃破した。

982 年　遼の蕭太后が称制して国策を決した。タングートの李継捧が宋に入朝し、代々治めてきた銀・夏四州の地を献じた。族弟の李継遷が宋に叛いた。

983 年　遼が国号を契丹に改め、統和と改元した。後に再び遼と称した。

990 年　契丹が李継遷を夏国王に冊封した。翌年、李継遷が再び宋に降り、宋は銀州観察使の職を授与し、また趙保吉の姓名を賜った。

992 年　宋が科挙において初めて糊名考校の法を用いた。

993 年　宋の西川の王小波が「均貧富」をスローガンとして起義を組織した。王小波が戦死すると、李順がこれを継いだ。翌年、成都を攻略し、大蜀の国号を建て、大蜀王と称した。

997 年　宋がその統治区域を 15 路に分けた。

1001 年　宋が『儀天暦』を発布し、施行した。

1004 年　遼と宋が「澶淵の盟」を結んだ。

1010 年　契丹が李徳明を夏国主に冊封した。

1036 年　元昊が野利仁栄らに命じて西夏文字を創始させた。

1038 年　元昊が帝を称し、国号を夏とした。歴史上、西夏と呼ばれている。

1043 年　宋の仁宗が范仲淹を参知政事に任命し、「慶暦新政」を実施させた。

1044 年　宋と西夏が和議を結び、夏主は国主の名義で宋に称臣し、夏国主と称した。宋は毎年銀・絹・茶などを賜与した。

1049 年　遼が西夏を攻撃して破った。これより、宋・遼・西夏が鼎立する局面が形成された。広源蛮の儂智高が兵を挙げ、南天国と称した。

1055 年　宋が孔子の 47 世の孫孔宗愿を衍聖公に封じた。衍聖公はこれより始まる。

1065 年　宋の朝廷で英宗の実の父である濮安懿王の称号について議され、論争が発生した。歴史上、「濮議」と呼ばれている。

1069 年　宋が王安石を参知政事に任じ、「熙寧変法」を実施させた。

1086 年～ 1093 年　宋が熙寧新法を廃止した。歴史上、「元祐更化」と呼ばれている。

1087 年　宋が泉州に市舶司を増設した。

1094 年　前年に太皇太后の高氏が死去し、宋帝が親政を開始した。この年に、紹聖と改元し、熙寧新法が次第に復活された。

1104 年　宋が元祐党籍を再び定め、司馬光ら 309 人を石に刻んで碑を立てた。

1114 年　女真族の阿骨打が挙兵して遼に叛いた。

1115 年　阿骨打が帝を称し、国号を金とし、収国の元号を建てた。

1117 年　大理が宋に朝貢し、宋は王の段和誉を封じて雲南節度使・大理国王とした。宋の徽宗が教主道君皇帝と称した。金が同姓の婚姻を禁止した。

1119 年　金が女真文字を制定し、発布した。

1120 年　宋と金が海上の盟を締結し、連合して遼を攻撃した。方臘が蜂起し、聖公と号し、永楽の元号を建て、東南は大いに震えた。

1121 年　宋が蘇杭造作局と花石綱を廃止した。方臘が捕えられた。宋江の起義軍が河北・淮南で活動した。

1123 年　遼の奚王回離保が自立して奚国皇帝となり、天復の元号を建てた。その後、回離保は敗死し、奚人は金に降った。

1125 年　遼の天祚帝がタングートに逃亡して金に捕えられ、海濱王に封ぜられて遼は亡びた。宋の徽宗が太子の恒に禅位した。これが欽宗である。金が兵を二手に分けて宋を攻撃した。

1127 年　金が宋の欽宗と徽宗を捕虜として北に連れ去り、北宋は亡びた。金は張邦昌を帝に擁立し、国号を楚とし、金陵を都とした。宋の康王趙構が南京で即位し、建炎と改元した。これが南宋の高宗である。王彦が部衆を率いて黄河を渡り、抗金闘争を繰り広げ、太行山に駐屯して「八字軍」と称した。

1129 年　金が大挙して南宋を攻撃し、江南に進入した。宋の高宗は海に入り兵を避けた。

1130 年　金が劉豫を皇帝に擁立し、北京を都とし、国号を斉とした。金軍が江南から北に撤退し、南宋の将韓世忠が金軍を黄天蕩で撃破した。鍾相・楊么が蜂起した。

1131 年　耶律大石が帝を称し、グル・ハンと号し、延慶と改元した。これが西遼である。

西遼はその後、クズオルドに都を建てた。

1134年　岳飛が偽斉軍を破り、襄陽などの地を奪還した。

1135年　岳飛が洞庭水寨を攻め破り、楊么は敗死した。

1138年　金が女真小字を発布した。秦檜が宰相となり、金との和議を専門的に掌った。

1139年　宋と金の第1次紹興和議が成立し、宋は称臣して幣を納め、金は河南などの地の返還を許諾した。

1140年　宋帝が秦檜の議を聴き入れ、詔によって岳飛に軍を返させた。こうして歴年にわたり奪還された諸城は失われた。

1142年　宋金の「紹興の和議」が成立し、淮水を境界とし、歳幣として銀絹各25万を支払い、宋帝は臣を称した。岳飛が殺害された。

1153年　金の海陵王が燕京（中都）に遷都した。金が貞元と改元し、五京の号を定めた。また考試・車服の制度を改めた。

1154年　金が「交鈔」を発行した。

1156年　金が「正隆官制」を発布し、施行した。

1160年　宋が「会子」を発行した。

1161年　金が大挙して宋に侵攻したが、采石磯で敗れた。

1162年　耿京が蜂起して金に抵抗した。

1164年　宋と金が「隆興の和議」を締結した。宋は金帝に対して称臣せず、改めて侄と称することとし、歳貢を歳幣と改めた。

1167年　宋が会子を整理した。

1196年　金が区種法の推進を開始した。

1199年　宋が『統天暦』を頒布した。

1206年～1259年

大モンゴル国の時代。この時代、テムジンが次第にモンゴル草原の各部を統一し、大モンゴル国を建立し、また草原社会の管理に適応した国家制度を実施した。大モンゴル国の建立後、北部・南部・東部・西部の各方面に大規模な領土拡張戦争を発動した。半世紀の長きにわたる戦争を経て、ユーラシア大陸に跨る世界帝国が成立した。

1206年　モンゴル草原の各部がオノン川源流で貴族の大会を開き、テムジンが各部の共同の大ハンに推戴され、「チンギス＝ハン」と号し、大モンゴル国の君主（後に元の太祖と追尊された）となった。南宋が開禧北伐を実施したが、失敗に終わった。

1208年　南宋と金が「嘉定和議」を結び、叔侄を伯侄に改め、歳幣を増額し、南宋は淮

南の地を買い戻した。モンゴルがメルキト部を滅ぼし、ナイマンのクチュルクは西遼に亡命した。

1209 年　モンゴルが西夏を攻撃し、その都城を包囲した。モンゴルと金が断絶した。

1211 年　ナイマンのクチュルクが西遼主のチルクを廃して自ら立ち、耶律氏が大石以来帝を称してきた政権は、ここに滅亡した。

1212 年　モンゴルが金の東京を攻め破った。

1214 年　金が南京（汴京）に遷都した。金の山東の紅祆軍が蜂起し、楊安児が皇帝を称し、天順の元号を建てた。

1215 年　モンゴルが金の北京と中都を攻め破った。

1217 年　南宋が詔を下して金を討った。これより南宋と金との間に連年戦争が続いた。

1218 年　モンゴルが西遼を滅ぼした。

1219 年　南宋の張福らが蜂起し、紅巾を号とした。これが紅巾軍である。

1219 年〜　モンゴルは 3 度にわたり大規模な西征を実施した。チンギス＝ハンの西征、バトゥの西征、フラグの西征である。これらの西征の結果、モンゴル国はユーラシア大陸に跨る領域を擁した。

1227 年　西夏主の李睍がモンゴルに降り、西夏は亡びた。チンギス＝ハンが死去し、トゥルイが監国の地位についた。

1234 年　金帝が東面元帥の完顔承麟に位を伝え、間もなく自縊した。城が陥落し、承麟は戦死し、金は亡びた。南宋とモンゴルの間に初めて戦争が起こった。

1235 年　オゴタイ＝ハンがカラコルムに都を定めた。

1237 年　オゴタイ＝ハンが耶律楚材の建議を聴き入れ、経義・詞賦・論の 3 科による士子の考試を開始した。

1254 年　フビライが雲南に進軍し、大理政権を滅ぼした。

1259 年　モンケ＝ハンが軍を率いて南宋を攻撃し、前線である合州の釣魚城で死去した。

1260 年〜1368 年

元朝の統治時代。元の統一により、中国の領域内で諸政権が対峙する局面が終結した。領域の開拓と民族の融合は、統一的多民族国家を強固にし、新たな高みにまで発展させた。思想文化と科学技術の分野では、共に優れた成果が見られた。重要な著作として、以下のものがある。史学の著作には、胡三省の『資治通鑑注』、馬端臨の『文献通考』、脱脱が総裁を担った『遼史』・『宋史』・『金史』があり、農学の著作には、王禎の『農書』があり、医学の著作には、危亦林の『世医得効方』がある。元曲は、関

漢卿の『竇娥冤』、王実甫の『西廂記』が最も知られている。天文学者の郭守敬は、渾天儀を簡略化し、『授時暦』の修訂を主宰した。また「四海測験」を実施し、その最も南の南海の観測点は、現在の西沙群島一帯或いは中沙群島付近の黄岩島であった。絵画芸術にも卓越した成果があり、趙孟頫と黄公望が最も有名である。また有名な地理学者として、女真族の蒲察都実と闊闊出がいる。水利学者の賈魯は、疏・浚・塞をあわせた計画を提出し、石船堤障水法を創始し、黄河の治水に成功した。

1260年　フビライが開平で大ハンを称し、中統の元号を建てた。これが元の世祖である。モンゴルはチベット僧のパスパを国師とし、仏教とチベットの政事を統括させた。

1264年　モンゴルが諸路行中書省を立て、新たに条格を立て、燕京を中都に改め、至元と改元した。

1269年　モンゴルがパスパの創始した新字を頒布した。

1271年　モンゴルが国号を大元に改めた。翌年、中都を大都に改めた。

1276年　元軍が臨安を攻め下した。南宋の恭帝趙㬎は奉表して降伏を願った。益王昰が福州で即位した。これが端宗である。

1278年　陸秀夫が宋の衛王昺を擁立し、祥興と改元した。文天祥の軍が敗れ、捕虜となった。

1279年　崖山の役で宋軍が大敗した。陸秀夫は宋帝の昺を背負って海に入水し、南宋は亡びた。

1280年　元が郭守敬らの制定した『授時暦』を頒布した。

1281年　元が日本に遠征したが、台風に遭い、敗れた。

1291年　『至元新格』を頒布した。

1303年　『大元大一統志』が完成した。

1315年　元朝が初めて科挙を実施し、モンゴル人と色目人を右榜とし、漢人と南人を左榜とした。

1328年　元の泰定帝が上都で死去し、内乱が発生した。上都と大都の兵が大戦を繰り広げた。

1345年　『至正条格』が完成した。

1348年　台州黄巌の方国珍が海上で兵を挙げた。

1351年　元朝の統治者が賈魯の建議を受け、黄河の故道を開いた。潁州の劉福通が韓山童を擁して蜂起したが、山童は捕えられて殺された。羅田の徐寿輝が蜂起し、帝を称して国号を天完とし、治平の元号を建てた。

1352年　定遠の郭子興が蜂起した。朱元璋が濠州で郭子興に従った。

1353年　泰州の張士誠が蜂起し、誠王と自称した。翌年、天佑の元号を建てた。

1355年　劉福通らが韓山童の子の林児を迎えて皇帝とし、小明王と号し、国号を宋とし、龍鳳の元号を建て、亳州を都とした。

1356年　張士誠が平江を攻め下してここを拠点とし、隆平府と改め、周王を称した。朱元璋が集慶を攻略し、応天府と改め、呉国公と自称した。

1359年　徐寿輝の部将陳友諒が漢王を自称し、寿輝を迎えて江州を拠点とした。

1360年　陳友諒が太平を攻め破って徐寿輝を殺害し、自立して皇帝となり、国号を漢とし、大義の元号を建てた。

1362年　明玉珍が皇帝を称し、国号を夏とし、天統の元号を建てた。

1363年　朱元璋が安豊に至り、張士誠の軍を撃破し、韓林児を迎えて滁州を拠点とした。朱元璋が陳友諒を鄱陽湖で撃破し、友諒は敗死した。

1364年　朱元璋が呉王を称し、百官を置き、引き続き龍鳳の元号を用いた。朱元璋が武昌を攻め下し、陳理は降伏した。

1366年　朱元璋が韓林児を長江で溺死させた。

1367年　朱元璋が呉の元年を称した。朱元璋が蘇州を攻め破り、張士誠は死亡した。朱元璋が徐達を派遣して中原を攻略させた。方国珍が降伏した。

1368年～1644年

　明朝の統治時代。明代は中国封建社会晩期における重要な発展段階であり、社会経済の構造と階級構造に新たな変化が次第に発生し、各項の制度が完成に向かい、伝統社会から近代社会への転換が萌芽した。この時代に、王守仁を代表とする「陽明心学」が程朱理学と共に学界の主流となった。小説・戯曲にも佳作があった。重要な著作として、以下のものがある。小説には、施耐庵の『水滸伝』、羅貫中の『三国演義』、呉承恩の『西遊記』、蘭陵の笑笑生の『金瓶梅』、馮夢龍の『三言二拍』があり、伝奇には、湯顕祖の『臨川四夢』があり、農学の著作には、徐光啓の『農政全書』があり、薬学の著作には、李時珍の『本草綱目』があり、音律学の著作には、朱載堉の『楽律全書』がある。宋応星の『天工開物』は、科学の百科全書である。また有名な地理学者として、徐霞客がいる。万里の長城、北京城の皇宮建築群、十三陵、拙政園などは、当時の建築芸術の至宝である。

1368年　朱元璋が皇帝を称し、国号を明とし、応天府を都とし、洪武の元号を建てた。これが明朝の太祖高皇帝である。明が衛所制を定めた。徐達が北に元軍を撃破し、大都

を攻略し、元帝は開平まで逃れた。
1369 年　天下の郡県に学校を建立する詔を下した。諸王の封建の制を定めた。
1373 年　『大明律』を頒布した。
1375 年　鈔法を実施し、大明宝鈔を発行した。
1376 年　空印案が発生し、官吏数百人が獄に下された。
1378 年　五開「蛮」の呉面児が蜂起したため、軍を派遣してこれを攻撃した。このとき太監を監軍に任じ、宦官が兵事を預かる始まりとなった。
1380 年　左丞相の胡惟庸が謀反の罪によって処刑され、多くの者が連座した。中書省を廃止し、大都督府を五軍都督府に改め、丞相を廃止した。また南北更調の制を定めた。燕王朱棣が北平に就藩した。
1381 年　「黄冊」を編製した。
1382 年　明軍が大理を攻略し、段明を捕えた。段氏が大理を拠点として数百年、ここに途絶えた。雲南布政使司を設置した。
1384 年　科挙取士制を再開した。宦官が外事を預かることを禁止した。
1385 年　戸部侍郎郭桓の疑案が発生し、各省の官吏数万人が連座した。『大誥』を頒布した。
1387 年　国子生を州県に派遣し、田土の区画を調査させ、「魚鱗図冊」を編製した。
1390 年　陸仲亨と李善長がかつて胡惟庸と交流していたとして、死を賜った。『昭示奸党録』を頒布した。
1391 年　天下の州県に賦役黄冊を編製させた。
1393 年　涼国公の藍玉が謀反の罪に座して処刑された。『逆臣録』を頒布した。
1395 年　『皇明祖訓』を頒布した。
1397 年　『大明律誥』を頒布した。
1398 年　明の太祖が死去し、太孫の允炆が即位した。これが恵帝である。恵帝は建文と改元した。また斉泰と黄子澄に命じて削藩を定議させた。
1399 年　燕王朱棣が「靖難の役」を起こした。
1402 年　燕軍が長江を渡り、恵帝は生死不明となった。燕王が皇帝に即位した。これが成祖文皇帝である。成祖は斉泰・黄子澄・方孝孺を殺害し、その一族を滅ぼした。モンゴルがタタールとオイラートの二部に分かれた。
1403 年　北平を北京と改めた。
1405 年～ 1433 年　鄭和が前後 7 回にわたって西洋に出使した。鄭和は 7 回目の帰途中、カリカットで死去した。
1407 年　安南に出兵し、交趾布政使司を設置した。

1409 年　邱福が兵を率いてアルクタイを攻撃したが、全軍壊滅した。奴児干都司を設置した。

1410 年　朱棣が第 1 次北征を実施した。

1413 年　貴州布政使司を設置した。

1416 年　朝廷で北京への遷都が議された。

1420 年　山東の唐賽児が蜂起した。北京を都に定めることが宣布され、翌年に遷都が行われた。

1420 年〜 1508 年　明朝が特務機構を次々と設立した。永楽十八年、東廠を設立し、宦官を提督とした。成化十三年、西廠を設立し、太監の汪直がこれを領した。正徳三年、劉瑾が内廠を設立し、その残虐さは東西二廠よりも過酷であった。

1424 年　成祖が楡木川で死去した。仁宗が大学士の楊栄を工部尚書とし、これより入閣者が相次いで尚書に進み、内閣の職が日に日に顕赫となった。

1430 年　侍郎の于謙に命じて両京・山東・山西などを巡撫させた。これが各地に専門の巡撫を設ける始まりとなった。

1432 年　商人を募って辺境に糧穀を輸送させ、塩引をその報酬とした。これが中塩法である。

1435 年　王振が権力を掌握して賄賂を取り、明代の宦官が政を乱す始まりとなった。

1441 年〜 1449 年　明朝が 3 度にわたり雲南の土司の反乱を平定するための戦争を発動した。正統六年、第 1 次麓川戦役。兵部尚書王驥が兵を率いて麓川を攻略し、現地の土司思任発はミャンマーに逃れた。七年、王驥が第 2 次の征討を行い、十年に思任発を捕えた。十三年、第 3 次の麓川出征が行われ、思機発は逃亡した。王驥は思任発の幼子と約を結び、彼を土目とした。

1447 年　鉱民の葉宗留が蜂起した。

1448 年　福建沙県の鄧茂七が蜂起した。

1449 年　英宗が土木堡でオイラートの捕虜となった。歴史上、「己巳の変」（或いは「土木堡の変」）と呼ばれている。英宗の弟の郕王が即位し、英宗を尊んで太上皇とした。エセンが北京を攻撃したが、落とせなかった。

1450 年　景帝がエセンから英宗を迎えた。英宗は北京に到着し、南宮に置かれた。

1457 年　徐有貞・石亨らにより英宗が復辟し、天順と改元した。于謙は殺害され、景帝は廃されて郕王となり、間もなく死去した。歴史上、「南宮復辟」（或いは「奪門の変」）と呼ばれている。広西潯州の蛮が大藤峡で蜂起した。

1464 年　旧制では、官吏の任命は必ず内閣と吏部を経ていたが、初めて宦官の伝旨により直接任官が行われた。これを「内批」という。

1502年　『大明会典』が完成した。

1506年　劉瑾が司礼監を掌り、十二団営を総督した。

1510年　安化王朱寘鐇が劉瑾を討つことを名目とし、寧夏を拠点として叛いた。四川の流民が陝西・湖広の地に侵入し、その勢力はさらに拡大した。覇州の劉六と劉七が蜂起した。

1519年　寧王朱宸濠が南昌で造反し、南贛巡撫の王守仁が兵を挙げてこれを討平した。

1521年　武宗が死去した。子がなかったため、大臣たちは興王の世子厚熜を安陸より迎え、翌年を嘉靖元年と改めた。これが世宗粛皇帝である。世宗は詔によって自身の生父興献王の尊崇典礼を議させ、これより大礼の議が起こった。

1523年　世宗が初めて宮中に醮を建て、道士の勢力が益々盛んとなった。日本の貢使の宗設と宋素卿が寧波で互いの真偽を争い、その結果、市舶司を廃止するに至った。

1528年　通恵河の疏浚が完了し、これより漕運が京師まで直接到達するようになった。

1533年　大同で兵変が発生した。

1549年　浙江の海賊と倭寇が結託し、ほしいままに沿海で略奪を行った。これより嘉靖年間の終わりまで安寧の日はなかった。

1550年　アルタン＝ハンが宣府を攻撃して略奪を行い、京師では戒厳令が布かれた。歴史上、「庚戌の変」と呼ばれている。

1553年　倭寇が大挙して浙東・浙西・江南・江北に入寇した。

1556年　胡宗憲が倭寇と結託した徐海を誘捕した。また戚継光が戚家軍を組織した。

1557年　胡宗憲が汪直を誘降し、これを殺害した。ポルトガルの植民者が欺騙と賄賂によりマカオの片隅に居留した。

1563年　兪大猷と戚継光が合同で平海の倭寇を撃破し、興化を奪還した。これは抗倭以来の大勝であった。

1565年　潘季馴に命じて黄河の治水を実施させた。四川大足の白蓮教の蔡伯貫が蜂起した。

1571年　モンゴルのアルタン＝ハンを順義王に封じ、互市を開いた。

1578年　マテオ＝リッチがポルトガルのリスボンを出発し、遥か東方に赴いて布教を行った。

1579年　張居正が書院数十ヵ所を取り壊した。

1581年　全国の土地の測量が完了し、一条鞭法が実施された。

1583年　ヌルハチが父祖の死はニカンワイランによるとして、兵を挙げてこれを攻撃した。こうして、ヌルハチによる建州女真統一の序幕が開かれた。

1589年　ヌルハチが建州各部を統一した。

1592年　日本が朝鮮に侵入した。神宗は兵を発して朝鮮を支援した。

1598年　明と朝鮮の連合軍が日本軍を撃破したが、明将の鄧子龍は朝鮮で戦死した。

1599年　太監を派遣して京口・儀真で徴税させた。ヌルハチが国語を制定した。

1603年　ヌルハチがヘトゥアラ城を築いた。

1607年　徐光啓が『幾何原本』を翻訳した。

1611年　東林党争が勃発した。

1615年　明で「梃撃案」が発生した。ヌルハチが初めて八旗制を定めた。

1616年　ヌルハチがヘトゥアラでハンを称し、英明汗（全体の称号は「承奉天命養育列国英明汗」）と号し、金国を建てた。歴史上、後金と呼ばれている。史書には天命の元号が載せられている。

1618年　後金のヌルハチが「七大恨」を天に告げ、兵を挙げて明に叛いた。明は遼餉を増派した。

1619年　明軍がヌルハチを征討したが、サルフで大敗した。ヌルハチが初めて正式に「天命金国汗」の璽を使用した。

1620年　明の光宗が病にかかり、李可灼の進めた紅丸薬を服用して死去した。これが「紅丸案」である。光宗の選侍の李氏は乾清宮に居住していたが、廷臣が別の宮に移るよう迫った。これが「移宮案」である。

1621年　後金が遼・瀋地域に侵入し、計丁授田を実施した。

1622年　ヌルハチが八旗貝勒に命じて国政を協議させた。山東の白蓮教の首領徐鴻儒が蜂起した。明と後金の間に「広寧の戦い」が発生した。

1623年　袁崇煥が寧遠城を築いた。

1624年　オランダが台湾に侵入した。

1625年　後金が瀋陽（盛京）に遷都した。

1626年　ヌルハチが死去し、ホンタイジが後金のハンの位を継承した。

1627年　熹宗が死去した。弟の信王由検が位を継ぎ、翌年に崇禎と改元した。魏忠賢が逮捕され、自ら縊死した。

1628年　陝西の王嘉胤・王佐桂・高迎祥・王大梁らが蜂起した。迎祥は闖王を称し、大梁は大梁王を称した。

1630年　崇禎帝が袁崇煥を殺害した。

1631年　孔有徳が呉橋で兵変を起こした。

1635年　高迎祥ら義軍十三家が滎陽に集った。ホンタイジが族名を「女真」から「満洲」に改めた。

1636年　後金のホンタイジが帝を称し、国号を大清に改めた。これが清の太宗である。

太宗は崇徳と改元した。高迎祥が死去し、その部下たちは李自成を闖王に奉じた。

1643年 ホンタイジが死去し、子のフリンが後を継いだ。これが清の世祖章皇帝である。睿親王ドルゴンと鄭親王ジルガランが輔政の任につき、翌年を順治元年と改めた。

> 1644年〜1912年

清朝の統治時代。この時代、年老いた封建王朝の歩みは緩慢となり、列強の強大な勢力が勃興し、民族的危機は深刻となった。ただし清代前期においては、文治武功が著しく、版図は大きく広がり、統一的多民族国家はこれまでにないほどに強化され、発展し、総合的な国力は世界の最前列に位置していた。清代後期は、西洋の列強の侵略を受け、中国は次第に半植民地・半封建社会へと陥った。この時代、まず程朱理学が「復興」し、清初において社会の再建を導く重要な理論的根拠となった。清代中葉に至ると、乾嘉考証学が最も盛んとなった。恵棟・戴震・阮元らがその代表的人物である。嘉道以降は、経世の学が興起した。詩と詞には共に力作があり、有名な詩人として銭謙益・呉偉業・王士禛・陳廷敬がおり、詞人には陳維崧・朱彝尊らがいる。重要な著作として、小説には呉敬梓の『儒林外史』、蒲松齢の『聊斎志異』、曹雪芹らの『紅楼夢』があり、戯曲には洪昇の『長生殿』、孔尚任の『桃花扇』がある。地図には『皇輿全覧図』・『乾隆内府地図』があり、前者は経緯図法と梯形投影法が採用され、中国近代地図の先河を開いた。清代には建築技術も発達し、宮殿・園林・寺廟が隆盛を極めた。最も有名なものとして、「三山五園」（香山静宜園・玉泉山静明園・万寿山清漪園・暢春園・円明園）、承徳の避暑山荘・外八廟がある。

1644年 李自成が西安で王を称し、国号を大順とし、永昌の元号を建てた。自成が北京に入り、崇禎帝は自ら縊死した。ドルゴンが軍を率いて呉三桂と山海関で李自成を撃破し、自成は北京に戻って間もなく撤退した。清軍が北京に入った。明の福王朱由崧が皇帝に即位し、翌年を弘光元年と改めた。順治帝が瀋陽から北京に入り、皇帝に即位し、『時憲暦』を頒布した。張献忠が大西国王を称し、大順の元号を建てた。

1645年 清軍が南京に入り、弘光帝は蕪湖に逃れたが捕えられ、翌年に殺害された。黄道周と鄭芝龍が唐王朱聿鍵を福州で監国に奉じた。唐王は間もなく皇帝に即位し、隆武の元号を建てた。張国維と張煌言は魯王朱以海を紹興で監国に奉じた。李自成が九宮山で敗死した。

1646年 丁魁楚と瞿式耜が桂王朱由榔を肇慶で監国に奉じた。朱聿鍵が清軍に捕えられ、福州で殺害された。蘇観生が唐王朱聿鐭を広州で擁立し、紹武の元号を建てた。桂王が帝を称し、翌年を永暦元年と改めた。張献忠が敗死した。

中国歴史大事記　203

1647 年	鄭成功が海上で抗清の兵を挙げた。
1649 年	清が孔有徳・耿仲明・尚可喜を王に封じた。
1650 年	ドルゴンが死去した。翌年、フリンが親政を開始した。
1653 年	ダライ・ラマ5世が北京に至った。明の魯王が自ら監国の号を去り、浙東政権は終結を迎えた。
1655 年	沿海に令を下して、船が海に出ることを禁じた。この後、幾度も海禁令が発布された。
1657 年	順天・江南科場事案が勃発し、江南の漢族の知識人たちが攻撃の対象となった。
1659 年	鄭成功と張煌言が大挙して長江に入り、崇明を攻略し、江南・江北の29城を下した。
1661 年	順治帝が死去し、子の玄燁が即位した。これが清の聖祖仁皇帝である。ソニン・スクサハ・エルビン・オボイが輔政の任についた。清軍がミャンマーに入り、永暦帝を捕えた。
1662 年	呉三桂が明の永暦帝を殺害した。鄭成功がオランダの植民者を駆逐し、台湾を奪還した。鄭成功が死去し、子の鄭経が台湾の政治を主導した。
1663 年	荘廷鑨の『明史』の獄の判決が下された。
1667 年	康熙帝が親政を開始した。
1669 年	各省で天主教堂を建立して布教を行うことを禁止した。
1673 年	呉三桂が雲南で蜂起し、「三藩の乱」が勃発した。楊起隆が朱三太子を詐称して北京で乱を起こそうと諮ったが、漏洩して失敗した。
1677 年	初めて南書房を設けた。
1678 年	清が博学鴻儒科を設けた。呉三桂が死去し、孫の世璠が位を継いだ。
1681 年	清軍が昆明を攻略して呉世璠は自殺し、「三藩の乱」が終息した。
1683 年	鄭克塽が清に降った。翌年、清が台湾に府を設置し、福建省に所属させた。
1684 年～1707 年	康熙帝が6度にわたって南巡を実施した。その多くは、黄河の治水工事の視察を目的とするものであった。
1685 年～1686 年	清軍がヤクサでロシアの侵略軍を撃破した。
1688 年	ジュンガル部のガルダン・ハンがハルハ三部に侵攻した。
1689 年	中露「ニブス条約」（ネルチンスク条約）が締結された。
1690 年	ガルダンがウランブトンで敗れた。
1691 年	清廷がハルハ貴族とドロンノールで会盟を行った。
1697 年	康熙帝が親征してガルダンを討ち、ジュンガル軍に大勝し、ガルダンは自殺した。
1708 年～1712 年	康熙帝が2度にわたり太子を廃した。

1712年 「滋生人丁永不加賦」の制を定めた。

1713年 江南科場事案の判決が下された。パンチェン・ホトクトをパンチェン・エルデニに封じた。『南山集』事案の判決が下され、戴名世が死罪に処された。

1717年 ツェワン・ラブタンが驍将のツェレン・ドンドプを派遣し、軍を率いてラサに攻め込ませ、ラザン・ハンを殺害した。ラザン・ハンの死により、ホシュート系モンゴルのハンがチベットを統治した歴史は終結した。

1718年～1720年 ジュンガルがチベットで反乱を策動した。

1720年 ダライ・ラマのホビルガンを宏法覚衆第6世ダライ・ラマに封じた。

1721年 朱一貴が台湾で蜂起した。

1723年～1724年 青海のロブサン・ダンジンが反乱を起こした。

1723年 直隷巡撫李維鈞の建議を受け、丁銀を田畝に繰り込み一括して徴収した。地銀・丁銀の合一はこれより始まった。

1726年 雲南に命じて丁銀を地畝に繰り込んだ。査嗣庭の獄が発生した。苗・瑶などの地で「改土帰流」を実施した。

1727年 清廷が内閣学士センゲと副都統マラをダライ・ラマのもとへ派遣した。これが駐蔵大臣設置の始まりである。雍正元年（1723年）、ガポーパの乱の平定後、正式に正副2名の駐蔵大臣を設置し、センゲを首任の駐蔵大臣とした。雲貴総督のオルタイが「改土帰流」の実施を開始した。中露「布連斯奇界約」を締結し、中露の辺境中段の国境を画定した。また中露「キャフタ条約」を締結した。

1729年 曾静・張熙の案が発生した。また呂留良の案、謝済世の案、陸生楠の案が発生した。雍正帝が『大義覚迷録』を頒布した。

1751年～1784年 乾隆帝が6度にわたり南巡を行った。

1755年 ジュンガルの乱が平定された。

1757年 外国商船が江・浙・閩の海関で貿易を行うことを禁じ、広州1ヵ所のみに限定して開放した。

1771年 トルグート部がウバシ・ハンに率いられ、祖国に帰還した。

1774年 白蓮教の王倫が寿張・臨清などの地で蜂起した。

1776年 大金川の首領ソノム・サラベンらが降伏し、金川軍の蜂起はここに終息した。

1786年 台湾の天地会の林爽文が蜂起した。

1792年 清軍がチベットに侵入したグルカ軍を撃退した。乾隆帝が「十全武功記」の制作を命じた。

1793年 『西蔵章程』を制定した。またダライとパンチェン及び大ホトクトのホビルガンの金瓶掣籤法を改訂した。イギリスの使節マカートニーが入覲した。

1796年～1804年　五省に及ぶ白蓮教の大蜂起が発生した。

1799年　乾隆帝が死去し、嘉慶帝が親政を開始した。大学士の和珅が獄に下され、死を賜った。

1813年　天理教が林清の指揮のもと、皇宮を襲撃したが失敗し、捕えられた。

1815年　『査封鴉片章程』を定めた。

1820年～1827年　新疆のジャハーンギール・ホージャが反乱を起こした。

1839年　林則徐が虎門でアヘンを処分した。

1840年　中英第1次アヘン戦争が勃発した。

1841年　三元里の人民が武装してイギリス軍に抵抗した。

1842年　中英が「南京条約」を締結した。これは中国近代史上最初の喪権辱国の不平等条約である。

1843年　中英が『五口通商章程』を締結した。洪秀全が拝上帝会を創立した。

1844年　中米が「望厦条約」を締結した。中仏が「黄埔条約」を締結した。洪秀全と馮雲山が宣教活動を開始した。

1845年　「七和卓の乱」が発生した。中英が『上海租地章程』を締結した。これは上海租界に関する最初の法的文書である。

1850年　洪秀全が主導する拝上帝会が広西桂平の金田村で蜂起した。

1851年　ロシアと「伊犂通商条約」を締結した。太平軍が永州城に攻め込み、太平天国の号を建て、洪秀全は天王となった。楊秀清・馮雲山・蕭朝貴・韋昌輝・石達開を王に封じた。

1852年　太平軍の首領の馮雲山と蕭朝貴が戦死した。安徽捻軍の首領の張楽行が蜂起した。

1853年　太平天国が江寧に攻め込み、天京と改称し、ここに都を建て、太平天国政権を樹立した。また『天朝田畝制度』を頒布した。清が江南大営を建てた。太平軍の李開芳と林鳳祥が北伐に向かい、胡以晃が西征に向かった。小刀会が上海県城を占領した。

1854年　英・仏・米の領事が『上海英法美租界租地章程』を制定し、公布した。これより、租界は「国の中の国」となった。太平天国が科挙を実施した。

1855年　太平軍の北伐部隊が全滅した。安徽亳州の捻衆が張楽行を盟主に推戴した。

1856年　清廷が各省に命じて団練を組織させ、官がこれを督率した。石達開が江南大営を撃破した。太平天国で「天京事変」が勃発した。パンチェン・エルデニのホビルガンが製定された。

1857年　石達開が天京から出奔した。

1858年　ダライ・ラマのホビルガンが製定された。奕山とロシアが「アイグン条約」を

締結し、黒龍江左岸の地をロシアに割譲した。清が露・米・英・仏とそれぞれ「天津条約」を締結した。李秀成が江北大営を撃破し、天京の包囲を解いた。太平軍が三河で湘軍を撃破し、大勝を収めた。

1859年　洪仁玕が天京に到着し、干王に封ぜられ、朝政を総理した。洪仁玕は『資政新編』を提出し、改革を主張した。

1860年　李成秀と陳玉成が合同で天京を救援し、江南大営を大いに破った。アメリカ人ウォードが洋槍隊を組織し、太平軍に備えた。太平軍が第2次の西征の実施を決定し、武漢を奪取した。英・仏の連合軍が円明園を略奪し、焼き払った。清が英・仏・露の3国とそれぞれ「北京条約」を締結した。また「総理各国事務衙門」を設立した。

1861年　恭親王奕訢が『通籌洋務全局酌擬章程六条折』を上奏した。山東天龍の八卦教が蜂起した。咸豊帝が熱河で死去した。「辛酉政変」の後、慈安・慈禧両太后が垂簾聴政を行った。各国が北京に使館を設置した。

1862年　清政府が英仏の教官を招聘して新式軍隊を編練した。陳玉成が捕えられ、処刑された。

1863年　捻軍の首領の張楽行が捕えられ、処刑された。石達開が大渡河で捕えられ、処刑された。ロバート・ハートが初めて総税務司を務めた。アメリカが上海に租界を設け、間もなくイギリスの租界と合併して公共租界となった。

1864年　洪秀全が死去し、子の洪天貴福が位を継いだ。曾国藩が天京に攻め入り、李秀成が捕られ、処刑された。洪天貴福が捕られ、処刑された。

1865年　清廷がイギリスに借款を行い、2年6回に分けて償還した。これが外債の始まりである。

1866年　捻軍が東西二手に分かれた。左宗棠が福州船政局を設立し、沈葆楨がその事務を総理した。

1867年　清廷がアンソン・バーリンゲームを派遣して各国を訪問し、交渉を行わせた。天津機器局と金陵機器局が設立された。

1868年　張宗禹が指揮する西捻軍が壊滅した。ここに至り、太平軍の残党及び捻軍の抗清闘争は終息した。中米「天津条約」が改訂され（「蒲安臣条約」とも呼ばれる）、7条の協定が追加された。

1872年　学童をアメリカに派遣して留学させ、容閎にこれを引率させた。

1875年　薛福成が勅令に応じて治平六策と海防密議十条を述べた。李鴻章と沈葆楨に命じてそれぞれ北洋と南洋の海防を督弁させた。郭嵩燾を出使英国欽差大臣に任じた。これが正式な駐在公使派遣の始まりである。

1876年　李鴻章と英使トーマス・ウェードが「烟台条約」を締結し、列強が中国国内の

河川の航行権をかすめ取った。各省に命じてケシの栽培を禁じ、また地方官吏の政績審査を行わせた。

1879 年　崇厚とロシアが「交収伊犁条約」（「リヴァディア条約」とも呼ばれる）を締結した。

1881 年　曾紀沢とロシアが「伊犁条約」を改訂し、一部の失地を回復した。

1884 年　恭親王奕訢の全班軍機大臣の職を解いた。馬尾の戦いが発生した。清がフランスに宣戦した。新疆に省を設置し、劉錦棠を巡撫に任じた。

1885 年　李鴻章が天津に武備学堂を創立した。清軍が馮子材の指揮のもと対仏作戦で大勝し、諒山などの地を攻略した。李鴻章と伊藤博文が中日「天津条約」を締結した。また中仏が「越南条約」を締結した。その後、「中仏続議商務専条附章」を締結し、フランスがまず中国における鉄道敷設と鉱山採掘の特権を獲得した。醇親王奕譞に海軍の事務を総理させた。詔を下して福建巡撫を台湾巡撫に改め、台湾に正式に省を設けた[18]。1888 年には、閩台の分治が実現し、初代巡撫の劉銘伝が自強新政を遂行した。

1887 年　「中葡条約」が締結された。九龍と澳門に海関を設置した。

1888 年　康有為が国政の改革を奏上した。

1889 年　慈禧太后が光緒帝に「政を還」した。

1890 年　中英が「中英会議印蔵条約」八款を締結した。張之洞が漢陽製鉄局と漢陽槍砲廠を設立した。

1891 年　康有為が『大同書』を出版した。また彼が撰した『新学偽経考』などの書は、その変法思想の理論的根拠となった。

1893 年　張之洞が湖北で自強学堂を創立した。中英が「中英会議蔵印続約」九款を締結した。「蔵印条約」と「蔵印続約」の締結は、イギリスにとって中国のチベットの大門を開かせるものであった。

1894 年　東学党の起義が発生したため、朝鮮が清政府に出兵を要請した。日本はこの機に乗じて朝鮮に出兵した。中日の間に黄海海戦が発生した。孫中山がホノルルで興中会を創立した。

1895 年　中日が「馬関条約」を締結した。康有為が「公車上書」を行い、講和拒否・遷都・変法を訴えた。露・仏・独の３国が日本への遼東半島割譲に干渉した。康有為が強学会を創立した。孫中山が興中会総本部を香港に設立した。

1896 年　中露が「禦敵互相援助条約」（すなわち「中露密約」）を締結した。厳復がハクスリーの『天演論』を翻訳した。張之洞が日本に２名を留学させることを奏上した。日

18　『中外歴史年表』では 1886 年のこととする。ここでは陳孔立主編『台湾歴史綱要』と徐徹等主編『清代全史』第九巻に従った。

本への留学生派遣はこれより始まる。

1898年　康有為が『統籌全局折』を奏上した。ドイツが膠州湾の租借を強行した。またロシアが旅順口と大連湾を、フランスが広州湾の租借を強行した。康有為らが北京で保国会を創立した。光緒帝が「明定国是」の詔を発布し、変法維新の実施を決定した。慈禧太后が光緒帝を瀛台に囚禁した。康有為は海外に亡命し、「戊戌六君子」は義に就いた。

1899年　総理衙門が『出洋留学章程』を議定した。アメリカの国務長官ジョン＝ヘイが中国に対する「門戸開放」政策を提起した。山東の義和団が蜂起し、「扶清滅洋」のスローガンを掲げた。

1900年　義和団の勢力が山西・直隷まで拡大した。八ヵ国連合軍が北京に侵入した。

1901年　「改弦更法詔」を発布し、新政を開始した。総理各国事務衙門を外務部に改めた。劉坤一と張之洞が連名で『江楚会奏変法三折』を奏上した。「辛丑条約」が締結された。

1903年　日本・アメリカと商約を締結し、日本に最恵国待遇を与えた。練兵処を設立し、奕劻を練兵大臣、袁世凱を会辦大臣、鉄良を襄辦大臣とし、新軍の編練を統一的に計画させた。鄒容が『革命軍』を出版した。黄興と宋教仁が華興会を組織した。

1904年　チベットに侵入したイギリス軍の主帥フランシス・ヤングハズバンドがチベット地方政府に「ラサ条約」の締結を迫った。

1905年　アメリカ政府が再び中国に対する門戸開放策を提唱し、英・仏などの国々が呼応した。載澤ら5大臣を欧米に派遣して憲政の視察に向かわせたが、革命党員の呉樾が爆弾を投げつけ、数名が負傷したため、中止された。詔が下され、丙午年の科挙より郷試・会試を一律に停止し、各省の歳試・科試も停止した。こうして科挙制度は廃止された。中国革命同盟会が日本で成立し、孫中山が総理となり、機関紙の『民報』が発行された。孫中山は発刊の辞の中で「三民主義」の主張を提起した。

1906年　中英が「西蔵条約」を締結した。清廷が「預備倣行立憲」を宣布した。同盟会が萍郷・瀏陽・醴陵などの地で武装蜂起したが、いずれも失敗した。

1907年　光復会会員の徐錫麟が安徽巡撫恩銘を刺殺し、逮捕された。同盟会が黄岡・鎮南関などの地で蜂起したが、いずれも失敗した。

1908年　各省に『諮議局章程』を頒布した。また『欽定憲法大綱』を頒布した。光緒帝が死去し、醇親王載灃の子溥儀が大統を継承した。慈禧太后が死去し、摂政王載灃を監国に命じ、翌年を宣統元年に改めた。袁世凱は帰郷して「療養」した。

1909年　『資政院章程』を頒布した。各省で諮議局が開会された。詹天佑が設計を担当した京張鉄路が開通した。

1911年　軍機処と旧内閣が廃止され、新内閣の官制が発布され、奕劻が総理大臣となった。当時の人々はこれを「皇族内閣」と呼んだ。黄興が広州起義を主導したが、失敗した。

鉄道の国有が宣布され、両湖・四川で次々と反対運動が起こり、四川で保路同志会が成立した。武昌起義が勃発した。歴史上「辛亥革命」と呼ばれている。各省が次々と独立した。各省の代表が漢口で議会を開き、臨時中央政府が成立する前に、湖北軍政府を中央政府とすることを議決し、『中華民国臨時政府組織大綱』を制定した。各省の代表が南京で議会を開き、選挙により孫中山が中華民国臨時大総統に選ばれた。奕劻内閣が辞職し、袁世凱が後任の内閣総理大臣となった。摂政王載灃が罷免された。南北和議の代表が上海で談判を開始した。

1912年 孫中山が南京で中華民国臨時大総統に就任した。宣統帝が退位を宣布した。

一三
夏商周紀年表

（一）夏王朝年表

王朝	王	年代（紀元前）
夏	禹	2070-1600
	啓	
	太康	
	仲康	
	相	
	少康	
	予	
	槐	
	芒	
	泄	
	不降	
	扃	
	廑	
	孔甲	
	皋	
	発	
	癸（桀）	

（二）商王朝年表

王朝	王	年代（紀元前）
商前期	湯	1600-1300
	太丁	
	外丙	
	中壬	
	太甲	
	沃丁	
	太庚	
	小甲	
	雍己	
	太戊	
	中丁	
	外壬	
	河亶甲	
	祖乙	
	祖辛	
	沃甲	
	祖丁	
	南庚	
	陽甲	
	盤庚（殷遷都前）	
商後期	盤庚（殷遷都後）	1300-1251
	小辛	
	小乙	
	武丁	1250-1192
	祖庚	1191-1148
	祖甲	
	廩辛	
	庚丁	
	武乙	1147-1113
	文丁	1112-1102
	帝乙	1101-1076
	帝辛（紂）	1075-1046

夏商周紀年表　211

（三）西周王室と諸侯紀年表

西周王室紀元	諸侯紀元	西暦紀年
武王姫発		
成王誦		
康王釗		
昭王瑕		
穆王満		
共王繄扈		
懿王囏		
孝王辟方		
夷王燮		
厲王胡		
共和行政元年		前841
共和行政二年	晋釐侯元年	前840
共和行政五年	楚熊厳元年	前837
	蔡夷侯元年	
共和行政八年	曹幽伯彊元年	前834
共和行政十一年	陳釐公孝元年	前831
共和行政十二年	宋恵公覵元年	前830
宣王静元年	楚熊霜元年	前827
宣王静二年	燕釐侯荘元年	前826
宣王静三年	魯武公敖元年	前825
	曹戴伯蘇元年	
宣王静四年	斉厲公無忌元年	前824
宣王静六年	晋献侯籍元年	前822
宣王静七年	秦荘公元年	前821
	楚熊徇元年	
宣王静十三年	魯懿公戯元年	前815
	斉文公赤元年	
宣王静十六年	衛武公和元年	前812
宣王静十七年	晋穆侯弗生元年	前811
宣王静十九年	蔡釐侯所事元年	前809
宣王静二十二年	魯君伯御元年	前806
	鄭桓公友元年	
宣王静二十五年	斉成公説元年	前803
宣王静二十八年	宋哀公元年	前800
宣王静二十九年	宋戴公元年	前799
	楚熊鄂元年	
宣王静三十二年	魯孝公称元年	前796
宣王静三十三年	陳武公霊元年	前795
	曹恵伯雉元年	
宣王静三十四年	斉荘公贖元年	前794
宣王静三十八年	楚若敖（熊儀）元年	前790
	燕頃侯元年	

西周王室紀元	諸侯紀元	西暦紀年
宣王静四十四年	晋殤叔元年	前784
幽王宮涅元年		前781
幽王宮涅二年	晋文侯仇元年	前780
	陳夷公説元年	
幽王宮涅五年	秦襄公元年	前777
	陳平公燮元年	

(四) 東周王室と諸侯紀年表

東周王室紀元	諸侯紀元	西暦紀年
春秋時代		
平王宜臼元年	鄭武公滑突元年	前770
平王宜臼三年	魯恵公弗湟元年	前768
平王宜臼五年	燕哀侯元年	前766
平王宜臼六年	秦文公元年	前765
	宋武公司空元年	
平王宜臼七年	燕鄭侯元年	前764
平王宜臼八年	楚霄敖（熊坎）元年	前763
平王宜臼十年	蔡共侯興元年	前761
平王宜臼十二年	蔡戴侯元年	前759
	曹穆公元年	
平王宜臼十四年	楚蚡冒元年	前757
	衛荘公楊元年	
平王宜臼十五年	曹桓公終生元年	前756
平王宜臼十七年	陳文公圉元年	前754
平王宜臼二十二年	蔡宣公措父元年	前749
平王宜臼二十四年	宋宣公力元年	前747
平王宜臼二十六年	晋昭侯伯元年	前745
平王宜臼二十七年	陳桓公鮑元年	前744
平王宜臼二十八年	鄭荘公寤生元年	前743
平王宜臼三十一年	楚武王熊通元年	前740
平王宜臼三十二年	晋孝侯平元年	前739
平王宜臼三十七年	衛桓公完元年	前734
平王宜臼四十一年	斉釐公禄父元年	前730
平王宜臼四十三年	宋穆公和元年	前728
	燕穆侯元年	
平王宜臼四十八年	晋鄂侯郄元年	前723
平王宜臼四十九年	魯隠公息姑元年	前722
桓王林元年	宋殤公與夷元年	前719
桓王林二年	衛宣公晋元年	前718
桓王林三年	晋哀侯光元年	前717
桓王林五年	秦寧公元年	前715
桓王林六年	蔡桓侯封人元年	前714
桓王林九年	魯桓公允元年	前711
桓王林十年	宋荘公馮元年	前710
	燕宣侯元年	
桓王林十一年	晋小子元年	前709
桓王林十四年	晋侯湣元年	前706
	陳厲公元年	
桓王林十七年	秦出子元年	前703
桓王林十九年	曹荘公射姑元年	前701
桓王二十年	鄭厲公突元年	前700
桓王林二十一年	衛恵公朔元年	前699
	陳荘公林元年	

東周王室紀元	諸侯紀元	西暦紀年
桓王林二十三年	斉襄公諸児元年	前697
	秦武公元年	
	燕桓侯元年	
荘王佗元年	衛君黔牟元年	前696
	鄭昭公忽元年	
荘王佗三年	蔡哀侯献舞元年	前694
	鄭君子亹元年	
荘王佗四年	魯荘公同元年	前693
	鄭君子嬰元年	
荘王佗五年	陳宣公杵臼元年	前692
荘王佗六年	宋湣公捷元年	前691
荘王佗七年	燕荘公元年	前690
荘王佗八年	楚文王貲元年	前689
荘王佗十二年	斉桓公小白元年	前685
釐王胡斉元年	宋桓公御説元年	前681
釐王胡斉三年	鄭厲公突（復立）元年	前679
釐王胡斉五年	秦徳公元年	前677
恵王閬元年	晋献公詭諸元年	前676
	楚堵敖囏元年	
恵王閬二年	秦宣公元年	前675
恵王閬三年	蔡穆侯肸元年	前674
恵王閬五年	鄭文公捷元年	前672
恵王閬六年	楚成王惲元年	前671
恵王閬七年	曹釐公夷元年	前670
恵王閬九年	衛懿公赤元年	前668
恵王閬十四年	秦成公元年	前663
恵王閬十六年	曹昭公元年	前661
	魯湣公啓元年	
恵王閬十七年	衛戴公申元年	前660
恵王閬十八年	魯釐公申元年	前659
	秦穆公任好元年	
	衛文公燬元年	
恵王閬二十年	燕襄公元年	前657
恵王閬二十五年	曹共公元年	前652
襄王鄭元年		前651
襄王鄭二年	晋恵公夷吾元年	前650
	宋襄公茲父元年	
襄王鄭五年	陳穆公款元年	前647
襄王鄭七年	蔡荘公甲午元年	前645
襄王鄭十年	斉孝公昭元年	前642
襄王鄭十五年	晋懐公圉元年	前637
襄王鄭十六年	晋文公重耳元年	前636
	宋成公王臣元年	
襄王鄭十八年	衛成公鄭元年	前634

東周王室紀元	諸侯紀元	西暦紀年
襄王鄭二十年	斉昭公潘元年	前632
襄王鄭二十一年	陳共公朔元年	前631
襄王鄭二十五年	晋襄公驩元年	前627
	鄭穆公蘭元年	
襄王鄭二十六年	魯文公興元年	前626
襄王鄭二十七年	楚穆王商臣元年	前625
襄王鄭三十二年	晋霊公夷皋元年	前620
	秦康公罃元年	
襄王鄭三十三年	宋昭公杵臼元年	前619
頃王壬臣元年		前618
頃王壬臣二年	曹文公寿元年	前617
	燕桓公元年	
頃王壬臣六年	楚荘王侶元年	前613
	陳霊公平国元年	
匡王班元年	斉懿公商人元年	前612
匡王班二年	蔡文公申元年	前611
匡王班三年	宋文公鮑元年	前610
匡王班五年	魯宣公元年	前608
	斉恵公元年	
	秦共公稻元年	
定王瑜元年	晋成公黒臀元年	前606
定王瑜二年	鄭霊公夷元年	前605
定王瑜三年	鄭襄公堅元年	前604
定王瑜四年	秦桓公元年	前603
定王瑜六年	燕宣公元年	前601
定王瑜八年	晋景公拠元年	前599
	衛穆公遬元年	
定王瑜九年	斉頃公無野元年	前598
	陳成公午元年	
定王瑜十三年	曹宣公彊元年	前594
定王瑜十六年	蔡景公固元年	前591
定王瑜十七年	魯成公黒肱元年	前590
	楚共王審元年	
定王瑜十九年	宋共公瑕元年	前588
	衛定公臧元年	
定王瑜二十一年	鄭悼公費元年	前586
	燕昭公元年	
簡王夷元年	呉王寿夢元年	前585
簡王夷二年	鄭成公睔元年	前584
簡王夷五年	斉霊公環元年	前581
簡王夷六年	晋厲公寿曼元年	前580
簡王夷九年	曹成公負芻元年	前577
簡王夷十年	秦景公元年	前576
	衛献公衎元年	
簡王夷十一年	宋平公成元年	前575
簡王夷十三年	燕武公元年	前573
簡王夷十四年	魯襄公午元年	前572
	晋悼公元年	
霊王泄心元年		前571
霊王泄心二年	鄭釐公惲元年	前570
霊王泄心四年	陳哀公弱元年	前568
霊王泄心七年	鄭簡公嘉元年	前565
霊王泄心十二年	呉王諸樊元年	前560
霊王泄心十三年	楚康王招元年	前559
霊王泄心十四年	衛殤公元年	前558
霊王泄心十五年	晋平公彪元年	前557
霊王泄心十八年	曹武公勝元年	前554
	燕文公元年	
霊王泄心十九年	斉荘公光元年	前553
霊王泄心二十四年	燕懿公元年	前548
霊王泄心二十五年	斉景公杵臼元年	前547
	呉王餘祭元年	
霊王泄心二十六年	衛献公衎復元年	前546
景王貴元年	楚郟敖員元年	前544
景王貴二年	衛襄公悪元年	前543
景王貴三年	蔡霊侯班元年	前542
景王貴四年	魯昭公稠元年	前541
景王貴五年	楚霊王圍元年	前540
景王貴九年	秦哀公元年	前536
景王貴十年	燕悼公元年	前535
景王貴十一年	衛霊公元年	前534
景王貴十二年	陳恵公呉元年	前533
景王貴十四年	晋昭公夷元年	前531
	宋元公佐元年	
景王貴十五年	蔡平侯廬元年	前530
	呉王餘眛元年	
景王貴十六年	鄭定公寧元年	前529
景王貴十七年	楚平王居元年	前528
	燕共公元年	
景王貴十八年	曹平公須元年	前527
景王貴十九年	呉王僚元年	前526
景王貴二十年	晋頃公去疾元年	前525
景王貴二十二年	曹悼公午元年	前523
	燕平公元年	
景王貴二十四年	蔡悼侯東国元年	前521
悼王猛元年		前520
敬王匄元年		前519
敬王匄二年	蔡昭侯申元年	前518
敬王匄四年	宋景公頭曼元年	前516
敬王匄五年	楚昭王珍元年	前515

東周王室紀元	諸侯紀元	西曆紀年	東周王室紀元	諸侯紀元	西曆紀年
敬王匄六年	曹襄公元年	前514	貞定王介十九年	衛敬公弗元年	前450
	吳王闔閭元年			蔡侯齊元年	
敬王匄七年	鄭獻公蠆元年	前513		宋昭公特（得）元年	
敬王匄九年	晉定公午元年	前511	貞定王介二十一年	越王州句元年	前448
敬王匄十年	越王允常元年	前510	貞定王介二十四年	魏文侯斯元年	前445
敬王匄十一年	魯定公宋元年	前509	貞定王二十七年	秦躁公元年	前442
	曹隱公元年		哀王去疾元年		前441
敬王匄十五年	陳懷公柳元年	前505	思王叔元年		
	曹靖公露元年		考王嵬元年		前440
敬王匄十六年	燕簡公元年	前504	考王嵬八年	晉幽公柳元年	前433
敬王匄十九年	陳湣公越元年	前501	考王嵬十年	衛昭公糾元年	前431
	曹伯陽元年			楚簡王仲元年	
敬王匄二十年	秦惠公元年	前500	考王嵬十三年	秦懷公元年	前428
	鄭聲公勝元年			魯元公嘉元年	
敬王匄二十四年	越王勾踐元年	前496	威烈王午元年	衛懷公亶元年	前425
敬王匄二十五年	吳王夫差元年	前495	威烈王午二年	秦靈公元年	前424
敬王匄二十六年	魯哀公將元年	前494		趙桓子嘉元年	
敬王匄二十八年	衛出公輒元年	前492		韓武子啓章元年	
	燕獻公元年		威烈王午三年	趙獻侯浣元年	前423
敬王匄三十年	秦悼公元年	前490		鄭幽公己元年	
	蔡成侯朔元年		威烈王午四年	鄭繻公駘元年	前422
敬王匄三十一年	齊晏孺子荼元年	前489	威烈王午十一年	晉烈公止元年	前415
敬王匄三十二年	齊悼公陽生元年	前488	威烈王午十二年	秦簡公悼子元年	前414
	楚惠王章元年			衛慎公頹元年	
敬王匄三十六年	齊簡公壬元年	前484	威烈王午十五年	越王翳元年	前411
敬王匄四十年	齊平公驁元年	前480	威烈王午十八年	韓景侯虔元年	前408
	衛莊公蒯聵元年			趙烈侯籍元年	
敬王匄四十三年	衛君起元年	前477	威烈王午十九年	魯穆公顯元年	前407
戰國時代				楚聲王當元年	
元王仁（赤）元年		前475	威烈王午二十二年	齊康公貸元年	前404
貞定王介元年	宋昭公得元年	前468		田齊太公和元年	
貞定王介三年	魯悼公寧元年	前466	威烈王午二十三年	宋悼公購由元年	前403
貞定王介五年	燕孝公元年	前464	威烈王二十四年	燕釐公莊元年	前402
	越王鹿郢元年		安王驕元年	楚悼王類元年	前401
貞定王介七年	鄭哀公易元年	前462	安王驕三年	韓烈侯取元年	前399
貞定王介十一年	越王不壽元年	前458		秦惠公元年	
貞定王介十二年	趙襄子無恤元年	前457	安王驕七年	魏武侯擊元年	前395
貞定王介十三年	蔡元侯元年	前456		鄭康公乙元年	
貞定王介十四年	衛悼公黔元年	前455		宋休公田元年	
	齊宣公積元年		安王驕十四年	晉桓公元年	前388
貞定王介十五年	鄭共公丑元年	前454	安王驕十六年	趙敬侯章元年	前386
	燕成公載元年			韓文侯元年	
貞定王介十七年	宋君啓元年	前452		秦出公元年	
貞定王介十八年	晉哀公元年	前451	安王驕十八年	秦獻公師隰元年	前384
			安王驕十九年	田齊廢公剡元年	前383

夏商周紀年表

東周王室紀元	諸侯紀元	西暦紀年	東周王室紀元	諸侯紀元	西暦紀年
安王驕二十二年	楚粛王臧元年	前380	赧王延十五年	田斉湣王地元年	前300
安王驕二十五年	晋静公倶酒元年	前377	赧王延十七年	趙恵文王元年	前298
安王驕二十六年	韓哀侯元年	前376		楚頃襄王元年	
	魯共公奮元年		赧王延二十年	韓釐王咎元年	前295
	越王諸咎元年			魏昭王遬元年	
烈王喜元年	越王錯枝元年	前375		魯文公賈元年	
烈王喜二年	韓懿侯元年	前374	赧王延三十二年	田斉襄王法章元年	前283
	趙成侯元年		赧王延三十三年	衛懐君元年	前282
	田斉桓公午元年		赧王延三十七年	燕恵王元年	前278
	越王無余元年		赧王延三十九年	魏安釐王圉元年	前276
烈王喜四年	燕桓公元年	前372	赧王延四十三年	韓桓恵王元年	前272
	衛声公訓元年			魯頃公讎元年	
	宋辟公辟兵元年		赧王延四十四年	燕武成王元年	前271
烈王喜七年	魏恵王罃元年	前369	赧王延五十年	趙孝成王元年	前265
	楚宣王元年		赧王延五十一年	田斉廃王建元年	前264
	宋君剔成元年		赧王延五十三年	楚考烈王元年	前262
顕王扁元年		前368	赧王延五十八年	燕孝王元年	前257
顕王扁七年	韓昭侯武元年	前362	赧王延五十九年		前256
	越王無顓元年			燕王喜元年	前254
顕王扁八年	燕文公元年	前361		衛元君元年	前252
	秦孝公渠梁元年			秦文王柱元年	前250
	衛成侯遫元年			秦荘襄王子楚元年	前249
顕王扁十三年	田斉威王因斉元年	前356		秦王政元年	前246
顕王扁十七年	魯康公屯元年	前352		趙悼襄王偃元年	前244
顕王扁二十年	趙粛侯語元年	前349		魏景湣王増元年	前242
顕王扁二十六年	魯景公匽元年	前343		韓王安元年	前238
顕王扁三十年	楚威王熊商元年	前339		楚幽王悍元年	前237
顕王扁三十二年	秦恵文王駟元年	前337		趙幽繆王遷元年	前235
顕王扁三十五年	魏恵王罃後元年	前334		衛君角元年	前229
顕王扁三十七年	韓宣恵王元年	前332		楚哀王郝元年	前228
	燕易王元年			楚王負芻元年	前227
	衛平侯元年			魏王仮元年	
顕王扁四十一年	楚懐王槐元年	前328		代(趙)王嘉元年	
	宋康王偃元年				
顕王扁四十四年	趙武霊王雍元年	前325			
顕王扁四十五年	秦恵文王駟後元元年	前324			
	衛嗣君元年				
慎靚王定元年	燕王噲元年	前320			
慎靚王定二年	田斉宣王辟彊元年	前319			
慎靚王定三年	魏襄王嗣元年	前318			
赧王延元年	魯平公叔元年	前314			
赧王延四年	韓襄王倉元年	前311			
	燕昭王職元年				
赧王延五年	秦武王蕩元年	前310			
赧王延九年	秦昭襄王元年	前306			

— 四 —

歴代年号紀元表

（注）本紀元表では、皇帝の尊号は諡号もしくは廟号とした。隋を境として、それ以前の多くは諡号、以降の多くは廟号とした。嬴政の始皇嬴帝と武則天の大周聖神皇帝は、本人による生前の尊号である。

王朝	皇帝名及び尊号（注）	在位期間の年号	西暦紀年
秦	始皇嬴政		前221-前210
秦	二世胡亥		前209-前207
秦	子嬰		前207
前漢	高祖劉邦		前206-前195
前漢	恵帝劉盈		前194-前188
前漢	高后呂雉		前187-前180
前漢	文帝劉恒	前元	前179-前164
前漢	文帝劉恒	後元	前163-前157
前漢	景帝劉啓	前元	前156-前150
前漢	景帝劉啓	中元	前149-前144
前漢	景帝劉啓	後元	前143-前141
前漢	武帝劉徹	建元	前140-前135
前漢	武帝劉徹	元光	前134-前129
前漢	武帝劉徹	元朔	前128-前123
前漢	武帝劉徹	元狩	前122-前117
前漢	武帝劉徹	元鼎	前116-前111
前漢	武帝劉徹	元封	前110-前105
前漢	武帝劉徹	太初	前104-前101
前漢	武帝劉徹	天漢	前100-前97
前漢	武帝劉徹	太始	前96-前93
前漢	武帝劉徹	征和	前92-前89
前漢	武帝劉徹	後元	前88-前87
前漢	昭帝劉弗陵	始元	前86-前80
前漢	昭帝劉弗陵	元鳳	前80-前75
前漢	昭帝劉弗陵	元平	前74
前漢	宣帝劉詢	本始	前73-前70
前漢	宣帝劉詢	地節	前69-前66
前漢	宣帝劉詢	元康	前65-前61
前漢	宣帝劉詢	神爵	前61-前58
前漢	宣帝劉詢	五鳳	前57-前54
前漢	宣帝劉詢	甘露	前53-前50
前漢	宣帝劉詢	黄龍	前49
前漢	元帝劉奭	初元	前48-前44
前漢	元帝劉奭	永光	前43-前39
前漢	元帝劉奭	建昭	前38-前34
前漢	元帝劉奭	竟寧	前33
前漢	成帝劉驁	建始	前32-前28
前漢	成帝劉驁	河平	前28-前25
前漢	成帝劉驁	陽朔	前24-前21
前漢	成帝劉驁	鴻嘉	前20-前17
前漢	成帝劉驁	永始	前16-前13
前漢	成帝劉驁	元延	前12-前9
前漢	成帝劉驁	綏和	前8-前7
前漢	哀帝劉欣	建平	前6-前3
前漢	哀帝劉欣	元寿	前2-前1
前漢	平帝劉衎	元始	1-5
前漢	孺子嬰	居摂	6-8
前漢	孺子嬰	初始	8
新	王莽	始建国	9-13
新	王莽	天鳳	14-19
新	王莽	地皇	20-23
更始政権	劉玄	更始	23-25
後漢	光武帝劉秀	建武	25-56
後漢	光武帝劉秀	建武中元	56-57
後漢	明帝劉荘	永平	58-75
後漢	章帝劉炟	建初	76-84
後漢	章帝劉炟	元和	84-87
後漢	章帝劉炟	章和	87-88
後漢	和帝劉肇	永元	89-105
後漢	和帝劉肇	元興	105
後漢	殤帝劉隆	延平	106
後漢	安帝劉祜	永初	107-113
後漢	安帝劉祜	元初	114-120
後漢	安帝劉祜	永寧	120-121
後漢	安帝劉祜	建光	121-122
後漢	安帝劉祜	延光	122-125
後漢	順帝劉保	永建	126-132
後漢	順帝劉保	陽嘉	132-135
後漢	順帝劉保	永和	136-141
後漢	順帝劉保	漢安	142-144
後漢	順帝劉保	建康	144
後漢	沖帝劉炳	永憙	145
後漢	質帝劉纘	本初	146

王朝	皇帝名及び尊号（注）	在位期間の年号	西暦紀年	王朝	皇帝名及び尊号（注）	在位期間の年号	西暦紀年
後漢	桓帝劉志	建和	147-149	西晋	武帝司馬炎	泰始	265-274
		和平	150			咸寧	275-280
		元嘉	151-153			太康	280-289
		永興	153-154			太熙	290
		永寿	155-158		恵帝司馬衷	永熙	290
		延熹	158-167			永平	291
		永康	167			元康	291-299
	霊帝劉宏	建寧	168-172			永康	300-301
		熹平	172-178			永寧	301-302
		光和	178-184			太安	302-303
		中平	184-189			永安	304
	少帝劉辯	光熹	189			建武	304
		昭寧	189			永興	304-306
	献帝劉協	永漢	189			光熙	306
		初平	190-193		懐帝司馬熾	永嘉	307-313
		興平	194-195		愍帝司馬鄴	建興	313-317
		建安	196-220	東晋	元帝司馬睿	建武	317-318
		延康	220			大興	318-321
三国 魏	文帝曹丕	黄初	220-226			永昌	322
	明帝曹叡	太和	227-233		明帝司馬紹	太寧	323-326
		青龍	233-237		成帝司馬衍	咸和	326-334
		景初	237-239			咸康	335-342
	斉王曹芳	正始	240-249		康帝司馬岳	建元	343-344
		嘉平	249-253		穆帝司馬聃	永和	345-356
	高貴郷公曹髦	正元	254-256			升平	357-361
		甘露	256-260		哀帝司馬丕	隆和	362-363
	元帝曹奐	景元	260-264			興寧	363-365
		咸熙	264-265		廃帝司馬奕	太和	366-371
三国 蜀漢	昭烈帝劉備	章武	221-223		簡文帝司馬昱	咸安	371-372
	後主劉禅	建興	223-237		孝武帝司馬曜	寧康	373-375
		延熙	238-257			太元	376-396
		景耀	258-263		安帝司馬徳宗	隆安	397-401
		炎興	263			元興	402-404
三国 呉	大帝孫権	黄武	222-229			義熙	405-418
		黄龍	229-231		恭帝司馬徳文	元熙	419-420
		嘉禾	232-238	北朝 北魏	道武帝拓跋珪	登国	386-395
		赤烏	238-251			皇始	396-397
		太元	251-252			天興	398-404
		神鳳	252			天賜	404-409
	会稽王孫亮	建興	252-253		明元帝拓跋嗣	永興	409-413
		五鳳	254-256			神瑞	414-415
		太平	256-258			泰常	416-423
	景帝孫休	永安	258-264		太武帝拓跋燾	始光	424-428
	末帝孫皓	元興	264-265			神䴥	428-431
		甘露	265-266			延和	432-434
		宝鼎	266-269			太延	435-440
		建衡	269-271			太平真君	440-451
		鳳凰	272-274			正平	451-452
		天冊	275		南安王拓跋余	承平	452
		天璽	276		文成帝拓跋濬	興安	452-454
		天紀	277-280			興光	454-455

王朝	皇帝名及び尊号（注）	在位期間の年号	西暦紀年
北朝 / 北魏		太安	455-459
		和平	460-465
	献文帝拓跋弘	天安	466-467
		皇興	467-471
	孝文帝元宏	延興	471-476
		承明	476
		太和	477-499
	宣武帝元恪	景明	500-503
		正始	504-508
		永平	508-512
		延昌	512-515
	孝明帝元詡	熙平	516-518
		神亀	518-520
		正光	520-524
		孝昌	525-527
		武泰	528
	孝荘帝元子攸	建義	528
		永安	528-530
	長広王元曄	建明	530-531
	節閔帝元恭	普泰	531
	安定王元朗	中興	531
	孝武帝元脩	太昌	532
		永興	532
		永熙	532-534
北朝 / 東魏	孝静帝元善見	天平	534-537
		元象	538
		興和	539-542
		武定	543-550
北朝 / 北斉	文宣帝高洋	天保	550-559
	廃帝高殷	乾明	560
	孝昭帝高演	皇建	560-561
	武成帝高湛	太寧	561
		河清	562-565
	後主高緯	天統	565-569
		武平	570-575
		隆化	576
	幼主高恒	承光	577
北朝 / 西魏	文帝元宝炬	大統	535-551
	廃帝元欽		551-554
	恭帝元廓		554-556
北朝 / 北周	孝閔帝宇文覚		557
	明帝宇文毓		557-558
		武成	559-560
	武帝宇文邕	保定	561-565
		天和	566-571
		建徳	572-577
		宣政	578
	宣帝宇文贇	大成	579
	静帝宇文闡	大象	579-580
		大定	581

王朝	皇帝名及び尊号（注）	在位期間の年号	西暦紀年
南朝 / 宋	武帝劉裕	永初	420-422
	少帝劉義符	景平	423-424
	文帝劉義隆	元嘉	424-453
	孝武帝劉駿	孝建	454-456
		大明	457-464
	前廃帝劉子業	永光	465
		景和	465
	明帝劉彧	泰始	476-471
		泰豫	472
	後廃帝劉昱	元徽	473-477
	順帝劉準	昇明	477-479
南朝 / 斉	高帝蕭道成	建元	479-482
	武帝蕭賾	永明	483-493
	鬱林王蕭昭業	隆昌	494
	海陵王蕭昭文	延興	494
	明帝蕭鸞	建武	494-498
		永泰	498
	東昏侯蕭宝巻	永元	499-501
	和帝蕭宝融	中興	501-502
南朝 / 梁	武帝蕭衍	天監	502-519
		普通	520-527
		大通	527-529
		中大通	529-534
		大同	535-546
		中大同	546-547
		太清	547-550
	簡文帝蕭綱	大宝	550-551
	豫章王蕭棟	天正	551-552
	元帝蕭繹	承聖	552-555
	敬帝蕭方智	紹泰	555-556
		太平	556-557
南朝 / 陳	武帝陳覇先	永定	557-559
	文帝陳蒨	天嘉	560-566
		天康	566
	廃帝陳伯宗	光大	567-568
	宣帝陳頊	太建	569-582
	後主陳叔宝	至徳	583-586
		禎明	587-589
隋	文帝楊堅	開皇	581-600
		仁寿	601-604
	煬帝楊広	大業	605-618
	恭帝楊侑	義寧	617
唐	高祖李淵	武徳	618-626
	太宗李世民	貞観	627-649
	高宗李治	永徽	650-655
		顕慶	656-661
		龍朔	661-663
		麟徳	664-665
		乾封	666-668
		総章	668-670
		咸亨	670-674

王朝	皇帝名及び尊号（注）	在位期間の年号	西暦紀年
唐		上元	674-676
		儀鳳	676-679
		調露	679
		永隆	680
		開耀	681
		永淳	682
		弘道	683
	中宗李顕	嗣聖	684
	睿宗李旦	文明	684
	則天武后	光宅	684
		垂拱	685-688
		永昌	689
		載初	689
	周聖神皇帝武曌	天授	690-692
		如意	692
		長寿	692-694
		延載	694
		証聖	695
		天冊万歳	695
		万歳登封	696
		万歳通天	696
		神功	697
		聖暦	698-700
		久視	700
		大足	701
		長安	701-704
	中宗李顕	神龍	705-707
		景龍	707-710
	殤帝	唐隆	710
	睿宗李旦	景雲	710-711
		太極	712
		延和	712
	玄宗李隆基	先天	712
		開元	713-741
		天宝	742-756
	粛宗李亨	至徳	756-758
		乾元	758-760
		上元	760-761
	代宗李豫	宝応	762-763
		広徳	763-764
		永泰	765-766
		大暦	766-779
	徳宗李適	建中	780-783
		興元	784
		貞元	785-805
	順宗李誦	永貞	805
	憲宗李純	元和	806-820
	穆宗李恒	長慶	821-824
	敬宗李湛	宝暦	824-827
	文宗李昂	大和	827-835
		開成	836-840

王朝	皇帝名及び尊号（注）	在位期間の年号	西暦紀年
唐	武宗李炎	会昌	841-846
	宣宗李忱	大中	847-859
	懿宗李漼	咸通	860-873
	僖宗李儇	乾符	874-879
		広明	880-881
		中和	881-885
		光啓	885-888
		文徳	888
	昭宗李曄	龍紀	889
		大順	890-891
		景福	892-893
		乾寧	894-898
		光化	898-901
		天復	901-904
	哀帝李柷	天祐	905-907
五代	後梁 太祖朱晃（またの名は温・全忠）	開平	907-910
		乾化	911-912
	末帝朱瑱	乾化	913-915
		貞明	915-921
		龍徳	921-923
	後唐 荘宗李存勗	同光	923-926
	明宗李亶	天成	926-930
		長興	930-933
	閔帝李従厚	応順	934
	末帝李従珂	清泰	934-936
	後晋 高祖石敬瑭	天福	936-942
	出帝石重貴	天福	943
		開運	944-947
	後漢 高祖劉暠（本名は知遠）	天福	947
		乾祐	948
	隠帝承祐	乾祐	948-950
	後周 太祖郭威	広順	951-953
		顕徳	954
	世宗柴栄	顕徳	954-959
	恭帝柴宗訓	顕徳	959-960
遼	太祖耶律阿保機	神冊	916-921
		天賛	922-925
		天顕	926-927
	太宗耶律徳光	天顕	926-937
		会同	938-946
		大同	947
	世宗耶律阮	天禄	947-950
	穆宗耶律璟	応暦	951-969
	景宗耶律賢	保寧	969-979
		乾亨	979-982
	聖宗耶律隆緒	統和	983-1012
		開泰	1012-1021
		太平	1021-1030
	興宗耶律宗真	景福	1031-1032
		重熙	1032-1055
	道宗耶律洪基	清寧	1055-1064

王朝	皇帝名及び尊号（注）	在位期間の年号	西暦紀年
遼		咸雍	1065-1074
		大康	1075-1084
		大安	1085-1094
		寿昌	1095-1100
	天祚帝耶律延禧	乾統	1101-1110
		天慶	1111-1120
		保大	1121-1125
北宋	太祖趙匡胤	建隆	960-963
		乾徳	963-968
		開宝	968-976
	太宗趙炅（本名は匡義・光義）	太平興国	976-984
		雍熙	984-987
		端拱	988-989
		淳化	990-994
		至道	995-997
	真宗趙恒	咸平	998-1003
		景徳	1004-1007
		大中祥符	1008-1016
		天禧	1017-1021
		乾興	1022
	仁宗趙禎	天聖	1023-1032
		明道	1032-1033
		景祐	1033-1038
		宝元	1038-1040
		康定	1040-1041
		慶暦	1041-1048
		皇祐	1049-1054
		至和	1054-1056
		嘉祐	1056-1063
	英宗趙曙	治平	1064-1067
	神宗趙頊	熙寧	1068-1077
		元豊	1078-1085
	哲宗趙煦	元祐	1086-1094
		紹聖	1094-1098
		元符	1098-1100
	徽宗趙佶	建中靖国	1101
		崇寧	1102-1106
		大観	1107-1110
		政和	1111-1118
		重和	1118-1119
		宣和	1119-1125
	欽宗趙桓	靖康	1126-1127
南宋	高宗趙構	建炎	1127-1130
		紹興	1131-1162
	孝宗趙昚	隆興	1163-1164
		乾道	1165-1173
		淳熙	1174-1189
	光宗趙惇	紹熙	1190-1194
	寧宗趙拡	慶元	1195-1200
		嘉泰	1201-1204
		開禧	1205-1207

王朝	皇帝名及び尊号（注）	在位期間の年号	西暦紀年
南宋		嘉定	1208-1224
		宝慶	1225-1227
		紹定	1228-1233
	理宗趙昀	端平	1234-1236
		嘉熙	1237-1240
		淳祐	1241-1252
		宝祐	1253-1258
		開慶	1259
		景定	1260-1264
	度宗趙禥	咸淳	1265-1274
	恭帝趙㬎	徳祐	1275-1276
	端宗趙昰	景炎	1276-1278
	衛王趙昺	祥興	1278-1279
金	太祖完顔阿骨打（旻）	収国	1115-1116
		天輔	1117-1122
	太宗完顔晟	天会	1123-1137
	熙宗完顔亶	天会	1123-1137
		天眷	1138-1140
		皇統	1141-1148
	海陵王完顔亮	天徳	1149-1153
		貞元	1153-1156
		正隆	1156-1161
	世宗完顔雍	大定	1161-1189
	章宗完顔璟	明昌	1190-1196
		承安	1196-1200
		泰和	1201-1208
	衛紹王完顔永済	大安	1209-1211
		崇慶	1212-1213
		至寧	1213
	宣宗完顔珣	貞祐	1213-1217
		興定	1217-1222
		元光	1222-1223
	哀宗完顔守緒	正大	1224-1231
		開興	1232
		天興	1232-1234
	末帝完顔承麟	天興	1232-1234
西夏	景宗李元昊	顕道	1032-1034
		開運	1034
		広運	1034-1035
		大慶	1036-1037
		天授礼法延祚	1038-1048
	毅宗李諒祚	延嗣寧国	1049
		天祐垂聖	1050-1052
		福聖承道	1053-1056
		奲都	1057-1062
		拱化	1063-1067
	恵宗李秉常	乾道	1068-1069
		天賜礼盛国慶	1070-1074
		大安	1075-1085

王朝	皇帝名及び尊号（注）	在位期間の年号	西暦紀年
西夏		天安礼定	1086
	崇宗李乾順	天儀治平	1086-1089
		天祐民安	1090-1097
		永安	1098-1110
		貞観	1111-1113
		雍寧	1114-1118
		元徳	1119-1126
		正徳	1127-1134
		大徳	1135-1139
	仁宗李仁孝	大慶	1140-1143
		人慶	1144-1148
		天盛	1149-1169
		乾祐	1170-1193
	桓宗李純祐	天慶	1194-1205
	襄宗李安全	応天	1206-1209
		皇建	1210
	神宗李遵頊	光定	1211-1222
	献宗李徳旺	乾定	1223-1226
	末主李睍	宝義	1227
元	世祖フビライ	中統	1260-1264
		至元	1264-1294
	成宗テムル	元貞	1295-1297
		大徳	1297-1307
	武宗カイシャン	至大	1308-1311
	仁宗アユルバルワダ	皇慶	1312-1313
		延祐	1314-1320
	英宗シデバラ	至治	1321-1323
	泰定帝イェスン・テムル	泰定	1324-1328
		致和	1328
	天順帝アリギバ	天順	1328
	文宗トク・テムル	天暦	1328-1329
	明宗コシラ		1329
	文宗トク・テムル	至順	1330-1332
	寧宗イリンジバル		1332
	順帝トゴン・テムル	元統	1333-1335
		至元	1335-1340
		至正	1341-1368
明	太祖朱元璋	洪武	1368-1398
	恵帝朱允炆	建文	1399-1402
	成祖朱棣	永楽	1403-1424
	仁宗朱高熾	洪熙帝	1425
	宣宗朱瞻基	宣徳	1426-1435
	英宗朱祁鎮	正統	1436-1449
	代宗朱祁鈺	景泰	1450-1456
	英宗朱祁鎮	天順	1457-1464
	憲宗朱見深	成化	1465-1487
	孝宗朱祐樘	弘治	1488-1505
	武宗朱厚照	正徳	1506-1521
	世宗朱厚熜	嘉靖	1522-1566
	穆宗朱載垕	隆慶	1567-1572
	神宗朱翊鈞	万暦	1573-1620

王朝	皇帝名及び尊号（注）	在位期間の年号	西暦紀年
明	光宗朱常洛	泰昌	1620
	熹宗朱由校	天啓	1621-1627
	思宗朱由検	崇禎	1628-1644
清	世祖福臨	順治	1644-1661
	聖祖玄燁	康熙	1662-1722
	世宗胤禛	雍正	1723-1735
	高宗弘暦	乾隆	1736-1795
	仁宗顒琰	嘉慶	1796-1820
	宣宗旻寧	道光	1821-1850
	文宗奕詝	咸豊	1851-1861
	穆宗載淳	同治	1862-1875
	徳宗載湉	光緒	1875-1908
	溥儀	宣統	1909-1911

参考書目

1. 万国鼎『中国歴史紀年表』商務印書館、1956年版
2. 白寿彝総主編『中国通史』上海人民出版社、1979-1999年版
3. 中国大百科全書編委会『中国大百科全書・歴史学巻』中国大百科全書出版社、1990年版
4. 中国大百科全書編委会『中国大百科全書・中国歴史巻』中国大百科全書出版社、1992年版
5. 張政烺・呂宗力主編『中国歴代官制大辞典』北京出版社、1994年版
6. 『中国少数民族史大辞典』編委会編『中国少数民族史大辞典』吉林教育出版社、1995年版
7. 中国歴史大辞典編委会『中国歴史大辞典』上海辞書出版社、2000年版
8. 翦伯賛主編『中外歴史年表』（校訂本）中華書局、2008年版
9. 中国社会科学院歴史研究所『簡明中国歴史読本』編写組『簡明中国歴史読本』中国社会科学出版社、2012年版
10. 林甘泉・寧可・方行等『中国経済通史』経済日報出版社、1999-2000年版
11. 白鋼主編『中国政治制度通史』人民出版社、1996年版
12. 中華文化通志編委会編『中華文化通志』上海人民出版社、1998年版
13. 袁行霈・厳文明等主編『中華文明史』北京大学出版社、2006年版
14. 中国社会科学院考古研究所編著『中国考古学・新石器時代巻』中国社会科学出版社、2010年版
15. 徐旭生『中国古史的伝説時代』科学出版社、1960年版
16. 中国社会科学院考古研究所編著『中国考古学・夏商巻』中国社会科学出版社、2003年版
17. 夏商周断代工程専家組編『夏商周断代工程1996-2000年階段成果報告・簡本』世界図書出版公司、2000年版
18. 沈長雲『中国歴史・先秦巻』人民出版社、2006年版
19. 傅楽成主編・鄒紀万著『中国通史・秦漢巻』九州出版社、2009年版
20. 王仲犖『魏晋南北朝史』上海人民出版社、1979年版
21. 王仲犖『隋唐五代史』上海人民出版社、2003年版
22. 陳振『宋史』上海人民出版社、2003年版
23. 漆侠『宋学的発展和演変』河北人民出版社、2002年版
24. 李桂芝『遼金簡史』福建人民出版社、1996年版
25. 史金波『西夏社会』上海人民出版社、2007年版
26. 韓儒林主編『元朝史』（上・下）人民出版社、2008年版
27. 陳高華・張帆・劉暁『元代文化史』広東教育出版社、2009年版
28. 湯綱・南炳文『明史』上海人民出版社、2003年版
29. 張顕清・林金樹主編『明代政治史』広西師範大学出版社、2003年版
30. 王戎笙主編『清代全史』遼寧人民出版社、1993年版
31. 何齢修・張捷夫等『清代人物伝稿』中華書局、1986-1991年版
32. 陳旭麓等主編『中国近代史詞典』上海辞書出版社、1982年版
33. 張海鵬主編『中国近代通史』鳳凰出版伝媒集団・江蘇人民出版社、2006年版。

中国歴史名詞の索引

あ行

湯若望(アダム・シャール) …… 147
イエズス会士(耶蘇会士) …… 142
一行 …… 106
伊犁将軍(イリ将軍) …… 152
殷墟 …… 25
禹 …… 23
于謙 …… 143
烏孫 …… 65
衛青 …… 72
永佃制 …… 7
『永楽大典』 …… 142
慧遠 …… 90
役門 …… 82
閻若璩 …… 158
袁枢 …… 121
袁世凱 …… 164
炎帝 …… 22
爰田 …… 35
王安石 …… 119
王羲之 …… 90
王実甫 …… 132
王充 …… 74
王制 …… 61
王道・覇道 …… 60
王弼 …… 89
王夫之 …… 157
欧陽脩 …… 118
王陽明 …… 143
斡魯朶(オルド) …… 112
斡脱(オルトク) …… 128

か行

何晏 …… 89
回回 …… 127
階級 …… 3
階級闘争 …… 4
回紇 …… 100
会試 …… 97
階層 …… 3
改土帰流 …… 152
外服 …… 26
塊煉法 …… 37
花間派 …… 117
賈誼 …… 71
噶挙派(カギュ派) …… 142
科挙制 …… 96
霍去病 …… 73
権酤 …… 59
霍光 …… 73
郭守敬 …… 131
榷場 …… 112
岳飛 …… 120
噶厦(ガシャ) …… 151
家族共同体 …… 3
合従連衡 …… 31
河姆渡文化 …… 14
假名公田 …… 58
噶倫(ガロン) …… 150
関学 …… 116
関漢卿 …… 132
関市 …… 67
官爵 …… 57
『漢書』 …… 69
韓信 …… 71
鑑真 …… 106
顔真卿 …… 107
管仲 …… 49
簡帛学 …… 68
『韓非子』 …… 49
韓愈 …… 108
官僚制 …… 5
翰林院 …… 135
関朧集団 …… 83
魏源 …… 160
徽商 …… 138
議政王大臣会議 …… 149
北直隷 …… 137
契丹 …… 109
契丹文字 …… 113
九刑 …… 33
宮市 …… 99
旧石器時代 …… 9
九品中正制 …… 77
郷 …… 55
堯 …… 23
強学会 …… 156
郷試 …… 96
龔自珍 …… 160
仰韶文化 …… 15
郷紳 …… 138
匈奴 …… 64
共和行政 …… 29
玉門関 …… 66
玉器 …… 38
魚鱗図冊 …… 139
銀雀山漢簡 …… 68
均田制 …… 80
金文 …… 40
金瓶掣籤 …… 155
耦耕 …… 37
鳩摩羅什 …… 90
孔穎達 …… 105
郡県制 …… 32
郡姓 …… 83
恵棟 …… 158
啓蒙思想 …… 155
華厳宗 …… 103
怯薛(ケシク) …… 123
格魯派(ゲルク派) …… 141
建安七子 …… 87
玄学 …… 87
原始社会 …… 1
黔首 …… 57
犬戎 …… 36
厳復 …… 163
元謀人 …… 11
賢良 …… 56
鉱監税使 …… 139
黄教 …… 154
行御史台 …… 124
紅巾軍起義 …… 126
高句麗 …… 65
公卿 …… 53
寇謙之 …… 91
黄興 …… 165
黄公望 …… 133
考古学文化 …… 9

甲骨学	40	山越	86	粛政廉訪司	125
甲骨文字	40	山海関	148	朱舜水	147
黄冊	139	三監	28	首長制	19
紅山文化	15	三桓	30	首輔	134
『紅史』	129	三公	28	舜	23
高車	85	三皇五帝	21	『荀子』	49
洪秀全	161	三省	76	循資格	94
行省	124	三省六部	94	巡狩	61
工商食官	35	三星堆遺跡	25	春秋	29
黄宗羲	157	三蘇	117	春秋五覇	30
黄帝	22	山頂洞人（周口店上洞人）	13	巡撫	136
皇帝	52	三田制	34	商鞅	50
公田	34	三服官	54	蕭何	71
康有為	163	三辺	140	韶楽	42
黄老無為	60	私学	63	章学誠	159
顧炎武	157	『史記』	69	上計	32
顧愷之	91	慈禧太后	162	鄭玄	75
『国語』	46	色目	127	『尚書』	44
国人	32	『詩経』	44	小篆	68
五刑	33	『四庫全書』	156	蕭統	93
五胡	84	自作農的小土地所有制	7	浄土宗	102
五羖大夫	50	子産	50	商品経済	8
『古今図書集成』	156	使職差遣	97	上林三官	54
胡三省	130	自然経済	7	女媧	21
呉承恩	145	氏族	17	徐霞客	146
胡人	86	士族	81	徐光啓	146
戸籍	56	施耐庵	144	諸子百家	43
五代十国	109	士大夫	63	女真	110
呉道子	106	七大恨	148	女真文字	114
五等爵	28	絲綢之道（シルクロード）	66	庶族	81
五徳終始説	60	市鎮	140	シルクロード→絲綢之道	
五斗米道	63	私田	34	施琅	158
胡服騎射	31	司馬光	118	讖緯	62
故吏	64	四分暦	36	新学	116
五礼	76	諡法	52	沈括	120
		司母戊大方鼎	38	神策軍	99
さ行		資本主義の萌芽	8	晋商	138
西域	66	『四民月令』	69	新石器時代	14
材官	57	次門	82	神農	22
最恵国待遇	153	札薩克（ジャサク）	151	睡虎地秦簡	68
崔浩	92	射礼	43	枢密使	95
采邑	27	『周易』	43	西夏	109
蔡邕	75	什伍	33	西夏文字	113
薩迦派（サキャ派）	141	周公	49	清官	77
坐床	155	周口店上洞人→山頂洞人		世卿世禄	27
左宗棠	161	柔然	85	西周	28
察挙制	55	集落（聚落）	19	贅婿	58
『左伝』	45	朱熹	121	西楚覇王	71

中国歴史名詞の索引

井田制	34	対偶婚	18	道	110
青銅器	38	大月氏	64	道安	90
世兵制	79	『大元通制』	129	東夷	36
西遼	110	太后下嫁	149	陶淵明	91
折衝府	99	『太初暦』	70	投下	111
浙東学派	114	戴震	159	等級	4
節度使	95	大篆	68	湯顕祖	145
宣慰司	125	大道教	115	投壺	42
専偶婚	19	太廟	134	党錮	59
戦国	31	大汶口文化	16	陶弘景	93
『戦国策』	46	太平道	63	東周	29
戦国七雄	31	『大明律』	134	唐宋八大家	117
千戸制	123	濁官	77	董仲舒	72
禅宗	102	ダライ・ラマ	154	陶文	39
禅譲制	24	達魯花赤（ダルガチ）	126	東林党	137
全真教	115	単一制国家構造	4	土司	140
宣政院	126	党項（タングート）	110	土断	78
専制主義	5	断事官	126	突厥	100
占田課田制	80	『竹書紀年』	46	トーテム（図騰）	18
鮮卑八姓	83	竹林七賢	88	都督制	78
宋応星	146	蔵伝仏教（チベット仏教）	114	吐蕃	101
宋学	115	中央集権	5	杜甫	107
僧祇戸	84	酎金	59	杜佑	108
早期ホモ・サピエンス（早期智人）	12	駐蔵大臣	151	杜預	89
桑弘羊	73	中朝	53	吐谷渾	101
曽国藩	161	張居正	144	吐魯番文書	104
『荘子』	48	張衡	74	奴隷制社会	1
宗主督護制	78	朝貢貿易	141	敦煌文書	104
賨人	86	張載	119	屯田制	80
曹雪芹	159	張之洞	163		
総督	136	張楚	59	**な行**	
宗法制	27	鼂錯	72	内閣	135
族邦	20	趙孟頫	132	内服	26
『楚辞』	45	直立人→ホモ・エレクトス		南衙北司	96
租佃制	7	成吉思汗（チンギス＝ハン）	130	南面官	111
租庸調	100	亭	55	二十四節気	37
『孫子兵法』	47	鄭樵	120	二十八宿	37
孫中山	164	廷推	135	二十等爵	57
尊王攘夷	30	鄭和	143	二税戸	113
『孫臏兵法』	48	狄	85	二千石	53
		第巴（デパ）	151	二程	119
た行		伝	67	二里頭遺跡	25
太一教	115	天可汗（テングリカガン）	94	能人→ホモ・ハビリス	
大一統	61	殿試	97	農村共同体	3
大盂鼎	39	『天聖令』（附唐令）	98		
太学	54	典籤	76	**は行**	
大学士	136	天台宗	102	拝火教	103
				裴李崗文化	14

帛画	41
博士	53
帛書	41
初税畝	35
八思巴（パスパ）	131
馬端臨	121
八旗	148
晩期智人→ホモ・サピエンス・サピエンス	
半植民地・半封建社会	2
范縝	92
藩属国	153
范仲淹	118
パンチェン・エルデニ	154
藩鎮	95
畢昇	118
百越	36
百姓	26
白蓮教	128
百工	35
廟号	52
府	111
部曲	83
伏羲	21
複合制国家構造	4
腹里	125
父系氏族共同体	2
巫蠱	59
巫山人	10
仏図戸	84
府兵制	79
賦名公田	58
部落	17
部落連盟	18
文天祥	121
分封制	5
米芾	120
辟雍	62
北京原人	11
伯克（ベグ）	152
編鐘	42
坊郭戸	113
封建社会	1
封建的国家土地所有制	6
封建的地主土地所有制	6
邦国	20
方国	26
方士	64

烽燧	67
封禅	61
朋党	98
法門寺	105
『墨子』	47
北府兵	79
北面官	111
母系氏族共同体	2
保甲	149
ホモ・エレクトス（直立人）	10
ホモ・サピエンス・サピエンス（晩期智人）	12
ホモ・ハビリス（能人）	10
本教（ボン教）	102

ま行

マカートニー使節団	153
靺鞨	101
利瑪竇（マテオ＝リッチ）	145
摩尼教（マニ教）	104
マルコ＝ポーロ	131
満洲	149
民爵	57
民変	139
名士	86
名田制	58
明堂	62
猛安謀克	112
毛公鼎	39
『蒙古秘史』	129
『孟子』	45
蒙恬	70
門蔭	98
蒙古族（モンゴル族）	127
モンゴル文字	128
門生	63
門閥	82

や行

野人	33
耶律楚材	130
夜郎	65
陽関	66
揚州八怪	157
養廉銀	150
四大ハン国	123

ら行

羅貫中	144
洛学	116
ラマ古猿（ラマピテクス）禄豊種	9
里	55
理学	117
利簋	39
六科	137
六卿	30
六芸	43
陸修静	92
「六条詔書」	77
里甲	150
李鴻章	162
李斯	70
李贄	145
李時珍	144
律宗	103
李白	107
劉勰	93
劉歆	74
竜山時代	17
竜山文化	16
柳宗元	108
劉知幾	105
梁啓超	165
良渚文化	17
林則徐	160
臨朝称制	55
黎元洪	164
隷書	68
霊台	62
路	124
『老子』	48
郎吏	54
六条問事	56
『論語』	45

わ行

和親	67

訳者あとがき

　本書は、中国社会科学院歴史研究所編『簡明中国歴史知識手冊』（中国社会科学出版社、2013年3月）の翻訳である。

　この『手冊』は、同研究所編纂の『簡明中国歴史読本』（中国社会科学出版社、2012年7月）の手引書として出版され、構成や内容は同書に対応している。こちらの『読本』の翻訳も出版されているので（『中国歴史読本』科学出版社東京、2018年5月）、本書とあわせて手に取っていただければ幸いである。もちろん、本書単独でも、太古の人類と文明の起源から辛亥革命と清王朝の滅亡に至るまでの、遠大な歴史に関する基本知識は得られる。ぜひ、便覧として手元に置き、中国史の学習に役立てていただきたい。

　近年、中国は歴史研究に国家を挙げて力が注がれ、1996年には、歴史学・考古学・古文字学・歴史地理学・天文学などの専門家を動員した大規模国家プロジェクト「夏商周断代工程」が開始された。各地の発掘調査や研究の結果、「中国最初の王朝」夏の都の特定など数多くの重要な成果とともに、夏・商（殷）・周の年代が確定された。続く「中華文明探源工程」では、夏王朝以前の文明の探究が進められ、各地の多様な新石器文明の様相が明らかとなり、また古史伝説中の黄帝や堯に関する遺跡も特定された。こうした「中華文明」「中華民族」の源流を探る国家プロジェクトの中核を担ってきたのが中国社会科学院であり、同院の歴史研究所が「党幹部や大衆向けの普及型歴史書」として編纂したのが『読本』及び『手冊』である。両書は歴史教育の面で極めて重要な位置にある。

　『読本』では、「多元一体の中華文明」、「華夏族を中心とした中華民族」の発展という歴史観が通貫しているが、これは本書でも同様である。本書を、利便性の高い用語集・年表及び各種表として役立てていただきつつ、「歴史名詞」や「大事記」で何が取り上げられ、どう描写されているか、意識し読んでいただけると、その意義はより深まるにちがいない。

　『読本』に続き、本書を上梓できて安堵している。2冊合わせて3年ほど、編集の松下久仁子さん、科学出版社東京の柳文子さんには多大なるご心配とご迷惑をおかけしたが、辛抱強く見守っていただき、また心温まるご配慮と励ましをいただき、何とか完成することができた。改めて、厚くお礼を申し上げたい。また、このような意義深い機会をくださった、科学出版社東京の向安全社長にも厚くお礼を申し上げたい。加えて、この3年間、私を支えてくれた家族に感謝したい。

2018年5月　谷口建速

翻訳者 略歴

谷口建速（たにぐち たけはや）

1981年（昭和56年）生まれ。2006年、早稲田大学文学研究科博士後期課程入学。2014年、博士（文学）取得。専門は中国古代史・地方行政制度史・簡牘学。日本学術振興会特別研究員、大東文化大学文学部非常勤講師を経て、現在は早稲田大学本庄高等学院非常勤講師。著書に『長沙走馬楼呉簡の研究』（早稲田大学出版部、2016年）、訳書に『曹操墓の真相』（河南省文物考古研究所編著・渡邉義浩監訳、国書刊行会・科学出版社東京、2011年）、『中国歴史読本』（中国社会科学院歴史研究所編・科学出版社東京、2018年）、論文に「長沙呉簡に見える佃客と限米」（伊藤敏雄・窪添慶文・關尾史郎編、『湖南出土簡牘とその社会』汲古書院、2015年）などがある。

中国歴史知識ハンディブック

2018年6月20日　初版第1刷発行

編　者	中国社会科学院歴史研究所「簡明中国歴史知識手冊」編纂グループ
翻訳者	谷口建速
発行者	向安全
発　行	科学出版社東京株式会社

〒113-0034　東京都文京区湯島2丁目9-10　石川ビル1階
TEL 03-6803-2978　FAX 03-6803-2928
http://www.sptokyo.co.jp

編　集	松下久仁子
装　丁	周玉慧
組　版	越郷拓也
印刷・製本	モリモト印刷株式会社

ISBN 978-4-907051-25-9　C0022

『簡明中国歴史知識手冊』© Editorial Board of CASS institute of History, China Social Sciences Press, 2013.
Japanese copyright © 2018 by Science Press Tokyo Co., Ltd.
All rights reserved original Chinese edition published by China Social Sciences Press.
Japanese translation rights arranged with China Social Sciences Press.

定価はカバーに表示しております。乱丁・落丁本は小社までお送りください。送料小社負担にてお取り換えいたします。
本書の無断転載・模写は、著作権法上での例外を除き禁じられています。

〈姉妹書〉

中国歴史読本

中国社会科学院歴史研究所
「簡明中国歴史読本」
編纂グループ　編

谷口建速　訳

B5判　436ページ

定価　本体価格 5800 円＋税

ISBN 978-4-907051-24-2　C0022

太古の猿人から清末の辛亥革命まで
その全貌を駆け足で巡る！
遠大なる中国の歴史をこの一冊に！

【主要目次】

緒　論　中国史の発展の道筋	第六章　隋唐時代
第一章　中国の原始社会と文明の起源	第七章　五代十国と遼・宋・西夏・金時代
第二章　夏商西周時代	第八章　元代
第三章　春秋戦国時代	第九章　明代
第四章　秦漢時代	第十章　清代前期
第五章　魏晋南北朝時代	第十一章　清代後期